A Study of Water Culture Thought
and Its English Translation
in Chinese Classics of Pre-Qin Philosophers

先秦诸子典籍中的

水文化思想及英译研究

宋平锋 著

武汉大学出版社
WUHAN UNIVERSITY PRESS

图书在版编目(CIP)数据

先秦诸子典籍中的水文化思想及英译研究 / 宋平锋著 . -- 武汉 ：
武汉大学出版社，2024. 11. -- ISBN 978-7-307-24535-8

Ⅰ. K928.4
中国国家版本馆 CIP 数据核字第 2024BT0038 号

责任编辑:陈喜艳　　　责任校对:鄢春梅　　　版式设计:马　佳

出版发行：**武汉大学出版社**　（430072　武昌　珞珈山）
（电子邮箱：cbs22@ whu.edu.cn　网址：www.wdp. com.cn）
印刷:武汉邮科印务有限公司
开本:720×1000　1/16　印张:19.25　字数:311 千字　插页:1
版次:2024 年 11 月第 1 版　　2024 年 11 月第 1 次印刷
ISBN 978-7-307-24535-8　　定价:96. 00 元

版权所有，不得翻印;凡购我社的图书，如有质量问题，请与当地图书销售部门联系调换。

目　录

绪　论

从太空俯瞰地球，它就像一个充满水的蓝色球体。因此，水是我们这个星球上最常见的物质之一。水是生命之源。无论是动物还是植物，其生存和繁衍都离不开水，自从人类诞生以来，人们的生产生活都围绕着水而展开。水又是人类文明的源泉。一般而言，古老的人类文明往往都是在水资源丰富的大河流域或海洋周围孕育而生的。例如，水势滔滔的尼罗河孕育了灿烂的古埃及文明，幼发拉底河和底格里斯河孕育了古巴比伦文明，印度河则孕育了古印度文明，地中海则成为古希腊和古罗马文化的摇篮，而流淌在东方大地上的长江和黄河则孕育和滋养了绵延上下五千年的中华文明。在漫长的历史进程中，依水而居、择水而憩的中国古代先民们不仅创造了巨大的物质财富，还形成了独特而丰富的精神财富——中华水文化。

中华水文化源远流长，早在上古时期就流传着众多与水有关的神话。女娲来到河边，用黄土掺水，仿照自己的模样，捏出来一个泥人，泥人刚放到地上就变成了人(女娲造人)；在上古时期较为著名的一场旷世之战中，九天玄女、旱魃、风伯、雨师等很多上古神人参与到这场轩辕黄帝与蚩尤的战争(涿鹿之战)；水神共工与火神祝融大战失败后，一直逃到不周山，羞愤中一头撞断了这座"撑天大柱"，导致天河倾泻，洪水泛滥(共工触天)；此后，女娲炼五彩石补天，大地重回正常(女娲补天)；大禹受天帝之命治理洪水，三过家门而不入，终于完成了治水大业(大禹治水)；在禹治洪水时，上古时期黄帝的神龙以尾画地成江河使水入海，帮助大禹治水成功(千年应龙)；炎帝的小女儿女娃驾船游东海而溺，愤愤不平的精灵化作花脑袋、白嘴壳、红爪子的精卫鸟，衔草石投入东海，誓言要将其填平(精卫填海)，等等。

当中华民族进入有语言文字记录的文明社会以来，水与中华文化的关系变得更加密切。用学者栾栋的话讲，水是源远流长的中华文化的"原质"①，"盘古开天辟地，滋养他的是混沌之水。女娲补天造人，取舍首要是水。炎黄创衍稼穑，农耕命脉是水。尧舜无奈天灾，鲧禹功过系于水。《山经》依于水。《海经》基于水。《周易》变如水。《商书》记于水。《老子》效法水。《论语》乐山水。《孙子》学于水。《庄子》智若水。《孟子》乘于水。《荀子》积于水。许由洗于水②。屈子溺于水。星相关注水。风水敬畏水。药石通于水。齐术善用水。道教尊崇水。禅宗化如水……一言以蔽之，中国文化与水的关系极其密切，以至于我们可以作出这样的归纳，水是华夏文化的原色，也是华人品位的原点。"(栾栋，2003)

在先秦时期，水成为了诸子百家(如孔子、荀子、孟子、老子、庄子、列子、管子、韩非子、墨子、孙子等)笔下的符号和象征，成为他们讲述道理，传播思想，教化他人的重要工具。长期以来，他们通过细致入微的观察，认识到水有许多独特的特征，并以水譬喻，来阐述他们对道、德、法、人性、兵法等的看法。例如，水有如下特征：水是生命的源泉，它顺渠而流(循道而流)。当其冲决水道，淹没大地，将导致生命的消失与灭亡(水火无情)。泉涌而出的活水不停地流淌(有源之水长流)，而倾盆大雨虽使植物瞬间生机盎然，但雨水旋即挥发散尽，不能持续地滋养生命(水利万物)。水总是往低处流，自然而然地循着往下的通道流去(水之就下)。水，柔弱而不争，屈从于任何坚强之物，但其最终却能消磨坚石，克服道路中的任何障碍(柔弱、屈与不争)。一方面，溪流裹挟碎砾汇集于江河下游(水卷泥沙)。另一方面，止水空明，杂质沉淀，故而清澈照人(止水清如鉴)。水可依容器的形状成形，形状各异，仪态纷呈(水无常形)；当水静止之时，水面平整如仪(止水为仪)。

先秦诸子们从水的上述特征中抽象演绎出某些规则原理，并将其作为指导人类行为的社会准则，如"德"(*virtue*)，"道"(*way or dao*)，"仁"(*benevolence*)，"善"(*goodness*)，"无为"(*doing nothing*)，"兼爱"(*universal love*)等，由此自然之

---

① 栾栋. 水性与盐色——从中西文化原色管窥简论华人的文化品位[J]. 唐都学刊，2003(1)：110-114.

② 许由是上古时期的圣贤，古代隐士的鼻祖，品性高洁，淡泊名利。史书里说，他是阳城(今登封)人，生活在尧舜时代，因为不愿当官，到箕山下隐居，还在山下的河边洗耳朵，免得"污言秽语"脏了耳朵。成语"洗耳恭听"即由此而来。

水便上升为"哲学之水"，成为丰富多彩的中国水文化思想的源泉和重要组成部分。用西方著名汉学家艾兰(Sarah Allan)的话说，"水"成为"中国早期哲学思想的'本喻'(root metaphor)①"，"水成了抽象概念底部的一个本喻，它构成了社会与伦理价值体系的基石"(艾兰，2002：34)。

本书将重点挖掘和整理先秦诸子典籍中关于水的相关论述②，包括直接涉及"水"字的论述以及与"水"字相关的字(如"雨""江""河""海""湖""冰"等)的论述，阐释其中蕴含的丰富水文化思想，并以《大中华文库》英译本为基础，同时结合西方传教士或汉学家的经典英译本，对上述水文化论述的英译文进行评析，进而提出适合水文化典籍的英译策略。通过本书的研究，笔者期望能对中华水文化思想的挖掘和整理、中华水文化典籍英译、中华水文化思想的对外传播提供些许参考，作出些许贡献，仅此足矣。

① 参见：艾伦. 水之道与德之端[M]. 张海晏译. 上海：上海人民出版社，2002.
② 先秦诸子典籍中与水文化相关的论述有很多，有些论述以单独成篇的形式出现(如《管子·水地篇》)，有些论述以成段的形式出现(如《老子·八章》中的"上善若水……")，但是绝大多数的论述是以"只言片语"的形式散落于诸子典籍中的各个角落，这就需要进一步挖掘和系统整理。

第 1 章　水文化概述

　　水是自然界的重要资源，被誉为生命之源。然而，水本身并不能形成文化，只有当水与人发生了联系，人们对水有了认识，有了思考，有了治水、用水、管水的创造，才产生了水文化。水文化的实质是透过人与水的关系反映人与人关系的文化。在漫长的历史进程中，中华民族以水为载体形成了"上善若水"，"知者乐水，仁者乐山"，"水则载舟，水则覆舟"，"人性之善也，犹水之就下也"，"夫兵形象水，水之形，避高而趋下；兵之形，避实而就虚"等内涵丰富的水文化。水文化已成为中华传统文化的重要组成部分，我们不仅要做好中国典籍(尤其是先秦诸子典籍)中水文化思想的挖掘与整理，还要做好水文化典籍的英译和对外传播，这些都成为中国文化"走出去"和"讲好中国故事"的题中应有之义。因此，本章将重点厘清"水文化"这一概念，阐述水文化的内涵，综述中华水文化的精髓。

1.1　水文化的源起和界定

　　要研究水文化典籍英译，首先要面对的一个不可回避的基础性问题就是："什么是水文化?"要厘清这一概念，就需要对"水文化"这一概念的提出做一追根溯源。虽然有学者(如吴宗越，1989)提出，水文化最早可以追溯到文字创造之前的神话故事——女娲补天，传说中造人的女娲还是一位杰出的"水文气象专家"，她曾炼彩石以补苍天，以止淫雨。但是，女娲补天毕竟是上古时期的神话传说，很难成为水文化研究的源头。实际上，将"水文化"作为一种独立的文化形态或概念提出来，并进行专门研究的历史并不长。根据中国知网数据库的文献，国内的水文化概念的提出和研究始于 20 世纪 80 年代末。李宗新是国内较早提出"水文化"概念的学者之一，他认为"水利事业，作为一个产业或一种行业，应该有具有自身特点的文化"，并根据社会上新出现的"商业文化、出版文化和酒文化"等文化现象，论述了开展水文化研究的客观必要性；与此同时，他还进一步界定了水文化，即"人们在从事水事活动中必须共同遵循的价值标准、道德标准、行为取向等一系列共有观念的总和"①（李宗新，1989：37）。吴宗越提出，"我们在认识水、治理水、开发利用水和保护节约水的过程中，发现有一种文化现象贯穿其始终"，对于应该怎样称谓这种文化现象，他指出可以借鉴人们对"商业文化、工业文化、酒文化、竹文化"的命名，将这种文化称之为"水文化"②（吴宗越，1989：11）。自从这两位学者提出水文化这一概念并倡导加以研究以后，水文化在社会上特别是在水利界引起了一定的反响，有关水文化的文章陆续见诸报刊③，水文化的著作不时问世。

关于水文化的界定，专家学者们可谓是仁者见仁，智者见智。冯广宏④认为水文化不能全部覆盖整个水利科学原理和工程技术，以及水利经济、政治、法律等方面的学理，也不能与自然科学、社会科学中的水分支相混淆；而应侧重于人类开发、利用、保护、控制、管理水资源的过程中产生的精神文明方面。它包括：逐步认识自然水的过程中形成的知识总结、借水为喻的种种哲理、与水接触所遗存的历史轨迹、与水接触所传播的生活习俗与信仰、受水环境感染而产生的美学表现，等等。（冯广宏，1994：50-51）杭东则认为，"水文化是人类创造的与水有关的科学、人文等方面的精神与物质的文化财产"⑤。（杭东，2012：25）

中华水文化专家委员会副主任委员靳怀堾认为，水文化是指"人类在与水打交道过程中所创造的物质财富和精神财富的总和，是人类认识水、开发水、利用

---

① 李宗新. 应该开展对水文化的研究[J]. 治淮，1989(4)：37.

② 吴宗越. 漫谈水文化[J]. 水利天地，1989(5)：11.

③ 1990年，期刊《治淮》将"水与社会"专栏改名为"水文化"，发表有关水文化的文章，栏目旨在从文化的意义上宣传水，从水的作用谈文化，从而使更多的人认识水对社会各个方面、对人们意识形态的影响和作用，确立水行业共有的价值观念、文化意识和应有的社会地位。

④ 冯广宏. 何谓水文化[J]. 中国水利，1994(3)：50-51.

⑤ 杭东. 中华水文化漫谈[J]. 水利天地，2012(11)：25-26.

水、治理水、保护水、鉴赏水的产物"①。同时，他还指出，水文化的实质是人与水的关系，以及人水关系影响下人与人之间、人与社会之间的关系。人水关系不但伴随人类发展的始终，而且涉及社会生活的几乎各个方面，举凡经济、政治、科学、文学、艺术、宗教、民俗、军事、体育等各个领域，无不蕴含着丰富的水文化因子，因而水文化具有深厚的内涵和广阔的外延。（靳怀堾，2016：61）

　　中国水利文协水文化工作委员会副会长李宗新认为，对水文化的界定我们不应该过分追求唯一性、权威性，而是要保持多样性。所以，在不同的情况下他对水文化作过不同的界定和描述。例如，早在1989年，李宗新将水文化初步界定为："人们在从事水事活动中必须共同遵循的价值标准、道德标准、行为取向等一系列共有观念的总和。或者说，是从事水事活动的人们所共有的向心力、凝聚力、归宿感、荣誉感等精神力量的总和。"（李宗新，1989：37）在《水文化文稿》一书中，李宗新又提出："水文化是以水为载体创造的各种文化现象的总和，是民族文化中以水为轴心的文化集合体。"②（李宗新，2002：8）同时，他还指出，"水文化是反映水事活动的社会意识，是对水事活动的理性思考"。此后，他对水文化又做了更详细的界定："水文化是人们在从事水务活动中创造的以水为载体的各种文化现象的总和，是民族文化中以水为轴心的文化集合体。"③（李宗新，2002：54）这一界定包含以下5个方面：（1）水务活动是水文化的源泉；（2）水文化是人们对水务活动的理性思考；（3）水文化是反映水务活动的社会意识；（4）水文化是民族文化中以水为轴心的文化集合体；（5）水文化是一种先进文化。在2008年出版的《中华水文化概论》中，他对水文化的界定是："广义的水文化是人们在水事活动中创造物质财富和精神财富的能力和成果的总和；狭义的水文化是指观念形态的文化，主要包括与水有密切关系的思想意识、价值观念、精神成果等。"④（李宗新等，2008）以后他还曾用"水文化是水与人类生存、经济社会、治国安邦、生态环境关系的文化"来表述什么是水文化。（李宗新，2012：30）此外，还有学者认为，"水文化是人类在与水打交道过程中，对水的认识、思考、

---

① 靳怀堾. 漫谈水文化内涵[J]. 中国水利，2016(11)：60-64.

② 李宗新. 水文化文稿[M]. 呼和浩特：远方出版社，2002.

③ 李宗新. 简述水文化的界定[J]. 北京水利，2002(3)：44-45.

④ 李宗新，靳怀堾，尉天骄. 中华水文化概论[M]. 郑州：黄河水利出版社，2008.

行动、治理、享受、感悟、抒情等行为，创造的以水为载体的所有物质财富和精神财富的总称"①(左其亭，2014)。

综上所述，对水文化概念事实上已经形成了一个基本共识，即：水文化是指人们以水和水事活动为载体创造出来的一切与水有关的文化现象的总称，包含了精神、物质、制度、行为等层面的水文化。无论人们如何表述对水文化的界定，但水文化总有一个主体或主旋律。水文化的主体或主旋律是一曲颂扬水伟大、水贡献、水精神的高亢赞歌，是一幅描绘人水相亲、人水和谐、人水共荣愿景的美好蓝图，是一部记述人们爱水、治水、护水思想结晶的鸿篇巨制。②(李宗新，2012：30)

1.2　水文化的内涵

关于水文化的内涵，专家和学者也是见仁见智。熊达成③认为，可以从自然观、社会观和哲学观三个方面探讨水文化的内涵。水的自然观主要反映的是水作为一种自然物质对人类影响最大的三个特性，即：水文大循环、水的不可代替性、自然界中淡水量的有限性。水的社会观反映的是在农业社会里人们除水害和兴水利的社会实践。水的哲学观是水文化内涵中最为丰富的一个方面，它是人类在生存、生活和生产中对水形成的"水意识"，包括：(1)敬畏意识，古代人把水神化了，认为有水神共工、河神河伯、江神大君、海神妈祖等；(2)尊崇意识，古代先哲们把水看成自然的美好客体，阐发了许多精辟的审美主体的崇高思想，如《老子》说："上善若水，水善利万物而不争"；(3)水与人生的类比意识，如："子在川上曰：逝者如斯夫，不舍昼夜"；(4)治水与治国，我国历史上开明的政治家都主张治国之道取法于治水，如"水可载舟，亦可覆舟"；(5)水与文艺，自然界中的美景多在山水之间，故我国文学艺术多以山水为对象，状物抒情，意景交融，如李白的"飞流直下三千尺，疑是银河落九天"和王勃的"落霞与孤鹜齐飞，秋水共长天一色"。(熊达成，1992：34-35)

①　左其亭.水文化研究几个关键问题的讨论[J].中国水利，2014(9)：56-59.
②　李宗新.漫谈文化与水文化[J].河南水利与南水北调，2012(1)：29-30.
③　熊达成.浅谈中国水文化的内涵[J].文史杂志，1992(2)：34-35.

　　靳怀堾认为，要弄清水文化的内涵，须从水文化的结构分析入手。水文化的基本结构是指各类水文化内容之间彼此交错联系而形成的一种系统的框架和结构。水文化的内涵可以从水文化的基本结构即物质水文化、制度水文化和精神水文化三个层次来理解：（1）物质水文化，是人类创造的与水相关的物质成果，是一种有形的可视、可触的客观存在，是人们水观念的外在、具体的表现形式，主要包括经过人工打造的水形态、水环境、水工程、水工具等。（2）制度水文化，是指人们对水的利用、开发、治理、配置、节约、保护以及协调水与经济社会发展关系过程中所形成的法律法规、规程规范以及组织形态、管理体制、运行机制等构成的外显文化，是水文化的格式化和规范化。（3）精神水文化，是指人类在与水打交道过程中创造的非实在性财富，包括水思维、水观念、水科技、水哲学、水文艺、水风俗等。（靳怀堾，2016：62-63）靳怀堾还进一步指出，水文化的三大基本板块互相联系，互相作用，互相促进，构成一个有机联系的整体。物质水文化是水文化的外在表现和载体，是制度水文化和精神水文化的物质基础；制度水文化是水文化的规范化和格式化，对物质水文化和精神水文化的形成具有重要影响；精神水文化是一种观念形态的水文化集合，在整个水文化体系中处于核心和灵魂地位。（靳怀堾，2016：63）

　　同样，李宗新①认为水文化是一个庞大的文化体系，要充分了解水文化的丰富内涵，也需要厘清水文化的基本架构。相比于靳怀堾水文化的三个层次，李宗新认为水文化有六大要素，即：物质层面的水文化，制度层面的水文化，精神层面的水文化，不同时代、不同地域、不同民族的水文化。（1）物质层面的水文化是一种比较直观的表层水文化，主要包括水形态、水工程、水工具、水环境、水景观等。（2）制度层面的水文化是一种心与物相结合的中层水文化，是劳动者与劳动对象、人与物、物质与精神三结合而指导和规范人们行为的水文化。（3）精神层面的水文化是核心层面的水文化，主要指与水有关的意识形态，它是人们在长期的水事活动中形成的一种心理积淀，具有历史的继承性和相对的稳定性，对指导人们的行为和维系事业的连续具有十分重要的作用。（4）不同时代的水文化是水文化在时间上存在的基本形式，它以中国历史和中华文化发展史为大背景，以中国水利发展史为线

①　李宗新．略论水文化的基本架构[J]．河南水利与南水北调，2012(3)：25-27.

索划分。(5)地域水文化是水文化在空间上的分布,一般指具有相似文化特征和生存方式的某一区域的水文化。(6)不同民族的水文化是指我国的不同民族基于各自不同的心理特征和生活方式,从而形成的具有自身特征的水文化,例如傣族的泼水节、藏族的沐浴节、白族的春水节等习俗。(李宗新,2012:25-27)

李宗新认为,这六大要素有着内在的联系,其中物质层面的水文化是水文化的载体,充分展示丰富多彩的水文化。制度层面的水文化是水文化的主体,任何水文化都是在实践中创造、运用和发展的。精神层面的水文化是水文化的灵魂,决定水文化的性质和发展方向。不同时代、不同地域、不同民族的水文化体现水文化的立体性和多样性。这六大要素是互相渗透、互相联系的,呈现出一种彼此交错的多彩局面。水文化的基本构架是开放式、发展式的。随着对水文化研究的逐步深入,随着水文化内容的不断创新和丰富,水文化的基本构架也会随之变化、发展和不断充实。(李宗新,2012:25-27)

综上所述,水文化是中华文化中以水为轴心的文化集合体,它的内涵十分丰富,但是其基本要素包含了物质层面的水文化、制度层面的水文化和精神层面的水文化。其中,物质层面的水文化是基础,制度层面的水文化居于中间,而精神层面的水文化是内核,也是中华文化的重要组成部分。

1.3　中华水文化

中华水文化是中华民族在中国这块土地上创造的水文化,是世界水文化中最为光辉灿烂的组成部分。中华水文化是中华文化中以水为轴心的文化集合体,它是中华文化的重要组成部分。北京大学教授、博导王岳川在美国马里兰大学和乔治梅森大学的《中国文化的美丽精神》讲演中说:"只有认识了中国文化中的几个'关键词',才能认识中华文化。其中最重要的一个'关键词'是水,因为它体现了中华文化精神的几大美德——公正、勇敢、坚韧、洁净,体现出了生命时间的观念。'水的哲学、水的精神'是中国人在人与人、人与自然、人与社会的和谐中把握自己本真精神的集中体现。了解了水文化,就了解了中华文明的根本。"[1]

---

[1]　王岳川. 王岳川美国讲演录[M]. 北京:北京大学出版社,2011.

（王岳川，2011）

李宗新在《再谈什么是水文化（中）》中指出，中华水文化在中华文化中的重要地位还可以从"水"在中华传统文化三大支柱（儒、释、道）的核心思想中一窥端倪。儒家思想的核心是"仁"，孔子在《论语·雍也》中说："智者乐水。"他常用水来阐述这一核心思想。当孔子最得意的弟子颜渊问孔子什么是仁时，孔子说："爱人。"（《论语·颜渊》）汉代大学者刘向在所著的《说苑·杂言》中说，一次子贡问孔子：君子为什么见到大水一定要去观赏，孔子以水比德，列举了水的 11 种美德，其中一条是：水"所及者生，似仁"。就是说，水所到之处，万物生长，有如君子的仁爱。在《论语·里仁》中孔子又说："知者利仁。"就是说，水能启迪人们的智慧，能认识到仁的好处，因而去施行仁。这里也是借水宣扬"仁"的思想。

道家以"道"为核心，建立了博大精深的哲学体系。老子在《道德经》第八章中说："上善若水。水善利万物而不争，处众人之所恶，故几于道。"这里老子用有形的、看得见摸得着的、可感知的水，诠释了无形的、自然规律的"道"。

佛家以"善"为核心，建立了博大精深的思想体系。佛家认为"善心如水"，常以水的流转不息、易逝难追比喻人生无常的佛教基本教义，认为世界万物没有恒常的存在，一切事物和现象都处在变动中，人的生命也处在永恒不息的生死相续之中。因此，主张人们要多行善事，要慈悲为怀。除了儒道佛各家中存在丰富的水文化外，中华文化中的诸子百家中也存在着丰富的水文化。如兵家在《孙子兵法》中说，"兵形象水"，说水的规律是避开高处而流向低处，用兵的规律是避开实处而攻击虚处。水流是因地形来决定流向，用兵是顺应敌情变化来制胜对方。[①]

总而言之，在所有国人的心目中，水分明已由自然之水升华为文化之水、哲学之水了。中华水文化已成为中华文化的重要组成部分，充实和丰富了中华文化的内容。

---

① 李宗新．再谈什么是水文化（中）［EB/OL］．（2018-05-21）［2023-10-05］．http：//slj. weifang. gov. cn/wswh/201805/ t20180521_2784469. htm.

第2章 水文化典籍与先秦诸子典籍

中国是一个农业文明古国，重农固本是安民之基和治国之要；而水利是农业的命脉，举凡"水利灌溉，河防疏泛"，历代无不将其列为首要工作。因此，我国古代留下很多闻名世界的水利工程(如春秋战国时期的都江堰、灵渠和郑国渠，隋唐时期的大运河等)，同时也留下了大量记录古人认识水、开发水、利用水、治理水、保护水和鉴赏水的典籍，这些都是中国古代先人们创造的与水相关的物质文化和精神文化的集中体现。本章将重点梳理和讨论中国文化典籍以及与水相关的文化典籍，即：水文化典籍，同时简要介绍其中的重要代表先秦诸子典籍。

2.1 中国文化典籍概述

何谓中国文化典籍？对于本书来说，这是一个十分重要且宏大的概念。曾有学者指出，中国文化典籍指"在中国文化历史长河中出现过的一切重要的基本文献"①(王宏印，2009：2)。但这一概念的定义却过于宽泛，需要做进一步的限制和说明。文化从具体到抽象，依次可分为外层的物质与器物，中层的制度与行为，以及核心的价值体系(同上)。文化典籍作为文化的载体，其本身就是对文化进行的记录和阐述。一般而言，文化典籍侧重于记载有关制度系统和精神价值体系的内容。同样，将文化典籍仅仅限定于文学典籍的范畴内，也是有失偏颇的。因此，明确提出"中国文化典籍"概念的南开大学王宏印教授对中国文化典籍的界定和选取提出了三条基本的理论原则：

---

① 王宏印. 中国文化典籍英译［M］.北京：外语教学与研究出版社，2009.

（1）覆盖文史哲三科，兼顾儒释道三教，坚持开放与全球视野，尝试打通与贯穿之思路；

（2）尝试以汉族文献为主，兼顾其他民族文献的多元文化格局；

（3）以统一的文明史理念，确定典籍选材的上下限、重点以及思路贯穿的途径。（王宏印，2009：2-3）

由此可见，"中国文化典籍"概念基本包括了中国历史上出现的、涵盖中华文化的主要文献。除此之外，中国历史上出现的科技典籍、军事典籍和音韵训诂类典籍也应被纳入中国文化典籍中来，因为它们对推动中华文明起到了巨大作用。

中国文化典籍概念的界定和选取原则的确定，有助于我们对浩瀚如烟的古代典籍进行分类和选取。例如，王宏印教授编著的《中国文化典籍英译》就选取了涵盖中国文化史中的上古神话、先秦诸子、诗经楚辞、唐诗宋词、元句散曲、明清小说、文人书信等的内容。又如，在被誉为"我国历史上首次系统全面地进行中华文化经典外译的一项文化工程"和"向世界介绍、弘扬中华民族优秀传统文化的一项基础工程"①（杨牧之，2007：25）的《大中华文库》（以下简称《文库》）项目中，其选取并出版的文化典籍就体现了"涵盖文史哲，兼顾儒释道"的原则。《文库》共选择 110 本经典古籍，包括《周易》《老子》《论语》等思想类典籍 21 本，《尚书》《史记》等历史类典籍 10 本，《诗经》《山海经》《唐诗三百首》《红楼梦》等文学类经典 55 本，《黄帝内经》《天工开物》《本草纲目》等科技类经典 15 种，以及《孙子兵法》《六韬》等军事类经典 9 本。还有学者通过对《文库》典籍的分类和选取再梳理，将其归纳成六个系列，包括"智慧的东方国度""神秘的东方古国""古代中国国家治理""古代中国的科学技术""具有深厚历史的古代中国"以及"风物世相下的古代中国"②（张奇，2020）。

通过对《文库》入选典籍的相关梳理，我们可以看出，虽然中国文化典籍的

---

① 杨牧之. 国家"软实力"与世界文化的交流——《大中华文库》编辑出版启示[J]. 中国编辑，2007(2).

② 张奇，郭毅.《大中华文库》(汉英对照)的选题特征研究[J]. 中国出版史研究，2020(1)：27-34.

分类和选取没有统一的标准，但是就《文库》本身而言，其中所选取的中国文化典籍能够比较准确地展现古代中国的整体面貌。可以说，《文库》第一次比较系统全面地向世界宣传和介绍了中国传统优秀文化，它不仅包含了汉英对照版，还包含了汉语与其他主要语种的对照版(如法语、西班牙语、阿拉伯语、德语、韩语和日语)。对于其中的汉英对照版，国家图书馆名誉馆长任继愈先生盛赞，它整体筹划周全、版本选择权威、英译准确传神、体例妥当完善，代表了中国的学术、出版和翻译水平，浓缩了中华文明五千年，可以向世界说明中国。因此，本书后面章节中选用的水文化段落或论述的英译文即来自《文库》。

2.2　水文化典籍的定义和分类

中国悠久的历史造就了浩瀚多彩的中华传统文化，也留下了浩如烟海的中国文化典籍。作为中国文化典籍中的重要组成部分，水文化典籍是记录古人认识水、开发水、利用水、治理水、保护水和鉴赏水的重要文献，是他们创造的与水相关的物质文化、制度文化和精神文化的集中体现。那么，何谓水文化典籍呢？通俗地讲，水文化典籍就是指与水有关的中国文化典籍。具体而言，水文化典籍是指包含有古人认识水、开发水、利用水、治理水、保护水和鉴赏水等内容的中国文化典籍。按照对文化的分类以及对中国文化典籍的定义，我们可以将水文化典籍划分为水利类历史文献、水利类律法条例、涉水的哲学和文学典籍三大类。

首先，古代历史记载、正史中专门的河渠书、水利专著以及地理著作都属于水利类历史文献典籍的范畴。例如，西汉史学家司马迁所著的《史记》中专门列有《河渠书》本卷，第一次以史书的形式专门记述了水利史，涵盖了从上古至西汉元封二年(公元 109 年)的重要水利事件，如开凿鸿沟、运河、西门豹治邺、秦兴修郑国渠以及黄河防洪除险等内容。东汉史学家班固所著的《汉书》中有专门的水利篇《沟洫志》，这是我国历史上第一部记录完备的水利志，全书记录了汉元鼎六年至元始四年(公元前 111 年至公元 4 年)的水利史实，尤其是对《史记·河渠书》之后的水利史，如治河工程、河防规划、治水方略等作了记述。此后的《宋史》《金史》《元史》《明史》以及《清史稿》等史书中均对河渠有单独的记载。此外，中国古代还出现了很多有影响力的水利专著和地理著作。例如，我国最古老的地理著作《山海经》，包含了上古地理、历史、神话、动植物学以及人类学、民族学和海洋学等方面的诸多内容，是古代早期珍贵的水利文献。北魏郦道元所著的《水经注》是一部家喻户晓的水利著作，它以华夏大地的水系河道为纲，详细记载了总计 1525 条河流的流域变迁以及流经地区的地理、地形、物产、风俗以及重要历史事件和传说等风土人情，是中国古代最全面、系统的综合性水文地理著作。北宋沈括所著的《梦溪笔谈》对江河水文和水土流失问题也进行了深入研究探讨，该书在国际上同样受到重视，被英国科学史家李约瑟评价为"中国科学史上的里程碑"。元代农学家王祯花费了 10 多年心血撰写而成的《农书》是古代农田水利的百科全书，系统地总结了江南农田水利建设的情况和具体经验，并提出了一些值得重视的理论问题，尤其是书中的《灌溉篇》在回顾古代治水业绩的同时，阐明了兴修农田水利的重要意义。明代徐霞客的《徐霞客游记》记载了作者游历考察中国的山河大川，用较大篇幅描述了长江、南盘江、北盘江、湘江等河流的水体类型以及水文特征，并专门撰文论证了长江的源头，为人们正确地认识江源作出了贡献。明代著名科学家徐光启所著的《农政全书》是中国古代农业科学的巨著，首次提出水利是农业的根本的精辟论断，"水利，农之本也，无水则无田矣"。同样是在明代时期，潘季驯所著的《河防一览》收录了作者历任期间治理河流的经验，其中系统地阐明了"以河治河，以水攻沙"的治理河流主张。清代治河名臣靳辅所著的《治河方略》记述了黄河、淮河、运河干支水系概况，包括黄河演变、治理和历代治黄议论，并着重阐述了 17 世纪苏北地区黄河、淮河、运河决口泛滥和治理经过。

　　其次，古代治水的律法和水利规范条文则属于水利类律法条例类典籍的范畴。我国古代律法发轫于古代用水之规范。水作为重要的生产资料，在生产力发展到一定阶段，便会成为各部落冲突的焦点。经过治水实践，古代人们形成了因避免水事冲突而约束各方的条例，这就是古代水利法规的起源。例如，现代汉语书写体中的"刑"字，原始汉字为单纯的象形字，写作：

《说文·井部》曰："荆，罰辠(罪)也。从刀、井聲。"取意为派遣一名守备或是奴隶持刀在井边看管监督水井的使用①，这便是"刑"字的由来。早在夏商周时期便颁布了"毋填井"的条款，成为我国最早的以文字形式出现的与水有关的约束法规。秦朝时期颁布的《秦律》中的《田律》就有各地官员要及时汇报雨量及旱涝风虫等灾害的规定。汉代制定了专门的水令法规《水令》和《均水约束》，都对治水用水有明文规定，以解决水资源的分配尤其是用水的次序问题，提出下游先灌溉，上游后灌溉，避免了上游无节制灌溉而导致下游缺水的问题，从而保护了下游的农业生产并节约水资源。唐朝颁布的《水部式》是我国历史上首部较为完善的水利法典，是关于水资源管理的专门行政管理法规，对于水资源的利用、分配、节水等内容有着较为详细的规定，具有一定的历史先进性，其中的一些原则一直沿用至今。宋朝颁布了专门性水利法典《农田水利约束》和《疏利决害八事》。其中，《农田水利约束》制定于王安石变法期间，侧重于农田水利相关事项，其中包括建造与管理农田水利工程的事项规定，详细规定了修建和修整水利的流程、力役征发、资金来源、官员和百姓的相关奖惩制度等。《疏决利害八事》重点在于抗洪排涝，原是为解决汴河及周边河流的洪涝问题，后来成为一种指导性法规，主要包括在修建、修整水利工程时监督官吏不得敛财或不作为，禁止民众占用水利工程，规定水利工程标准这三个方面。金代颁布施行的《河防令》是一部关于黄河及海河水系诸河流的修守法规，也是我国历史上首部较为完备的防洪法规。同样，明朝制定了《水规》《明会典》《漕河水程》等水利法规，而清朝在《大清律》中有专门的水利条款。这些在古代中国几千年的治水、用水历史中产生的完整律法典籍，本身也是水文化典籍的重要组成部分。

最后，水文化典籍的另外一个重要组成部分(同时也是中华传统文化的重要载体)则是涉水的哲学和文学典籍。中华民族几千年来治水、用水的实践和认识水、鉴赏水的思考与书写对本民族的传统文化产生了巨大影响，并深深地渗透到

---

①　有学者根据清人马翰的《春秋元命苞》所载进一步推测：奴隶社会时期，奴隶主为了对奴隶进行残酷的剥削和迫害，实行了井田制。并在井田的中央造一口井，以供奴隶们灌溉庄稼和饮水之用，由于人多井少，经常出现抢水的风波。奴隶们为水发生争执，互相殴打，甚至有人被推到井里淹死。这时奴隶主就派人持刀守卫在井边，对打水不守秩序的人则用刀砍他们的头。这就是奴隶主对奴隶使用的刑，即刑法。

哲学思想、宗教、艺术和文学等领域之中。在哲学思想方面，先秦诸子百家对水这一意象有着深刻的认识和论述。例如，在《论语·雍也》中，孔子以水喻智者之性，"子曰：知者乐水，仁者乐山。知者动，仁者静。知者乐，仁者寿。"在《孟子》中，孟子借水喻人性的精辟论述对后人产生了深刻的影响，"人性之善也，犹水之就下也。人无有不善，水无有不下"。在道家的《老子》中，有关水的论述则体现了道家柔而不争的无为之道，利万物而不争的德性，人与自然和谐共处的哲学观念，"上善若水，水善利万物而不争，处众人之所恶，故几于道"。在中国古代文学作品中，与水相关的神话传说、民间歌谣、诗词、歌赋、小说、戏剧等可谓是汗牛充栋，这些丰富多彩的涉水文学作品成为了中华文学宝库的重要财富。从《山海经》中描绘的"精卫填海"和"大禹治水"的神话，到《诗经》中的"所谓伊人，在水一方"的传唱，再到《楚辞》中"望断湘水不见卿"的失望与哀怨，以及汉代的乐府民歌、唐诗、宋词、明清小说等，无一不包含和寄托着中国古代先人们以水诉情、借水咏志、假水自诩的情怀。可以说，"水"这个特殊的意象符号为古人提供了无尽的想象空间，古人也从"水"中获得了无尽的文化源泉。因此，"水文化"才能够在中国哲学和文学典籍中生生不息、百川汇海。

2.3　先秦诸子典籍

先秦时期广义上是指秦朝建立前的所有历史时期，包含夏、商、西周、东周（春秋和战国）这几个时期。在 1800 年的历史中，中华民族的祖先们创造了光辉灿烂的历史文明。尤其是在春秋战国时期（公元前 770—前 221 年），虽然这是中国历史上一段诸侯分裂割据、社会动荡时期，但却是中国历史上一段学术思想自由、文化繁荣的时期，产生了诸如孔子、孟子、荀子、老子、庄子、列子、韩非子、管子、墨子、孙子等在内的诸子百家，素有"百家争鸣"之称。因此，先秦诸子百家即是对先秦时期各个学术派别的总称。据《汉书·艺文志》的记载，先秦诸子百家中数得上名字的一共有 189 家，先秦诸子典籍共计有 4324 篇著作。其后的《隋书·经籍志》《四库全书总目》等书则记载"诸子百家"实有上千家。但是，历史上流传较广、影响较大、最为著名的不过几十家而已，其中真正被发展成学派且广泛流传的只有 12 家，即：儒家、道家、法家、墨家、阴阳家、名家、杂家、农家、小说家、纵横家、兵家、医家。其中，儒家的代表人物有孔子、孟子和荀卿，道家的代表人物有老子、庄子和列子，法家的代表人物有韩非子和管仲，墨家的代表人则是墨翟，兵家的代表人物则是孙武和孙膑。鉴于篇幅所限以及其中所蕴含水文化思想的多寡，本书重点探究上述 5 家学派的 11 部诸子典籍中的水文化思想及其英译。

非常有趣而且耐人寻味的是，上述 5 家学派的诸子大多爱在水边思考问题，以水来譬喻，以水表达他们的思想，形成了丰富的水文化思想。例如：

(1)《论语》：知者乐水；逝者如斯夫。儒家的创始人孔子，有"见大水必观"的习惯，孔子通过亲近和观察大自然中的山水，参悟出其中的哲理。对于水，孔子留下了两句十分著名的话，一句是"知者乐水，仁者乐山"。在此，孔子以水和山来喻指"知者"与"仁者"的习性，认为智者如水，流动奔腾，永不停息，喜欢奇思妙想，乐于开拓进取；仁者如山，仁慈宽厚，稳重不迁，喜欢平和安静，乐于稳坐钓台。另一句是"逝者如斯夫，不舍昼夜"，这是孔子站在河边望着滔滔流逝的河水发出的深沉感慨，人生光阴易逝，有如流水一去不返，应当珍惜时光，自强不息。

(2)《孟子》：以"水之就下"喻人性之善。水之就下的自然秉性是水最重要的特征之一，因此，孟子以水之就下来比喻人性之善："人性之善也，犹水之就下也。人无有不善，水无有不下。"在这里，孟子认为，水性与人性是相似的，他们都遵循共同的原则；正如水总往低处流，人性也总是向善的。

(3)《荀子》：水则载舟，水则覆舟。荀子以水和舟的关系喻君王与百姓的关系，"君者舟也，庶人者水也，水则载舟，水则覆舟"。在荀子看来，君王好比是船，百姓好比是水，水可以使船行驶，也可以使船倾覆。荀子以此来提醒当政者，想要获得安宁，那么就要勤于政事，爱护百姓。

(4)《老子》(又称《道德经》)：上善若水，水善利万物而不争。在老子看来，水性如"道"，他说："上善若水。水善利万物而不争，处众人之所恶，故几于道。居善地，心善渊，与善仁，言善信，政善治，事善能，动善时。夫唯不争，故无尤。"老子以水喻道，认为最善的人好像水一样。水善于滋润万物而不和万物相争，停留在大家所不愿处的地方，所以最接近于"道"。

(5)《庄子》：海纳百川，有容乃大。庄子用大海的浩瀚无垠来比喻其所推崇的洋洋大观的道，让人们感受到道的渊深与博大。在《秋水篇》中，庄子说，"天下之水，莫大于海。万川归之，不知何时止而不盈；尾闾泄之，不知何时已而不虚；春秋不变，水旱不知。"庄子通过精心编制的黄河与大海之间具有象征意义的寓言故事，借助大海将道的内涵和境界诠释出来。

（6）《列子》："操舟蹈水亦有道"和高山流水喻知音。列子借孔子之口，指出要学会熟练地操舟，就需要达到"忘水"的境界；要学会游泳，能在水里自由自在、来去自如，就要适应水性，使之成为一种自然习性。列子借"操舟蹈水亦有道"来诠释道家所遵从的"道法自然"和"天人合一"的境界。列子不仅通过"高山流水"来形容战国时期的俞伯牙和钟子期之间的那种相知相交的知音之情，同时还以此来喻指世上知音难觅。

（7）《管子》：水是万物的本原、生命的根基和人性格产生的源泉。在管子看来，水是万物的本原，是一切生命的根基，没有水就没有生命，就没有世间万物生机勃发的景象，"水者何也？万物之本原也，诸生之宗室也"。不仅如此，管子还认为水是人性格产生的源泉，"美、恶、贤、不肖、愚、俊之所产也"，即：人的美与丑、贤与不肖、愚蠢无知与才华出众等个体差异，都是受水的影响而产生的。

（8）《韩非子》：以水譬道，法如朝露。韩非子是先秦时期的法家代表人物，他正是以水譬道，将他对道的观点呈现给读者，"道，譬诸若水，溺者多饮之即死，渴者适饮之即生"。韩非子用"法如朝露"作喻，"故至安之世，法如朝露，纯朴不散，心无结怨，口无烦言"来说明制定法律，要简朴、实在、通俗、好懂、易于操作。

（9）《墨子》：兼爱犹水，以水譬喻君子德性修养。墨子的社会伦理思想的核心是"兼相爱，交相利"，他以"水之就下"比喻人与人之间的兼爱与互利，"我以为人之于就兼相爱、交相利也，譬之犹火之就上、水之就下也，不可防止于天下。"与此同时，墨子还十分重视执政者的德行问题，他以水之"原（源）浊者流不清"来作比，指出如果水的源头污浊，整条河流也必将浑浊，形象地说明了君子不注意德性修养的危害。

（10）《孙子兵法》：避实就虚，因敌制胜。孙子在深刻的观察和思考中，发现水形和兵形有着许多共通之处，"夫兵形象水，水之形，避高而趋下；兵之形，避实而就虚。"用兵之道类似水的运动，水流动的规律是避开高处而向低处奔流，用兵的规律是避开敌人坚实之处而攻击其虚弱的地方。

(11)《孙膑兵法》：以水喻对敌制胜和带兵之道。在论述将帅如何用兵作战时，孙膑指出善于用兵作战的将帅("善战者")要遵循万事万物运动发展的规律，善于扬长避短、因势利导，这样才能像水灭火("水胜火")一样有效地对敌制胜；在论述如何带兵时，孙膑指出将帅指挥得当，赏罚分明，关心、体贴军民，便能做到像用流水冲石头去毁掉敌船("漂石折舟")那样用兵如神，军令贯彻就能像流水那样畅行无阻("则令行如流")；否则，就好比要河水倒流一样("是使水逆流也")。

以上仅仅是简要地介绍了先秦诸子典籍中关于水的论述以及其中所蕴含的水文化思想精髓。事实上，先秦诸子典籍中所蕴含的水文化思想远不止这些，即便是上述提及的诸子关于水的论述，也仅仅是他们著作中的精辟论述，而不是全部论述。可以说，中华水文化思想广泛存在于先秦诸子典籍中，体现在诸子典籍中直接涉及"水"字的论述，以及与"水"字相关的字(如"雨""江""河""海""湖""冰"等)的论述中。这些论述或是以单独成篇的形式出现在典籍中(如《管子·水地篇》)，或是以成段的形式出现在典籍中(如《老子·八章》中的"上善若水……")，但是绝大多数的与水有关的论述都是以"只言片语"的形式散落于各诸子典籍中。

因此，限于篇幅和笔者的能力，本书将主要挖掘和整理散落于春秋战国时期儒家、道家、法家、墨家、兵家学派的诸子典籍中关于水文化的论述，深入阐述其中蕴含的丰富水文化思想，同时以《大中华文库》英译本为主，以其他西方传教士或汉学家的英译本为辅，探究上述典籍中的水文化英译和对外传播问题。当然，先秦诸子典籍中博大精深的中华水文化也远非本书所能涵盖或者穷尽的，本书权且抛砖引玉，希望能有更多的专家和学者关注和研究中国典籍(尤其先秦诸子典籍)中水文化思想的挖掘、英译与对外传播。

第3章 《论语》中的水文化思想及其英译

3.1 孔子及其《论语》简介

孔子(公元前551—前479年),名丘,字仲尼,春秋时期鲁国陬邑(今山东省曲阜市)人,祖籍宋国栗邑(今河南省夏邑县),中国古代伟大的思想家、政治家、教育家,儒家学派创始人。孔子开创私人讲学之风,倡导仁、义、礼、智、信,相传有弟子三千,其中贤人七十二。公元前496年,孔子带领部分弟子离开鲁国,开始周游列国十四年,晚年修订六经(《诗》《书》《礼》《易》《乐》《春秋》)。去世后,其弟子及再传弟子把孔子及其弟子的言行语录和思想记录下来,整理编成《论语》。《论语》中的"论"是"论纂"的意思,"语"是"语言"的意思,因此《论语》就是把"接闻于夫子之语""论纂"起来的意思,该书被奉为儒家经典。

《论语》全书共20篇492章,以语录体为主,叙事体为辅,较为集中地体现了孔子及儒家学派的政治主张、伦理思想、道德观念、教育原则等。作品多为语录,但辞约义富,有些语句、篇章形象生动,其主要特点是语言简练,浅近易懂,而用意深远,有一种雍容和顺、纡徐含蓄的风格,能在简单的对话和行动中展示人物形象。《论语》自宋代以后,被列为"四书"之一,成为古代学校官定教科书和科举考试必读书。《论语》的核心思想是"仁",根据杨伯峻先生的统计,《论语》中讲"仁"的次数达到109次之多。在《大中华文库〈论语〉》的前言中,学者杨逢彬(1999:19)指出,"《论语》中的'仁'一词不能一概而论。从大的方面说,它指在天下范围内行仁政;从小的方面说,它指'爱人',指忠恕,指做人的根本——孝悌"。

3.2 《论语》中的水文化思想概述

作为先秦时期伟大的思想家和儒家学派的创始人，孔子一生喜欢与大自然中的山水为伍。孔子喜欢登山，他"登东山而小鲁，登泰山而小天下"(《孟子·尽心上》)；孔子乐水，他"亟称于水，曰'水哉，水哉'"(《孟子·离娄下》)，"美哉水，洋洋乎!"(《史记·孔子世家》)，而且"见大水必观焉"(《孔子家语·三恕》)；孔子还喜欢在水边思考，当他看到川流不息的河流时，发出"逝者如斯夫，不舍昼夜"的感慨(《论语·子罕》)。不过，《论语》中关于"水"的论述并不多，经过统计，全书中"水"字共计出现了 4 次，其他与水有关的字中，"海"出现了 4 次，"河"出现了 3 次。可以说，《论语》中的水文化思想主要体现在与"水""海""河"有关的论述中。然而，在这为数不多的涉水论述中却蕴含着丰富的水文化思想。概括起来，《论语》中的水文化思想集中体现在以下七个方面：

(1)孔子以水来喻指"知(智)者"的习性，"知者乐水，仁者乐山"，他认为智者如水，流动奔腾，永不停息，喜欢奇思妙想，乐于开拓进取，这表现了孔子乐水的价值取向。(2)孔子以水喻时光，当他站在家乡的泗水河边感叹时光流逝的时候，不禁发出了"逝者如斯夫，不舍昼夜"的感慨。(3)孔子以日常生活中最常见的"水火"与他一直倡导的"仁"做类比，"民之于仁也，甚于水火"，指出百姓们对于仁的需要比对于水火的需要更迫切。(4)孔子还以水喻交友之道，"见善如不及，见不善如探汤"，指出见到善的人，要见贤思齐，向他学习；而见到不善的人，就好像用手去探开水、热水，要赶紧收回来以免被烫伤，要敬而远之。(5)孔子还以吃粗食、喝白水、胳膊当枕头等简单的生活来劝导人们要安贫乐道，"饭疏食饮水，曲肱而枕之，乐亦在其中矣"，不要去刻意地追求那些不义之财和富贵，"不义而富且贵，于我如浮云"。(6)孔子还以水喻谗言，"浸润之谮"，指出谗言就好像受到水的浸润一样，人浸在水里久了就感觉不到水的存在，同样人听谗言听得久了，也就不知不觉接受了。(7)当孔子的政治主张得不到统治者的重视时，他将失意之情寄托于水波之上，发出了"道不行，乘桴浮于海"的无奈与感叹。总而言之，孔子通过亲近和观察大自然中的山水，参悟出其中的哲理，为阐释自己的仁政思想而服务。

3.3 《论语》在西方世界的英译史

《论语》是中国儒家思想的代表作，不仅对中国而且对全世界都产生了深远的影响。《论语》在国外的译介与传播很早就已经开始了，基本上是沿着从东方（中国周边国家）到西方（欧洲和美国等西方国家）逐渐展开的。据不完全统计，截至目前，《论语》已被翻译成三十多种外国语言文字，它的总印数仅次于《圣经》，高于其他任何一部畅销书。在西方，《论语》的译介沿着传教、通商、对外扩张路径展开。早在 16 世纪末，来华的西方传教士就开始将《论语》翻译为拉丁文译本，其后被转译为英文、法文等译本，由此拉开了《论语》在西方世界的译介史。然而，由于《论语》在西方世界被广泛地译介和传播，即便是在西方英语世界，《论语》的英译本数量也是十分庞大的，在此很难像其他先秦诸子典籍英译那样一一地予以介绍。因此，本节将根据学者的研究资料①和网上的相关文章②，以时间为线索，梳理《论语》在西方世界的英译史，主要介绍具有代表性的《论语》英译本，它们主要是来自英国传教士和汉学家的英译本、英国外交官及海关洋员、海外华人等的英译本和我国学者的英译本。

1809 年，英国新教传教士马士曼（J. Marshman）翻译了《论语》前十篇英译本（*The works of Confucius*），由塞兰坡教会出版，这是《论语》首次从汉语直译为英语。译本主要参考了朱熹的《论语集注》，包括原文、英译文、注释，并附有详细的孔子传记。

1822 年，英国新教传教士柯大卫（David Collie）翻译了《四书译注》英译本（*The Chinese Classical Works Commonly Called the Four Books*），由马六甲教会刊行，其中就包含《论语》。这也是《四书》首次从汉语直译为英语。译文有注释，序文

① 李伟荣，梁慧娜，吴素馨.《论语》在西方的前世今生[J]. 燕山大学学报（哲学社会科学版），2015，16（2）：1-9.
韦利，杨伯峻. 大中华文库·论语（汉英对照）（精）[M]. 长沙：湖南人民出版社，2008：前言 32-35.
② 杨育芬. 儒家经典的海外传播：《论语》外译简史（上）[N]. 中华读书报，2022-09-28：6.
杨育芬. 儒家经典的海外传播：《论语》外译简史（下）[N]. 中华读书报，2022-10-12：6.

包括孔子传，译本得到了英语世界学者的重视，成为西方学术界研究中国儒学思想的一个重要文本。不过，马士曼和柯大卫都没有来华经历。

1840年，鸦片战争爆发，英国用炮舰强迫中国打开了大门。1842年，英国强迫清政府签订了《南京条约》。此后，随着英国人大规模进入中国和对华传教活动的增加，《论语》英译本数量逐渐增多，质量也有很大提高。译者中除了英国传教士，还有汉学家、外交官、海关洋员等，同时我国学者也开始有意识地翻译《论语》，向域外介绍国学典籍。从19世纪下半叶到20世纪上半叶，共计出现了15部《论语》英译本（多次出版的译本只算作一部）。

1861年，英国传教士、汉学家理雅各（James Legge）在香港出版了英译本《中国经典》第一卷（*The Chinese Classics Vol. I*），其中包括《论语》《大学》《中庸》。译本以直译为主，贴近原文风格，使用19世纪书面语体英文，译笔严谨古雅，注释详尽，但有死译硬译的现象。《中国经典》在西方汉学界占有重要地位，后来出版的各种译本并不能完全取代他的译本。

1869年，英国驻华外交官威妥玛（Thomas Francis Wade）翻译了《论语》，名为《被西方世界作为Confucius而知晓的孔子的言论》（*The Lun Yu, being Utterances of Kung Tzu, known to the Western World as Confucius*），在伦敦出版。威妥玛在英译本前言中说，尽管当时的学者都公认朱熹是最优秀的儒学大师，但他参照了汉代孔安国的《论语》注释版本进行翻译。

1898年，我国学者辜鸿铭的《论语》英译本（*The Discourses and Sayings of Confucius*）在上海出版，这是首部由中国人翻译完成的《论语》英译本。辜鸿铭是中国近代著名学者，早期在欧洲学习，他翻译《论语》的目的是要向西方介绍真正的中国文明，纠正理雅各等西方汉学家对儒经的误读。辜氏采用意译法，为了让西方读者彻底理解书中的思想含义，他采取以西释中法，引用歌德、卡莱尔、阿诺德、莎士比亚等西方著名作家和思想家的话来注释经文，在注释中将书中出现的中国人物、中国朝代与西方历史上具有相似特点的人物和时间段作横向比较。译本的缺点在于过分意译，有时随意增添原文没有的内容。

1909年，在中国海关工作的海关洋员赖发洛（Leonard A. Lyall）的《论语》英译本（*The Sayings of Confucius*）在英国出版，此后又于1925年、1935年出版第2版、第3版。该译本采用直译，译文简洁流畅，贴近原文风格。辅文本包括导论、注释和人名地名索引，其中导论介绍了孔子生平背景及《论语》内容。

1910 年，英国传教士苏慧廉（Edward Soothill）的《论语》英译本（*The Analects, or, the Conversation of Confucius with His Disciples and Certain Others*）在日本出版。该译本是《论语》比较经典的译本之一，1937 年作为牛津大学世界经典丛书再版，删减了注释部分，后又多次再版，是牛津大学最认可的经典翻译。苏慧廉采用逐字逐句翻译的方法，对《论语》进行英译，其译文简洁流畅，尽量贴近原文风格，并附上详尽的注释。

1938 年，英国汉学家韦利（Arthur David Waley）翻译的《论语》英译本（*The Analects of Confucius*）在英国出版。西方学者认为，韦氏的《论语》英译本是西方最具才学的译本。韦利与之前传教士、汉学家的最大区别在于，主要依据清代经学家对《论语》的解释，不过于依赖程朱理学的阐释。融注释于译文，既重视准确又注重英语语言的流畅和优美，风格接近原文，尽力把古代汉语转化成地道的现代英语。译本所附的长篇导言与附录包括：《论语》的版本、孔子及其弟子的生平等考证、注释和索引。由于译者对异域文化理解的局限，韦利的译文有误译的地方。韦利的译本是英语世界比较通行的译本，后于 1999 年入选《大中华文库》，由湖南人民出版社和外文出版社共同出版。

1951 年，美国著名诗人庞德（Ezra Pound）翻译出版了《孔子：大学、中庸和论语》（*Confucius: the Great Digest, the Unwobbling Pivot, the Analects*）。庞德的《论语》英译本最早在美国著名的文学杂志《哈德逊评论》1950 年的春季号和夏季号上发表，1951 年又和他之前所发表的《大学》和《中庸》英译本结集出版。庞德在翻译中对《论语》原文改写、创译的成分较多，在翻译中加入了自己的思想。由于他对儒家思想的另类诠释，译本在美国出版之后，受到了一些西方读者的欢迎。庞德的译文相当简洁，其字数在所有译本中，仅多于赖发洛译本。

1979 年，香港中文大学教授刘殿爵（D. C. Lau）翻译了《论语》（*The Analects: The Sayings of Confucius*），该译本在海外影响较大，被列入"企鹅经典"，由著名的企鹅图书（Penguin Books）出版社出版。该译本为中英文对照本，包括原文、中文今译和英文今译三部分。双数页排中文，单数页排英文，两两对应，阅读十分方便。

自 20 世纪 80 年代以来，我国开始主动将《论语》译介给世界。据不完全统计，截至 2019 年，由国内译者翻译的《论语》英译本共有 49 部(多次出版的译本只算作一部)。其中，较为知名的译本主要有：梅仁毅译本《论语：中英对照》(1992)，丁往道译本《孔子语录一百则》(1997)，许渊冲英译《论语：汉英对照》(2005)，林戊荪英译《论语新译：英汉对照》(2010)，赵彦春英译《论语英译》(2019)等。

综上所述，自近代以来《论语》在西方英语世界受到了广泛的关注和译介，迄今为止，公开出版的英译本已有上百种，这是先秦诸子典籍英译中极为少见的。由此可见，西方英语世界对《论语》及其儒家文化的重视程度和接受程度。

本章所引用的《论语》英译文主要来自入选《大中华文库》的韦利的译本(以下简称韦译)，译评中也借鉴和对比了英国汉学家理雅各的译本(以下简称理译)，香港中文大学教授刘殿爵的译本(以下简称刘译)，我国著名翻译家许渊冲先生的译本(以下简称许译)，美国汉学家安乐哲的译本(以下简称安译)，我国著名翻译家吴国珍的译本(以下简称吴译)。

3.4 《论语》中的水文化思想阐释、英译与译评

3.4.1 以水喻智者之性——智者乐水，仁者乐山

原文：

> 子曰："知者乐水，仁者乐山；知者动，仁者静；知者乐，仁者寿。"
>
> ——《论语·雍也篇》

今译文：

孔子说："智慧的人喜爱水，仁义的人喜爱山；智慧的人懂得变通，仁义的人心境平和。智慧的人快乐，仁义的人长寿。"

阐释：

本节中，孔子以水喻智者之性，以山喻仁者之性，"知者乐水，仁者乐山"。

原文中的"知"相当于今天的"智","知者"意为聪明、智慧的人。在此,孔子以水和山来喻指"知者"与"仁者"的习性,认为智者如水,流动奔腾,永不停息,喜欢奇思妙想,乐于开拓进取;仁者如山,仁慈宽厚,稳重不迁,喜欢平和安静,乐于稳坐钓台。很明显,孔子的这句话隐含着这样的前提和假设,即:一定的自然对象之所以引起人们的喜爱,是因为它和人的精神与习性有着某些契合的地方。那么,为何智者乐水,仁者乐山呢?

宋代的朱熹对此作了很好的解释,他说"知者达于事理而周流无滞,有似于水,故乐水"(《四书集注》)。朱熹的"知者达于事理",是说智者能够通达万事万物之理;"周流而无滞"是说在这些事理当中,他能够运用自如,像水一样周流没有阻碍。正如孔子所说,"七十而从心所欲,不踰矩",这是无滞。由此可见,智者和水有着诸多的相似之处,所以"知者乐水",他喜欢水,就是学水的德行。朱熹又说,"仁者安于义理而厚重不迁,有似于山,故乐山"(《四书集注》)。仁者,所谓的"仁者安仁,知者利人仁"。仁者安于仁之上,仁是讲宇宙义理他得到了,他心安于这个道上。义理是讲他的道,心安于道,安于仁,就能不动。厚重不迁,厚重是讲他的德行,不迁是他的心地,不乱动,有似于山,就用山来比喻他的心境,故乐山。

"知者动,仁者静"。东汉的经学家包咸批注,"日进故动",日进是天天进步,智者不断地发现自己的过失,不断地改正自己的过失,天天反省,天天改过,日新又新,这是讲动,这个动是提升。孔安国(西汉的经学家)说"无欲故静",这个静是讲他无欲,仁者离欲。所谓的欲望,一般是指财、色、名、食、睡这五种欲望,把凡夫束缚住,凡夫是为欲望所驱使,所以他静不下来;而仁者无欲了,他就能够静。《大学》里讲,"知止而后有定,定而后能静"。仁者知止,止是放下的意思,他放下了;知止而后有定,定而后能静,他的心定了、静了,他才能做仁者。

"知者乐,仁者寿"讲的是效果。乐水的人(智者)喜欢动,所以他能得到快乐;乐山的人(仁者)喜欢静,所以他能得到长寿。朱熹说,"动而不括故乐,静而有常故寿"(《四书集注》),这个乐和寿跟动和静是因果关系,动静是因,乐寿是果。"动而不括故乐"中的"括"是指括结而有障碍,"不括"是指没有障碍。所谓不动则已,一动则通而无碍,这是动而不括的意思。智者动而无有障碍,所以他自然就乐。"静而有常"是说心能够定，能够静，他自然就有常。"有常"是指能够做到中庸才算有常，中是不偏，庸是恒常。仁者做到安静和中庸，他自然就寿命长久了。

英译文：

The Master said, "The wise man delights in water, the Good man delights in mountains. For the wise move; but the Good stay still. The wise are happy; but the Good, secure."

——《大中华文库〈论语〉》P59

译评：

本节译文来自入选《大中华文库》的韦利译本（以下简称韦译）。正如文库编者杨逢彬先生的评价一样，韦译"文字比较简练，接近原文风格，甚至在表达方式上也力争逼肖原文"（1999：34-35），但是仍然存在着值得商榷的地方，尤其是与原文的忠实度方面。例如，本节译文有两处值得商榷。首先，"知者乐水，仁者乐山"中的"乐"翻译成"delight"值得商榷。原文中的"乐"用作动词，是喜欢、喜爱的意思。因此，原文通俗的意思就是"聪明人喜爱水，有仁德者喜爱山"。然而，在韦译中，译者将"乐"翻译成了"delight"，意思变成了"聪明的人在水中感到快乐，有仁德者在山里感到快乐"，背离了原文的意义。在安译中，"乐"被翻译为"enjoy"，这是比较贴切的。"The wise (*zhi* 知) enjoy water; those authoritative in their conduct (*ren* 仁) enjoy mountains."因此，笔者建议将"乐"改成"enjoy"或"like"。

其次，"仁者寿"中的"寿"翻译成"secure"也值得商榷。原文意思是说"仁义的人长寿"，而 secure 意为"稳固的、可靠的、安全的"，与长寿没有丝毫关系，与原文意思大相径庭，很明显是一种误译。查阅其他几个译本，发现它们在翻译"仁者寿"的时候，几乎都做到了忠实于原文。例如，

"The wise live happy while the good live long."（许译）

"The wise are joyful; the virtuous are long-lived."（理译）

"The wise find enjoyment; the authoritative are long-enduring."（安译）

"The wise are joyful; the benevolent are long-lived."（刘译）

因此，笔者建议将"仁者寿"改译为"but the Good, longevous or long-lived"。

3.4.2　以水喻时光流逝——逝者如斯夫

原文：

> 子在川上曰："逝者如斯夫！不舍昼夜。"
>
> ——《论语·子罕》

今译文：

> 孔子在河边说："消逝的时光就像这河水一样啊，不分昼夜地向前流去。"
>
> ——《大中华文库〈论语〉》P96

阐释：

　　本节中，孔子以水喻时光流逝，感叹时光如流水一样一去不复返。这一句描写的是孔子在一条河流的岸边，即"川上"，观看昼夜川流不息的河水。据专家学者考证，这里的"川"具体指的是孔子家乡的泗水。孔子在河的岸边看着川流不息的河水，发出了两句感叹的话："逝者如斯夫！不舍昼夜。"其中，"逝者如斯夫"中的"斯"就是指河水，意思是说逝者就好像这河水一样，日夜不停地在流动。"不舍昼夜"，就是日夜不停地流去。这个"舍"字，按照李炳南老先生《论语讲要》说当"止"字讲，就是不止昼夜，意思就是昼夜不停。这个"逝"字，按照古注来讲是"往去"的意思，逝去了。"逝者"，孔子这里到底指什么呢？孔子没有说明，让我们自己去领悟，这里头蕴含着深深的禅意，也有着隽永的诗意。逝者，其实我们细细想想，这个世间哪一样东西，哪一个境界不是逝者？不都像川流的河水一样日夜不停，迁流无常，这世间万事万物哪一样是永恒不往的？

　　孔子在河岸上，一定是仰观俯察，再看河川里的流水，因而兴起感叹。他所说的"逝者"，没有特定的所指，自可包罗万象。且就天地人事而言，孔子仰观天文，想到日月运行，昼夜更始，便是往一日即去一日；俯察地理，想到花开花落，四时变迁，便是往一年即去一年。天地如此，生在天地间的人，亦不例外。

人自出生以后，由少而壮，由壮而老，每过一日，即去一日，每过一岁，即去一岁。个人如此，群体亦不例外。中国历史到了五帝时代，不再有三皇，到了夏商周，不再有五帝。孔子生在春秋乱世，想见西周盛况，也见不到，只能梦见周公而已。由此可知，自然界、人世间、宇宙万物，无一不是逝者，无一不像河里的流水，昼夜不停地流，一经流去，便不会流回来。所以，李白在《将进酒》中说道："君不见，黄河之水天上来，奔流到海不复回。"古希腊著名哲学家赫拉克利特(Heraclitus)也曾说过："濯足急流，抽足再入，已非前水。"

英译文：

Once when the Master was standing by a stream, he said, "Could one but go on and on like this, never ceasing day or night！"

——《大中华文库〈论语〉》P95

译评：

本节译文来自入选《大中华文库》的韦利译本(以下简称韦译)。总体而言，韦译译文较为忠实，语言简洁流畅，接近原文的风格。但是，韦译中仍有两处值得商榷。首先，"子在川上曰"，其中的"川"字译成"stream"不妥。"Stream"的意思是"a small narrow river"，即：小河、小溪；而汉字的"川"原本由象形文字巛演变而来，它就像一条奔腾不息的、弯弯曲曲的河流，字中两边的两条曲线，形象地描画出河流的两岸，河中的几个小点，是指湍急的河水。《说文解字》里解释说，"川"为大河，故汉语中有"名山大川"之说，泛指有名的高山和源远流长的大河。根据专家学者的考证，本句中的"川"应该指的是孔子家乡的泗水。据称孔子生于泗水之滨，长于泗水之畔，创立儒家学说于"洙泗之间"，死后也葬在"泗上"。泗水虽比不上长江、黄河那样长、那样大，但是作为"海岱名川"，还是称得上源远流长、浩浩荡荡的。例如，在刘译中，"川"被翻译成"a river"；在安译中，"子在川上"被翻译为"The Master was standing on a riverbank"。因此，笔者建议"川"应该改译为"a big/large river"。

其次，"逝者如斯夫"中的"斯"指的是"河水"，而韦译中将其笼统译为"this"似有不妥。译文中的代词"this"极有可能指代的是前面出现的"stream"，而原文的意思是"消逝的时光就像这河水一样啊，不分昼夜地向前流去"。很明显，这里的"斯"指的是川流不息的河水。例如，在许译中，"逝者如斯夫"就被翻译为"Time passes away night and day like running water."因此，笔者认为，"This"应该换成"water"或"running water"更好，而整个后半句则建议改译成"Time passes by as the water in the river flows away, never ceasing day or night."或者是"Time passes by like the running water in the river, never ceasing day or night."

3.4.3 以水喻仁——民之于仁甚于水火

原文：

> 子曰："民之于仁也，甚于水火。水火，吾见蹈而死者矣，未见蹈仁而死者也。"
>
> ——《论语·卫灵公第十五》

今译文：

孔子说："百姓们对于仁（的需要），比对于水火（的需要）更迫切。我只见过人跳到水火中而死的，却没有见过实行仁而死的。"

阐释：

本节中，孔子将"仁"这种德性譬喻为养育人类生命的"水火"，但是"仁"对于人民的重要性却远高于"水火"，因为"仁"没有兼具自相矛盾的危险性。孔子将自然现象与道德品性进行比较，既阐明了"仁德"的重要性，同时又突出了它的特殊性。

"民之于仁也"，其中的"民"是指人民，本句的意思是说人民需要仁德。"甚于水火"是说人民需要仁德的程度比需要水火的程度更强。众所周知，水火是人们生活当中必不可少的。日常生活中如果突然停水了，人们的生活会有诸多不便。科学研究表明，人可以七天不吃饭，但是三天不喝水就可能死亡。因此，从某种程度上讲，水是人赖以生存的必需物质。当然，火也很重要，煮饭烧菜，每日三餐都要用到火。如果没有火，人类就只能回到茹毛饮血的原始时期了。因此，火是人类走向文明的象征，火的出现给人类社会带来了巨大的变化，火让我们在黑夜里有了光明，在寒冬里有了温暖。虽然，水火是人类生活乃至生存必不可少的事物，但是在孔老夫子眼中，一个人需要仁德甚于需要水火，可见仁德之重要性。

然而，仁与水火相比起来，水火并不是只有益没有害，"水火，吾见蹈而死者矣"。水火也有害处，大水能淹死人，大火能烧死人，那就是"蹈而死者"。所以，水固然有它的好处，但是太多、太泛滥了，就会带来危害；火也是如此，火灾能烧死人。所以，水火有利亦有弊。可是，"未见蹈仁而死者也"，仁有百利而无一害，孔老夫子说他从没有见过"蹈仁而死"的人。对此，朱熹解释说，"民之于水火，所赖以生，不可一日无。其于仁也亦然。但水火外物，而仁在己。无水火，不过害人之身，而不仁则失其心。是仁有甚于水火，而尤不可以一日无也。况水火或有时而杀人，仁则未尝杀人，亦何惮而不为哉?"(《四书集注》)

总而言之，水火是人们物质生活的需要，仁德是人们精神生活的需要，二者都是不可或缺的。孔子在这里之所以要特别强调仁德，是与当时的社会状况、社会风气有密切关系的。他痛切地感到，在世风日下、道德缺失的情势下，百姓固然不可一日无水火，然而他们对于仁德的需要，更甚于水火。水火无情，有时还会伤人致死；而修养仁德则无此危险。孔子这样说，意在勉励人们修仁德，行仁道。

英译文：

The Master said, "Goodness is more to the people than water and fire. I have seen men lose their lives when 'treading upon' water and fire; but I have never seen anyone lose his life through 'treading upon' Goodness."

——《大中华文库〈论语〉》P181

译评：

本节译文仍来自入选《大中华文库》的韦利译本(以下简称韦译)。总体而言，韦译的译文忠实于原文，语言简洁流畅，再现了原文的风格。本节中包含了一个内涵丰富的文化负载词——"仁"，同时这也是一个可以概括孔子的思想和言行的核心词。根据杨伯峻的统计，《论语》中"仁"字共计出现了 109 次之多，《论语》的一个核心思想就是"仁"。要完整准确地翻译好"仁"却非易事。事实上，"仁"的内涵非常丰富，用孔子在《论语》中的原话来说，"仁"包含了"恭、宽、信、敏、惠"①。具体而言，"仁"包含了尊敬，尊重别人像尊重自己一样；"仁"包含了宽厚，要严于责己，宽于待人，容忍不同的意见；"仁"包含了诚信，言而有信，才能得到别人信任；"仁"包含了敏捷，只有行事迅速灵敏，才能得到成功；最后，"仁"还包含了"恩惠"，要为人做好事，决不损人利己。此外，在《论语》的其他论述中，"仁"还包括了"义、忠、恕、孝、悌"等方面。

因此，很难在英语中找一个与"仁"的含义对等的词。在韦译中，"仁"被译为"goodness"，意为"善良、美德"，这仅能传达"仁"的部分内涵。实际上，笔者手头上掌握的几个译本中，"仁"被翻译成了"virtue"（许译和理译）、"Authoritative conduct（ren）"（安译）、"Benevolence"（刘译）、"The folk's humanity"（庞德译）。可以说，没有一个能完整准确地传达出"仁"的内涵。到底该如何翻译这种具有丰富文化内涵的词呢？译界学者和译者对此也是意见不一。或许这就是中英文化差异造成的不可译之处，在我们暂时无法实现的时候，或许可以借鉴安译采用音译，将其译为"ren"，也不失为一种权宜之计。

3.4.4　以水喻交友之道——见善如不及，见不善如探汤

原文：

> 子曰："见善如不及，见不善如探汤。吾见其人矣，吾闻其语矣。隐居以求其志，行义以达其道。吾闻其语矣，未见其人也。"
>
> ——《论语·季氏篇第十六》

今译文：

孔子说："看见善良，努力追求，好像赶不上似的；遇见邪恶，使劲避开，

---

① 《论语·阳货篇》中说："子张问仁于孔子，孔子曰：'能行五者于天下，为仁矣。'请问之。曰：'恭、宽、信、敏、惠。恭则不侮，宽则得众，信则人任焉，敏则有功，惠则足以使人。"

好像将手伸到沸水里。我看见这样的人，也听过这样的话。避世隐居求保全他的意志，依义而行来贯彻他的主张。我听过这样的话，却没有见过这样的人。"

阐释：

本节中，孔子以水喻交友之道——"见善如不及，见不善如探汤"，劝勉我们应该向善良的人学习，见贤思齐；而远离那些不善的人，免受不善的污染。"见善如不及"意思是说见到善人就觉得好像不如他，"不及"就是赶不上他，所以想要向他学习，像他那样的善，就是见贤思齐。"见不善如探汤"，见到不善的人或者不善的事，就好像用手去探热汤，汤是开水、热水，当然你怕烫着，所以赶快把手收回来，不要去接触，这是保护自己，免受不善的污染。孔子说"无友不如己者"（《论语·学而第一》），不要跟不如自己的人交朋友，也是这个意思。物以类聚，人以群分。人是社会性的动物，我们需要交际，需要朋友。但交友需谨慎，遇到善的人，我们要向他学习；遇到不善的人，要敬而远之。孔子在这说，"吾见其人矣，吾闻其语矣"，我见过有这种作风的人，也听过这个人讲过这种话。

接下来，孔老夫子又讲了另外更高的一个境界，"隐居以求其志"。隐居是指避开乱世，在一个安静的地方读书修养。但是他隐居不是厌世，他还是在"求其志"，他还是有志向的，有热心肠的，只是现在还没有机会来施展他的抱负。所以，他隐居起来充实自己，提升自己，希望将来有机会施展他的志向，这叫隐居求其志。

"行义以达其道"，他做什么事？他充实自己，等到将来有机会出来做事，就可以施展抱负了。那么，所做的事都合乎正义、道义，叫"行义"。譬如说他当官，施行仁政；他做生意，做一个仁厚的商人；反正他做什么事都做一个好的表率。"以达其道"，能够实现他所恪守的道，这个道是圣贤之道。因此不管是有机会出来，还是隐居，他都是志于道，志在圣贤。至于出不出来就看缘分，看看有没有这种条件。通常来讲如果天下太平，领导者很英明、很仁慈，这些人都会出来。如果是乱世，这些人就暂时避开，隐居以求其志，等待将来的机会，等待明君出现，他不会恋慕世间的富贵。在乱世当中富贵，孔子认为这是可耻的。如果在治世，天下太平，国君英明的时候，那你要是没有富贵，没有施展抱负的这种能力，这也是可耻的，那是你实在没有能力。所以这是看机缘。

孔子说这种人，"吾闻其语矣，未见其人也"，我只听人说过这样的话，但是没见过照这个话实行的人。当然这两种人，前面一种"见善如不及，见不善如探汤"，这种人比较容易做到，所以孔子说我见过这种人，也听过这种话；而后面一种"隐居以求其志，行义以达其道"，就不是普通人能够做到的，这种人是隐君子，是圣贤人。孔子说，闻其语未见其人。实际上孔老夫子本人也是这样的，孔子、老子都是这样的人。孔子这么说，当然是勉励我们要向后一种人来学习，难行能行，难为能为。当然要做后一种人，首先得做前一种人，前面一种人是基础，前面的人都做不到，后面的境界根本不可能，只是个理想。所以下手处就是见善如不及，见不善如探汤。断恶修善，见贤思齐，下这个功夫，然后自然就能提升。行善行得久了，心地纯善了，你就能开悟。开悟之后智慧开发出来，你自然就有那个见地，你就能够判断什么时候该出来，什么时候不该出来，进退有度，恰到好处。

英译文：

Master Kong said, "When they see what is good, they grasp at it as though they feared it would elude them. When they see what is not good, they test it cautiously, as though putting a finger into hot water. I have heard this saying; I have even seen such men. It is by dwelling in seclusion that they seek the fulfillment of their aims; it is by deeds of righteousness that they extend the influence of their Way. I have heard this saying; but I have never seen such men."

——《大中华文库〈论语〉》P193

译评：

本节的水文化思想主要体现在"见善如不及，见不善如探汤"这一句中，这也是本节的翻译难点。韦译对本句的翻译处理较为忠实，译文结构采用了对偶结构，与原文结构保持了一致，译文语言流畅，通俗易懂。但是，仔细分析原文和对比其他几个译本之后，发现韦译还是有值得商榷的地方。首先，"见善如不及"中的"不及"意思是"赶不上"。然而，在韦译中，"不及"却被翻译成"elude"

（避开、逃避），似有不妥。全句的意思是说"看见善良，努力追求，好像赶不上似的"，韦利将其译为"When they see what is good, they grasp at it as though they feared it would elude them."回译过来意思是"当看到善良的东西时，就努力抓住它好像担心它逃走一样"，这与原文意义也存在一定的差距。相比之下，理译和安译的翻译要更加忠实一些，"不及"分别被翻译为"could not reach it"和"can not catch up to it"。因此，笔者建议本句可以改译成：When they see what is good, they grasp at it as though they can not catch up to it.

其次，"见不善如探汤"意思是"遇见邪恶，使劲避开，好像将伸手到沸水里"。句中包含了"避开"或"避免接触"之意，但是在韦译中却看不到这样的表述，仅仅是译为"they test it cautiously, as though putting a finger into hot water."相比之下，在其他几个译本中都体现出了"避开"的含义，使用了诸如"shrink"（理译和许译）、"recoil"（安译）、"withdraw"（吴译）等动词。笔者认为，安译中的"recoil"（缩回、弹回）用得非常贴切，形象生动地描述出人的手触碰到滚烫的热水之后快速缩回的样子。因此，笔者建议将本句改译为：When they see what is not good, they recoil from it as though testing the boiling water.

3.4.5 以疏食白水喻安贫乐道——饭疏食饮白水，乐在其中

原文：

> 子曰："饭疏食饮水，曲肱而枕之，乐亦在其中矣。不义而富且贵，于我如浮云。"
>
> ——《论语·述而篇第七》

今译文：

孔子说："吃粗粮，喝白水，弯着胳膊当枕头，乐趣也就在这中间了。用不正当的手段得来的富贵，对于我来讲就像是天上的浮云一样。"

阐释：

本节中，孔子以"饭疏食""饮白水""曲肱而枕"来喻安贫乐道，认为尽管物

质上艰苦朴素，但精神上仍然乐在其中，而靠不义手段得来的富贵就好像浮云一般。

孔子一生大部分时间周游列国，向各国君主推行他的仁政学说，一路颠沛流离，居无定所，未享受得半点荣华富贵，但他心中有道，有弟子三千，所以孔子一生可谓是"安贫乐道"。同时，孔子也极力提倡"安贫乐道"，他认为有理想、有志向的君子，不会总是为自己的吃穿住而奔波。即便是"饭疏食饮水，曲肱而枕之"，对于有理想的人来讲，也可以说是乐在其中。同时，他还提出，不符合于道的富贵荣华，坚决不予接受；对待这些东西，如天上的浮云一般。这种思想深深地影响了中国古代的知识分子，也为一般老百姓所接受。

"饭疏食饮水"中的"疏食"有两种不同的解释。根据李炳南老先生的《论语讲要》，一种是"菜食"，西汉时期的经学家孔安国把"疏食"解释成蔬菜，就是吃素，没有肉吃。在古代，一般人的家境并不是很好，平时只能是吃蔬菜，很少能吃上肉，富贵人家才能够有肉吃。另一种是"粗饭"，南宋时期的理学家和大儒朱熹把这个"疏"解释成粗疏的疏，所以"疏食"就是粗饭，粗茶淡饭。两种解释意思都是差不多，都是讲饮食非常的简单。李炳南先生又引"翟氏四书考异，疏兼有粗、菜二义，今从粗义讲。"前人对于这个"疏食"中"疏"字的两种解释，即当粗字和当菜字讲，都是可以的。孔子能"饭疏食饮水"，吃的是粗食，喝的是白开水(不是酒或者上等的茶)，这种生活可谓是十分的简单。

"曲肱而枕之"中的"肱"指的是手臂，意思是说睡觉的时候连枕头都没有，只能够枕在手臂上睡觉。有点儿跟佛家出家人差不多，真正出家人所有的财产是"三衣一钵"，三件披衣一个钵，钵就是用来乞食的碗，其他什么都没有了，当然也就不会有枕头了，他是"日中一食，树下一宿"。出家人有的晚上睡觉也是吉祥卧，吉祥卧就是枕在手臂上，向右侧睡。孔子也是过着这样简单的生活，可是他老人家跟我们不一样的地方在于他"乐亦在其中矣"。孔子的弟子颜回跟他的老师真的是同一个家风，"一箪食，一瓢饮，在陋巷，人不堪其忧，回也不改其乐。"(《论语·雍也》)颜回也是箪食瓢饮居陋巷，吃饭连碗都没有，只能拿一个竹子编的小箩来盛饭，喝水的时候连个杯子都没有，拿个葫芦瓢，居住在陋巷里头。孔子赞叹他说："人不堪其忧，而回也不改其乐。"颜回也乐在其中，他不想改变这样的生活。

孔子何以乐？乐在哪里？很显然，孔子的乐不是世间五欲六尘的享受，而是乐于道，他心中有道，心不离道，所以就乐在其中。孔子和颜回都尝到道带给他们的快乐，虽然他们都过着"饭疏食饮水，曲肱而枕之"的清苦生活，但是却都乐在其中。李炳南老先生又引用东汉著名经学家郑康成的批注："富贵而不以义者，于我如浮云，非己之有也。"(《论语注》)他解释，如果不以义而取得的富贵，孔子说这对我像浮云。意思是不是自己有的，他也不需要。按照李炳南先生的评注，浮云是在天上的，所以不是自己有的，"自己所有，唯是本有之道"。所以，真正明白的人，追求自己本有的；自己本来没有的，别去追求，硬要追求也只是徒增烦恼而已。

英译文：

The Master said, "He who seeks only coarse food to eat, water to drink and a bent arm for pillow, will without looking for it find happiness to boot. Any thought of accepting wealth and rank by means that I know to be wrong is as remote from me as the clouds that float above."

——《大中华文库〈论语〉》P69

译评：

本节译文来自入选《大中华文库》的韦利的译本(以下简称韦译)。总体而言，韦译译文较为忠实，语言简洁流畅，接近原文的风格。但是仍有值得商榷的地方。例如，"饭疏食饮水"中的"水"简单地翻译成"water"有待商榷。孔子这里所说的水并不是一般的茶水，而是与粗粮相对应的没有任何味道的白(开)水，既然"疏食"译成了"coarse food"，那么"水"就应该相对应地译为"plain water"或者"plain boiled water"。例如，在安译和吴译中，"饮水"就被翻译成"drink plain water"和"drinking plain water"。此外，本句的整体翻译也稍有不足，未能准确传达出原文的内涵，即：一个人即便是吃粗食、喝白开水、胳膊当枕头，过着如此简陋的生活，却也能在其中找到快乐。所以，笔者建议将本句改译为：One can also find happiness or pleasure even when they only have coarse food to eat, plain boiled water to drink and a bent arm to sleep on.

3.4.6　谗言如水之浸润——浸润之谮

原文：

> 子张问明，子曰："浸润之谮，肤受之愬，不行焉，可谓明也已矣。浸润之谮，肤受之愬，不行焉，可谓远也已矣。"①
>
> ——《论语·颜渊第十二》

今译文：

子张问怎样做才算是明智的。孔子说："像水润物那样暗中挑拨的坏话，像切肤之痛那样直接的诽谤，在你那里都行不通，那你可以算是明智的了。暗中挑拨的坏话和直接的诽谤，在你那里都行不通，那你可以算是有远见的了。"

阐释：

本节中，孔子以"水之浸润"来比喻谗言不知不觉地渗透，警示人们要警惕谗言的入侵，拒受其影响。"子张问明"中的"明"指的是智慧、聪明、开明，意思是讲孔子的弟子子张来向他请教怎样做才算明智？孔子回答说，"子曰：浸润之谮，肤受之愬"。这里的"谮"和"愬"是同义词，都是指谗言、是非。"浸润之谮"，根据东汉著名经学家郑康成的注疏，是指"谮言如水，渐渐滋润，令人接受而不自知"（《论语注》），意思就是这种谗言，让人听了之后，就好像水滋润着人一样，我们在水里久了，好像没感觉到水的存在，不知不觉接受了，而不自知，就受它影响了。

"肤受之愬"，一种解释是说像切肤之痛那样直接的诽谤；另一种解释是说诽谤像落在皮肤上的灰尘，当时不知不觉，久了以后就积累成尘垢（笔者认为，后一种解释似乎更加合理一点）。根据南朝梁儒家学者、经学家皇侃的注疏，"肤受之愬"是指"谓肤受犹如皮肤之受尘垢，当时不觉，久之始见"（《论语义

---

① 注：浸润之谮，谮，音 zèn，谗言。这是说像水那样一点一滴地渗进来的谗言，不易觉察。肤受之愬：愬，音 sù，诬告，一说是"急迫切身的诬告"，一说是"像皮肤感觉到疼痛那样的诬告"，即直接的诽谤。远：明之至，明智的最高境界。

疏》),这种谗言就像尘埃落到皮肤上,皮肤不知不觉沾上尘埃,但人也觉察不到。虽然时间久了你可能看得出尘埃,但接受尘埃污染的过程你可能觉察不到

人生在世,难免会遇到这种"谮、愬"的谗言和诽谤。譬如有人搬弄是非,说某人怎么不好,张家长、李家短,或者说某人怎么坏,这些人进谗言的时候,说得可能很善巧,以至于我们很不容易觉察。但是,如果你能觉察,那你就是明智的,"不行焉,可谓明也已矣"。所谓"不行焉",就是让这些谗言("谮、愬")在你这里行不通。正如谣言止于智者,谣言走到我这就停下来了,我既不受它影响,也不会去传播它,这就是明智,"可谓明也已矣"。

孔子为了表示强调,又说了一遍,"浸润之谮,肤受之愬,不行焉,可谓远也已矣"。但是,与上一句略有不同的是,孔子在这里用"远"代替了"明","远"指的是有远见。一个人有智慧、有远见,他就不容易受到谗言的侵害。孔子在"子张问明"的时候说出这番话,当然也是在治子张的毛病,肯定是子张容易听信谗言,容易受到影响。所以,孔子这里连说了两次,就是反复叮咛的意思。

明代高僧蕅益大师(智旭)曾说过,"一指能蔽泰山,不受一指之蔽,则旷视六合矣"(《四书蕅益解》)。一个手指就能够遮蔽泰山,当你把手指放到眼睛前,就挡住了视线,即便泰山就在前面你也看不见,这十分形象地说明了谗言的厉害。假如一个人是很好的,很有德行的,但是有人给你说他的谗言,如果你听信了这样的谗言,你对他的印象就不好,即便是他再好,你也看不到,这是所谓的"一指能蔽泰山"。所以,谗言的危害很大,我们一定要有智慧、有远见,不要听信谗言。"不受一指之蔽,则旷视六合矣",是说如果你能够不听信谗言、是非的话,不受这个蒙蔽,你就能跟任何人和合,即:见和同解,戒和同修,身和同住,口和无净,意和同悦,利和同均。

英译文:

Zizhang asked the meaning of the term "illumined". The Master said, "He who is influenced neither by the soaking in of slander nor by the assault of denunciation may indeed be called illumined. He who is influenced neither by the soaking in of slander nor by the assault of denunciation may indeed be called 'aloof'."

——《大中华文库〈论语〉》P127

译评：

　　本节译文来自入选《大中华文库》的韦利译本（以下简称韦译）。总体而言，韦译的译文忠实于原文，语言简洁流畅。但遗憾的是，在韦译中原文中所蕴含的两个比喻"浸润之谮"和"肤受之愬"却没有传达出来。本节中，孔子用"水之浸润"和"切肤"（通常比喻感受深切）来比喻谗言和诽谤对人的影响。在韦译中，整句被翻译成"He who is influenced neither by the soaking in of slander nor by the assault of denunciation may indeed be called illumined."译文仅能表达原文的基本意义，但其中的比喻意象却丢失了。笔者查阅了手头上的几个译本，发现仅有理译传达了原文中的比喻意象，如"He with whom neither slander that gradually soaks into the mind, nor statements that startle like a wound in the flesh, are successful, may be called intelligent indeed."理译虽不是十分完美，但也是值得赞赏和借鉴的。在许译中，本句被翻译成"Invulnerable to soaking slander and burning pain, one may be said to be clear-sighted."其中，译者用"burning pain"（灼热疼痛）来翻译"肤受之愬"，虽然包含了一定的比喻意义，但是意义上却与原文存在较大的差距。

　　有鉴于此，笔者认为可以借鉴理译的优点，将本句改译成"He who is influenced neither by the slander that gradually soaks into the mind like water, nor by the false accusation that startles like a wound in the flesh, may indeed be called illumined."

3.4.7　把失意之情寄托于水波之上——道不行，乘桴浮于海

原文：

　　　　子曰："道不行，乘桴浮于海，从我者，其由与！"子路闻之喜。子曰："由也好勇过我，无所取材。"

　　　　　　　　　　　　　　　　　　　　　　——《论语·公冶长第五》

今译文：

　　孔子说："如果我的主张行不通，我就乘上木筏子到海外去。能跟从我的大概只有仲由吧！"子路听到这话很高兴。孔子说："仲由啊，好勇超过了我，其他

没有什么可取的才能。"

阐释：

本节中，孔子把失意之情寄托于水波之上，发出了"道不行，乘桴浮于海"的无奈与感叹。"桴"是古代的一种过河或渡河的工具，通常用竹子编起来的，有大小之分，"大者曰筏，小者曰桴"，即：竹子编得很大、很宽的叫筏，编得很小、很窄的叫桴。孔子说，"道不行，乘桴浮于海"，他想表达的意思是：如果仁政之道不能推行于天下，我就干脆驾着一个小竹筏子到海上隐居算了，以此来寄托自己的失意之情。孔子将失意之情寄托于水波之上也受到了后世宦海浮沉者的模仿。例如，唐朝时期的大臣张说被罢官流配至广西钦州，面对波涛茫茫的大海，发出了"乘桴入南海，海旷不可临"（《入海二首》）的悲叹；北宋时期的苏东坡因"乌台诗案"谪居黄州（今湖北黄冈）时，一度想摆脱尘世纷扰，发出"小舟从此逝，江海寄余生"（《临江仙·夜归临皋》）的感慨。

然而，"乘桴于海"却是一件十分危险的事情，相比于道之不行，乘竹筏于海的危险又算得了什么呢？事实上，孔子为了行道，早已无所顾虑，将生死置之度外。孔子在周游列国行道的过程中，曾遇到过各种危险和困难。例如，《列子》中记载，"孔子明帝王之道，应时君之聘，伐树于宋，削迹于卫，穷于商周，困于陈蔡，受屈于季氏，见辱于阳虎，戚戚然以至于死"（《列子·杨朱》）。其中，孔子在去楚国行道的途中被围困于陈国与蔡国交界的地方，绝粮七日，差不多要饿死；孔子在路过宋国的时候差点被司马桓魋给杀害，确实也是历尽沧桑。因此，行道并不是一件容易的事，有时候甚至是很危险的。

"从我者，其由与"，这是孔子嘉许子路的话。"从我者"，"从"就是跟从我的意思，"由"是子路的名，即：仲由。"从我者，其由与"的意思就是说，在自己的弟子里头，跟着我周游列国、推行圣人之道的勇士里头，子路就是一位。孔子在这里赞叹子路那种勇于担当，我们要知道孔子绝对不是赞叹某一个人。他说这个话，实际上也是鼓励子路，鼓励这些弟子们勇于去承担将夫子之道传下去的重任。后来，孔子虽然不周游列国了，不能够再做推行、弘扬的工作了，但弟子们仍然要去弘扬。

在当时的历史背景下，孔子周游列国极力推行他的政治主张。但是，孔子的主张却并不受当时的统治者欢迎，"世以混浊莫能用，是以仲尼干七十余君无所遇"(《史记·儒林列传》)。如此悲惨的境况，不能不使孔子无数次地黯然神伤，终于不平则鸣，喊出了"道不行，乘桴浮于海"的巨大牢骚。事实上，孔子绝不想真的隐逸在苍茫的大海中，过道家所谓的"逍遥游"生活，只是表达对现实的无奈与感慨。

英译文：

The Master said, "The Way makes no progress. I shall get upon a raft and float out to sea. I am sure You would come with me." Zilu on hearing of this was in high spirits. The Master said, "That is You indeed! He sets far too much store by feats of physical daring. It seems as though I should never get hold of the right sort of people."

——《大中华文库〈论语〉》P43

译评：

本节译文仍来自入选《大中华文库》的韦利译本(以下简称韦译)。总体而言，韦译的前半截译文忠实于原文，语言简洁流畅，再现了原文的风格。但是，后半截译文却存在着误解和误译的现象。首先，"由也好勇过我"是孔子对于子路的赞扬，意思说"子路好勇超过了我(指孔子本人)"。然而，在韦译中，本句被翻译成"He sets far too much store by feats of physical daring."译文存在两处误解和误译：其一，本句主语用的是第三人称"He"，这不符合孔子与子路对话的语境，应该用第二人称"You"；其二，本句是将子路与孔子本人做比较，译文中只提及子路过于勇猛，这是不符合原文意义的。笔者查阅了其他几个译本，发现大部分译文能忠实传达出原文的意义，如："Yu has a greater love for courage than I."(刘译)"Zi Lu is more courageous than I."(许译)"Zhongyou is more daring than I am."(吴译)

其次，在韦译中，"无所取材"被翻译为"It seems as though I should never get hold of the right sort of people."回译过来就是"看来我永远也找不到合适的人"。很明显，这也是对原文的误解和误译。当然，目前学者和译者对于"无所取材"的解释确实存在着不同的观点。例如，在杨伯峻的《论语译注》中，本句被翻译成

"这就没有什么可取的呀!"在李泽厚的《论语今读》中,本句被翻译成"(子路)就是不知道如何裁剪自己"。在吴国珍的《〈论语〉最新英文全译全注本》中,本句被翻译成"(子路)其他就没有什么可取的才能"。本句中,孔子到底想表达什么意思呢?借用《庄子》中的一句话"子非鱼,安知鱼之乐?"虽然,"吾非孔子,安知孔子之本义",但是我们可以根据上下文语境,去合理地推理出孔子的意思。就此而言,笔者更偏向于杨伯峻和吴国珍的解释。

综上所述,笔者建议上述两句的翻译可以借鉴吴译,"Zhongyou is more daring than I am, but has no other talents available."

第4章 《孟子》中的水文化思想及其英译

4.1 孟子及其《孟子》简介

孟子(约公元前 372—前 289 年),名轲,字子舆,邹国(今山东邹城东南)人。战国时期哲学家、思想家、教育家,是孔子之后、荀子之前的儒家学派的代表人物,与孔子并称"孔孟"。与孔子一样,孟子早年也曾周游列国,到过齐、魏、宋、滕、鲁等许多大小诸侯国,做过齐国的客卿。由于齐王不能采用他的主张,愤然离开齐国,退而与弟子万章、公孙丑等人著书立说,即现在流传下来的《孟子》。

《孟子》一书是儒家的经典著作之一,它进一步发展了孔子的思想,在儒家学说中起着承先启后的作用,在中西文化交流中有着重要的影响和价值。该书最早见于赵岐《孟子题辞》:"此书,孟子之所作也,故总谓之《孟子》。"虽然《孟子》一书对中国文化有着巨大而深远的影响,但在成书之后却一直被列为子部。按经史子集来分类,与经的地位悬殊。直到南宋,经二程(程颢和程颐兄弟)提倡,特别是朱熹所撰的《四书集注》,称《孟子》为"出处大概,高不可及",《孟子》才成为"四书"(另外三本为《大学》《中庸》《论语》)之一,与"五经"(《诗经》《尚书》《礼记》《易经》《春秋》)并列。《汉书·艺文志》著录《孟子》十一篇,总字数三万五千余字,260 章。可惜后 4 篇均已亡佚,《孟子》现存七篇十四卷。相传今本《孟子》七篇之外另有四篇(《性善辨》《文说》《孝经》《为政》),称为《孟子外书》,据称系明姚士粦伪作。《孟子》一书以叙事和对话的方式记载了孟子一生的政治活动、学术活动以及在政治、哲学、伦理道德、教育等各方面的主要学术观点。自明清以来,《孟子》更是成为科举考试的必读书目。

《孟子》中所反映的主要思想有仁、义、善三个方面。首先，在社会政治方面，孟子主张行仁政，以德（即仁政）争取民心，统一天下。他提倡"以德服人"的王道，反对"以力服人"的霸道；他同时也阐述了仁政的新观点，即"民为贵，社稷次之，君为轻"的民本主义思想。对于君臣关系，孟子提出了反对愚忠，即为臣的不应盲目地、无条件地服从君主。其次，在人性方面，孟子主张性善论，这是仁政思想的理论基础。他认为人生来就具备仁、义、礼、智四种品德。人可以通过内省去保持和扩充它，否则将会丧失这些善的品质。因而他要求人们重视内省的作用。最后，在价值观方面，孟子强调舍生取义，"生，亦我所欲也；义，亦我所欲也。二者不可得兼，舍生而取义者也。"他强调要以"礼义"来约束自己的一言一行，不能为优越的物质条件而放弃礼义，"万钟则不辨礼义而受之，万钟于我何加焉！"

4.2 《孟子》中的水文化思想概述

如同孔孟之道一脉相承一样，孟子的"爱水情结"也是与孔子一脉相承。或是受孔子的影响，或是孟子本人对生命之源的水怀有特别的感情，孟子对水的观察、思考和由水而感悟人生、阐发事理的程度毫不逊于孔子，他把儒家的水文化思想推向了新的高度。根据统计，《孟子》中"水"字共计出现了48次，其他与水有关的字中，"海"字共计出现了27次，"河"字出现了10次，"雨"字出现了10次。

《孟子》中的水文化思想主要体现在与"水""海""河""雨"等有关的论述中。概括起来，《孟子》中的水文化思想主要体现在以下七个方面：（1）以禹之治水之道喻治国之道。孟子在其书中多次盛赞大禹治水的伟大功绩，指出大禹治水遵循了"水循道而流"的自然特性（即"水之道"），"禹之治水，水之道也，是故禹以四海为壑"，并将大禹的治水之道延伸开来，认为禹治理洪水的方法同样可以用来治理人民。（2）以菽粟如水火喻民之富有。"菽粟如水火，而民焉有不仁者乎？"孟子以"水火"之丰沛喻民之富有，认为"圣人治天下"，应使民之"菽粟"要像水火一样充沛，这样百姓才能过上富足的日子，民富则国强。（3）以"水之就下"的特征来譬喻人民归于仁政。"民归之，由水之就下，沛然谁能御之？""民之归仁也，犹水之就下，兽之走圹也。"孟子认为，就像水具有往下流的天然特性，人民也会自发地归于仁政，这是实施仁政的必然结果。(4)以"水之就下"的自然特征来譬喻人性之善。"人性之善也，犹水之就下也。人无有不善，水无有不下。"孟子认为，人性的善良，正好比水性朝下流；人没有不善良的，水没有不朝下流的。(5)以"沧浪之水"喻君子处世之道。"沧浪之水清兮，可以濯我缨；沧浪之水浊兮，可以濯我足。"孟子借沧浪之水的"清浊"来表达君子立身处世之道，天下太平的时候就出来做官，天下大乱的时候就隐居不出，即"遇治则仕，遇乱则隐"。(6)以水之"盈科而行"喻君子求学与为人之道。"流水之为物也，不盈科不行；君子之志于道，不成章不达。""源泉混混，不舍昼夜，盈科而后进，放乎四海。"孟子盛赞水的"盈科而行"的品性，指出立志行道的君子应追求和效法流水的这种脚踏实地、循序渐进的品格。(7)以"水胜火"喻"仁政"胜"暴政"。"仁之胜不仁也，犹水胜火。"孟子以"水胜火"的自然现象为喻来宣扬他的仁政思想，指出"仁胜不仁"的必然趋势；同时，他还以"杯水车薪"为喻，严厉地批评那些为了捞取仁德的好名声，半心半意甚至虚情假意地实行所谓仁政的行为。

4.3 《孟子》在西方世界的英译史

作为儒家思想的又一经典之作，《孟子》在西方世界得到了广泛的认可和接受，其思想对西方英语世界产生了较为深远的影响。例如，美国前总统奥巴马曾在首轮中美战略与经济对话开幕式上，饶有兴趣地引用《孟子·尽心下》中的"山径之蹊间，介然用之而成路，为间不用，则茅塞之矣"[①]，来比喻当时美中两国所面临的共同任务。而这些都离不开翻译的助力，例如奥巴马所引用的《孟子》译文就出自 1970 年英国企鹅出版社推出的《孟子》英译本，译者为香港著名翻译家刘殿爵。可以说，正是无数国内外译者的辛勤努力，才为中西方文化交流架起

---

① 该句译文出自香港著名翻译家刘殿爵：Mencius said to Kau Tzu："A trail through the mountains if used becomes a path in a short time but if unused becomes blocked by grass in an equally short time."

了沟通的桥梁。根据杨颖育①(2010)的统计，迄今为止，《孟子》英译的全译本、节译本共有16种之多，其中影响较大、传播较广的有英国汉学家理雅各(James Legge)的译本(1861)、香港著名翻译家刘殿爵(D. C. Lau)的译本(1970)及大陆学者赵甄陶(1999)的译本。为了便于梳理，本节将以时间为顺序，对《孟子》在西方世界的英译史做简要的梳理②。

根据杨颖育(2010)和季红琴③(2011)的考证，最早的《孟子》英译本源于英华书院第三任校长柯大卫(David Collie)的《中国经典著作：通称四书》(*The Chinese Classical Work Commonly Called the Four Books*)。此书于1828年出版，是最早的"四书"英译本，包括《大学》《中庸》《论语》和《孟子》。该译本附有大量注释，有利于读者理解原文。尽管译文语言晦涩难懂，但作为最早的英译本，却仍具有里程碑式的意义。

1861年，英国著名汉学家理雅各(James Legge)在香港出版了他译的《中国经典》(*The Chinese Classics*)，该书第二卷为《中庸》和《孟子》。理雅各是伦敦布道会传教士，英华书院校长，他是第一个系统研究、翻译中国古代经典的人。该译本将原文、译文、脚注显示在同一页面，并在书末对文中提到的人、物附有详细说明，极大地方便了读者。该译本后来成为公认的英译《孟子》的典范，先后于1893年、1895年、1960年、1970年及以后在国内外多次再版，影响巨大且深远，唯一不足的是此译本语言过于忠实原文，有时晦涩难懂。此外，理雅各还著有《孟子的生平和学说》，于1875年出版，此书包含孟子的许多言论。

1882年，英国人哈钦森(Arthur Blockey Hutchinson)在伦敦出版了《孟子的思想：基于道德哲学的政治经济学说》(*The Mind of Mencius, or Political Economy Founded upon Moral Philosophy*)，该译本根据Ernst Faber所著，是从德文版转译成英文版的。哈钦森对此进行了适当修订，还附上注释，并于1897年、2001年、

① 杨颖育. 百年《孟子》英译研究综述[J]. 西华师范大学学报(哲学社会科学版)，2010(5)：86-90.

② 本节的资料主要来源于Nivison(1980)、杨颖育(2010)和季红琴(2011)等学者的论文。Nivison, David S. On Translating Mencius[J]. *Philosophy East and West*, Vol. 30, No. 1 (Jan., 1980), pp. 93-122.

③ 季红琴.《孟子》及其英译[J]. 外语学刊，2011(1)：113-116.

2003 年多次再版。

1932 年，英国人兰雅（Leonard A. Lyall）在伦敦朗曼斯格林出版社（Longmans Green And Co. Ltd.）出版了《孟子》英译本，他还翻译过数部中国典籍，包括《论语》《中庸》等。该译本基本使用单音节英语，译文取得良好语言效果，同时还将每章都标上序号，便于读者阅读查询。该译本于 1932 年在伦敦出版，此后数次在不同地区再版。

1942 年，英国汉学家、翻译家翟林奈（Lionel Giles）在伦敦出版英译本《孟子一书》（*The Book of Mencius*）。该译本被收入《东方人的智慧丛书》，是一部语言流畅、几乎无误的译本。遗憾的是，该译本只是《孟子》的节译本。翟林奈在翻译时省略了很多《孟子》原文的章节，并且打乱原文顺序，译文也没有标明章节顺序和省略说明，给读者理解原文带来了一定困难。

20 世纪 50 年代，美国著名诗人庞德（Ezra Pound）将《孟子》（*Mencius*）等中国典籍译成英文，向西方介绍中国哲学价值观，可惜他所译《孟子》并非全文，只是原文部分节选，而且是从诗人而非汉学家角度翻译的。

1960 年，哈佛大学汉语副教授威尔（James R. Ware）翻译出版了《孟子》（*The Sayings of Mencius*），全书共七章，有很详细的绪论和四个附录，包括孟子时代的中国地图、中国朝代列表、参考文献和主题索引。威尔的译本虽以括号形式穿插许多解说性文字，但没有脚注，而且译文中很多词语是威尔根据词源学自己创造的，不乏怪异，令人难以理解。

1963 年，加拿大多伦多大学教授杜百胜（W. A. C H. Dobson）翻译出版了《孟子：为普通读者编注的最新译本》（*Mencius: A New Translation Arranged and Annotated for the General Reader*），这个译本被收入"联合国教科文组织代表作品集中国系列"。该书与其他《孟子》英译本不同之处在于，译者没有按照《孟子》一书的章节顺序翻译，而将该书分为七章，包括："孟子在宫廷""孟子的公众生活""孟子及其弟子""孟子及其对手""时事评论""孟子论教学"和"格言"。该译本行文流畅，增强了原文的故事性，对学生和其他初学《孟子》者有一定帮助。不足之处在于译本的编排与原文差别较大，使译文失去原文的行文特色和风格。

1965 年，美籍华裔翟楚（Ch'u Chai）与翟文伯（Winberg Chai）父子翻译和编辑了《孔子圣书及其他中国经典》（*The Sacred Books of Confucius and other Confucian*

Classics)，该书包括《论语》《孟子》《荀子》《大学》《中庸》《孝经》《礼记》等，由美国大学图书出版社(University Books Inc.)出版。该译本把原文分为"人性学说""政治与经济措施""生活方式""对孟子的评论"等部分，每部分若干节。以括号标明其原来的章节，这个节译本删掉了原文的六章。虽然各部分的章节都用括号注释了原文的章节序号，但还是为读者查找带来了诸多不便。

1970年，香港著名翻译家刘殿爵(D. C. Lau)翻译出版了《孟子》(Mencius)。刘殿爵的《孟子》译本于1970年和1984年分别由英国企鹅出版社和香港中文大学出版社出版发行。该译本编排与《孟子》定本相同，书首添加了序言，书末加上附录、注解和人名、地名检索。刘殿爵汉语功底深厚，所作《孟子》序言是众多《孟子》译本里最成功的序言之一。刘殿爵所译《孟子》语言流畅，更正了多处前人的误译，是不可多得的好译本。但可能由于译本序言内容十分丰富，译文脚注较少，对儒家文化了解不多的读者而言可能有一定难度。

1993年，由湖南师范大学翻译家赵甄陶教授等翻译的《孟子》(Mencius)由山东友谊出版社出版发行。该译本是真正意义上由中国学者独立完成的《孟子》英译本，是90年代后期国内最具影响力的《孟子》英译本，后被《大中华文库》收录，1999年由湖南人民出版社再次出版。《大中华文库》的《孟子》译本是众多《孟子》英译本中为数不多的将原文、白话文和英文对照的译本之一。该译本语言采用现代英语，行文流畅，对现代读者而言是不可多得的好译本，唯一不足之处是该译本通篇没有注释。

1998年，美国翻译家亨顿①(David Hinton)翻译了《孟子》(Mencius)全译本，由美国加州伯克利的康特泊特出版社(Counterpoint)出版。该译本编排仿照《孟子》定本顺序，采用现代英语，语言流畅，适合现代读者。亨顿对中国古代诗歌和哲学的翻译赢得了广泛的赞誉，1997年，获美国诗人学会颁发的"哈罗德·莫顿兰登翻译奖"(Harold Morton Landon Translation Award)和美国"国家艺术奖"和"国家人文奖"。

---

① 大卫·亨顿(David Hinton)是20世纪第一位将中国古代最著名的四部哲学典籍《论语》《孟子》《道德经》和《庄子》独自全部译成英语的西方翻译家。亨顿用通俗、自然、清新、简朴的语言把孔孟老庄博大玄妙的思想展现给西方普通读者，为当代西方英语读者了解中国传统文化打开了一扇窗口。

1999 年，由何祚康先生翻译的《孟子精华版》(*A Selected Collection of Mencius*)由华语教学出版社出版，并于 2006 年和 2007 年重印。该译本也较具影响，被编入《汉英对照中国圣人文化丛书》系列。该译本以蔡希勤编的《孟子》为中文文本，按照《孟子》定本 7 大章 14 卷的顺序排版，并在卷首加入"前言"，简要介绍孟子的生平和《孟子》成书史。此书将原文、白话文、译文对照编排，便于查找和阅读。

21 世纪初，国内又出版了数本《孟子》英译本，其中较具代表性的有何祚康、郁苓译的《孟子名言录》(*Quotations from Mencius*)，郁苓译的《孟子的故事》(*The Life and Wisdom of Mencius*)，汉佳、王国振译的《亚圣——孟子》(*Mencius：A Benevolent Saint for the Ages*)等。在国外，2009 年，美国著名汉学家布卢姆(Irene Bloom)翻译出版了最新版的《孟子》(*Mengzi*)英译本，该译本由美国纽约哥伦比亚大学出版社(Columbia University Press)出版，由美国著名汉学家艾文贺(Philip J. Ivanhoe)编辑并撰写引言。

综上所述，一百多年来，《孟子》在西方英语世界获得了广泛的译介与传播。早期，《孟子》的英译主要由西方汉学家来完成，他们的经典翻译唤起了西方学者对《孟子》的兴趣，开启了外国学者研究《孟子》的大门。进入 20 世纪后，《孟子》的英译仍然主要由外国学者完成。自 20 世纪后半期以来，华人学者和国内学者积极投身到《孟子》英译的工作中。可以说，正是中外译者的共同努力，才让西方英语世界了解了《孟子》及其思想，才让儒家思想走向了世界。

本章所引用的《孟子》英译文主要来自入选《大中华文库》的著名翻译家赵甄陶的译本(以下简称赵译)，译评中也借鉴和对比了目前国内外影响较大、传播较广的四个译本，英国汉学家理雅各的译本(以下简称理译)，美籍华裔学者刘殿爵的译本(以下简称刘译)，美国翻译家亨顿的译本(以下简称亨译)，美国汉学家布卢姆的译本(以下简称布译)。

4.4 《孟子》中的水文化思想阐释、英译与译评

4.4.1 以禹之治水之道喻治国之道

当水从源头流出的时候，它没有任意地四处横流，而是循着一条通道流动。

在中国历史的早期，先民们往往将居住点建于河边，这样便于将河水引入灌溉渠道，耕种田地，形成了早期农业社会的雏形。然而，每当天降暴雨、河道阻塞之时，泛滥的洪水淹没房屋和田地，严重威胁人类的生命和财产安全，洪水便成为人们的心头之患。当我们翻开中华民族的史册时，便会发现治水成为中国古代先民们生存与发展过程中所面临的头等大事。中国古代治水功劳最大的莫过于大禹了，孟子在其书中多次讲述大禹治水的故事，据统计《孟子》一书中提到大禹有30次之多。孟子盛赞大禹治水的伟大功绩，"禹思天下有溺者，犹己溺之"（《孟子·离娄下》），"禹八年于外，三过其门而不入"（《孟子·滕文公上》）。大禹治水之所以能够成功，得益于他懂得循渠道而流的"水之道"，充分利用水循渠道而流的自然特性，开凿渠道，疏通河道，引水入海，终于使得汪洋恣意的洪水得以控制。孟子将大禹的治水之道延伸开来，并以此来譬喻治国之道。孟子认为，禹治理洪水的方法同样可以用来治理人民。对于统治者而言，是否顺应人民的好恶与行为方式，这将决定天下的太平与否。

(1)原文：

> 当尧之时，天下犹未平，洪水横流，泛滥于天下。草木畅茂，禽兽繁殖，五谷不登，禽兽逼人。兽蹄鸟迹之道交于中国。尧独忧之，举舜而敷治焉。舜使益掌火，益烈山泽而焚之，禽兽逃匿。禹疏九河，瀹济漯而注诸海；决汝汉，排淮泗而注之江，然后中国可得而食也。当是时也，禹八年于外，三过其门而不入，虽欲耕，得乎？
>
> ——《孟子·滕文公上》
>
> 天下之生久矣，一治一乱。当尧之时，水逆行，泛滥于中国，蛇龙居之，民无所定；下者为巢，上者为营窟。《书》曰："洚水警余。"洚水者，洪水也。使禹治之。禹掘地而注之海，驱蛇龙而放之菹；水由地中行，江、淮、河、汉是也。险阻既远，鸟兽之害人者消，然后人得平土而居之。
>
> ——《孟子·滕文公下》

今译文：

在尧那个年代，天下还不太平，大水横溢，四处泛滥成灾。草木茂盛，鸟兽繁殖成群，五谷歉收，禽兽威胁人类安全。兽蹄鸟迹的痕迹，中原随处可见。只有尧一人为此忧虑，他选派舜统领治理工作。舜命令伯益掌管火政，伯益放火焚烧山林沼泽的草木，使禽兽逃散藏匿。禹又疏浚九条河道，疏通济水漯水而注入大海；挖掘汝水汉水，开掘淮水泗水，疏导入长江，然后中原地区才能够耕种田地。在这个时候，禹在外地八年，多次经过自己的家门都没进去，即使他想耕种，能行吗？

人类社会产生很久了，太平一时，又动乱一时。当唐尧的时候，洪水横流，到处泛滥，大地上成为蛇和龙的居处，人们无处安身；低地的人在树上搭巢，高地的人便挖掘相连的洞穴。《尚书》上说："洚水警戒我们。"洚水是什么呢？就是洪水。舜命令禹来治理。禹疏通河道，使水都流到大海里，把蛇和龙赶到草泽里，水顺着河床流动，长江、淮河、黄河、汉水便是这样治理的。危险既已消除，害人的鸟兽也没有了，人才能够在平原居住。

阐释：

上述两段话描述了华夏尧、舜、禹三帝波澜壮阔的治水活动和治水后的"中国"，从"泛滥于天下"到"然后中国可得而食也"，这是对两千多年前华夏文明演进的完整阐释，是中华民族创世纪史诗的最早书写，其影响超越了时代。孟子描述的尧、舜、禹三帝时期的大洪水及其治水活动，史实主要来自《尚书·尧典》。孟子通过向滕文公叙述尧帝治水，阐述他的治国理念：治国必先治水，唯有治水，才能使百业兴盛，天下太平。孟子用"尧独忧之"，说明尧帝作为圣明君主对治水的关切，希望滕文公也像尧帝一样，以治水为己任，将治水作为安邦之要。

治水中的民本思想：孟子的"民为贵，社稷次之，君为轻"是他民本思想的核心。孟子根据战国时期的经验，总结各国治乱兴亡的规律，提出这个命题，回答了如何对待人民对于国家兴亡的重要性。他把人民放在第一位，从而达到"施仁政，行王道"的政治主张，力图将儒家的政治理论和治国理念转化为具体的国家治理主张，并推行于天下。孟子民本思想中也表达出了水与国富民安的关系。

英译文(第1段):

In the time of Yao when the world had not yet gained order out of a chaotic state, floods ran rampant and inundated the world, vegetation grew wild, wild animals multiplied enormously, the various cereals could not be grown, and wild animals did harm to the people, with their foot-prints running crossways all over the Central Plains. Yao alone was worried about the plight, and appointed Shun to a high office to deal with it. Shun, in turn, caused Yi to burn mountains and valleys, so that the wild animals fled or went into hiding. Yu dredged nine rivers, made the Ji and the Ta channel their courses into the sea, deepened the beds of the Ru and the Han and unblocked the channels of the Huai and the Si so that they might empty into the Yangtze. (The Ru, the Huai and the Si do not empty into the Yangtze though Mencius says so—tr.) Only then were the people of the Central Plains able to get food for themselves. During that time, Yu was away from home for eight years, and did not enter though he passed the door of his own house three times. Could he have done farm work even though he had wished to?

——《大中华文库〈孟子〉》P117-118

译评(第1段):

　　本段译文选自赵甄陶的译本(以下简称赵译)。总体而言,赵译忠实于原文,语言流畅,在具体细节处理上较其他译本要更加准确,不失为一篇好的译文。例如,"兽蹄鸟迹之道交于中国",本句中的"中国"并非指的是现代意义上中国,而是一个古代地理意义上的名词。在古代,"中国"指的是"中原",意为"天下至中的原野",又称华夏、中土、中州,是指以河洛为中心的黄河中下游平原地区。当与外族对应时,中原又泛指中国,狭义上指河南地区。在赵译中,"中国"被翻译成"the Central Plains",这是符合当时地理情况的。在理译和刘译中,"中国"被分别翻译成"the Middle Kingdom"和"the Central Kingdom",意为"中间或中部的王国",偏离了原文的意义。

　　又如,"决汝汉,排淮泗而注之江",其中的"江"指的是"长江"。在赵译中,"江"被翻译成"the Yangtze",这是比较准确的;而且,译者还以注释的形式

(The Ru, the Huai and the Si do not empty into the Yangtze though Mencius says so—tr.)指出了原文中的错误。在理译中，"江"被音译成"the Chiang"；而在刘译中，"江"被笼统地译为"the River"。这两者都不是很准确。

英译文(第 2 段)：

It is a long time since the world came into being, now in good order, now in disorder. In the time of Yao the waters overflowed, inundating the Central Plains, and harmful reptiles took their abode there, so that the people could not enjoy a settled life. In low regions people made nests in trees; in high regions people lived in caves. *The Book of History* says, "The deluge gave us a warning." The deluge means the great inundation. Then Yu was made to control it: he led the flood into the seas by digging channels, and drove the harmful reptiles into the marshes. The waters through the channels formed the rivers such as the Yangtze, the Huai, the Yellow River and the Han. Only when dangers and obstacles were removed and the harmful birds and beasts disappeared, did the people go to the plains and live there.

——《大中华文库〈孟子〉》P141-143

译评(第 2 段)：

本段译文仍选自赵甄陶的译本(以下简称赵译)。赵译的译文总体翻译得不错，但是个别地方还有待改进。其中"一治一乱"翻译成"now in good order, now in disorder."不是很准确，尤其是时间状语"now"。本句意思指的是历史上有一段时期太平，一段时期动乱，意思是治世与乱世交替出现，这也是人类历史发展的一个普遍规律。译文并没有很好地体现出这种治乱交替的规律，因此建议改译成："there is a time of order, and then a time of disorder."或者是"periods of order have alternated with periods of chaos."

此外，原文中的"蛇龙"笼统地翻译成"harmful reptiles"也有不妥，文中所提到的"蛇龙"指的是那些生活在水中或沼泽中的蛇和龙，正如《左传》中记载"深山大泽，实生龙蛇"，幽深的大山，广阔的水域，确实是生长龙和蛇的地方。在笔者所掌握的几个译本中，绝大部分是翻译成"snakes and dragons"，例如理雅各

（Legge）、亨顿（David Hinton）、布卢姆（Irene Bloom）的译本。因此，此处直译为
"snakes and dragons"更加准确、形象。

（2）原文：

> 白圭①曰："丹之治水也愈于禹。"孟子曰："子过矣。禹之治水，水之道
> 也，是故禹以四海为壑。今吾子以邻国为壑，水逆行，谓之洚水。洚水者，
> 洪水也，仁人之所恶也。吾子过矣。"
>
> ——《孟子·告子下》

今译文：

白圭对孟子说："我治理水患比大禹强。"孟子说："你错了。大禹治理水患，
是顺着水的本性而疏导，所以使水流注于四海。如今你治理水患却使水流到邻国
那里去。水逆流行进叫做洚水，洚水就是洪水，这是仁人所厌恶的。你错了。"

阐释：

这一段是描述孟子与白圭关于治水的对话，在对话中孟子批评了一个吹嘘自
己的治水之功大于禹的人——白圭。这段对话一方面反映出治水要尊重客观规律
的科学思想，另一方面表达了孟子对以邻为壑、损人利己、嫁祸他人行为的深恶
痛绝。孟子推崇大禹的治水之道，禹能够因势利导，利用水之就下与规避阻隔的
自然趋向来治理水患，反对白圭以邻为壑的治水之道，鞭笞他筑堤以邻为壑的不
义。从方法上说，大禹治水顺应水性，重在疏导，而白圭治水却高筑堤防，重在
堵塞。从效果上说，大禹最终将水导入四海，而白圭却把水堵塞后流向邻国。导
入四海造福人民而于人无害，流向邻国则是损人利己，是仁者厌恶的行为。所以
孟子说："你错了。"他并不承认白圭治水有什么了不起，更不用说超过大禹了。

从白圭"以邻国为壑"的治水方法联想到我们的日常生活中，可以发现这种
"以邻为壑"的现象可谓是比比皆是，举不胜举。例如，一个普遍现象是，自己

---

① 白圭（公元前370—前300年），战国时期洛阳人，名丹，字圭。梁惠王时在魏国为
相，善于修筑堤坝，兴修水利。

家里装修得非常豪华舒适，干净得一尘不染，但却把垃圾桶、垃圾袋放在与邻居共用的楼道里；自己家里的花岗石地面或木地板或纯羊毛地毯要保持清洁，却把一家人的臭鞋子都堆在门外楼道上展览，让上上下下的邻居都在鞋阵中捂鼻而行。这只是最常见、最普遍的生活小事，至于商家之间的恶意竞争，同事之间的钩心斗角，政治斗争中的你死我活，"以邻为壑"的手段更是无所不用其极。总而言之，就是一种损人利己、嫁祸于人的行为。当然，你知道"以邻为壑"，人家也同样知道"以邻为壑"，结果是人人都成了"邻"，成了"壑"，到时候，也就没有一处干净，没有一处不受灾害了。由此看来，"以邻为壑"的最终结果是害人害己。所以，还是收起这种"仁人所恶"的"以邻为壑"手段，以邻为友，大家和睦相处，互相帮助。

英译文：

Bai Gui said, "In water control I can do better than Yu did." Mencius said, "You are mistaken here. Yu controlled floods by allowing the water to run its natural course. So he made it empty into the seas. Now you empty the water into the neighboring states. When water runs against its natural course it is called 'inundation', that is, a flood. A flood is hated by a benevolent man. You are mistaken, my good sir."

——《大中华文库〈孟子〉》P285-286

译评：

本节译文选自赵甄陶的译本（以下简称赵译）。总体而言，赵译比较忠实，译文简洁流畅，不失为好的译文。通过对比其他四个译本，笔者发现在个别细节处理上，各个译本各有千秋。例如，"禹之治水，水之道也"，在赵译中，译者采用了意译的方式，将其翻译为"Yu controlled floods by allowing the water to run its natural course"，译文较为忠实达意。在布译中，该句被翻译为"Yu's control of water followed the Way of water"，其中的"水之道"翻译为"the Way of water"，则更为简洁达意。而"水之道"在其他几个译本中也有不同的译法，如"the laws of water"（理译）、"the natural tendency of water"（刘译）、"the very Way of water"（亨译）。

又如，"是故禹以四海为壑"中的"四海"是有具体所指的，古以中国四境有海环绕，各按方位为"东海""南海""西海"和"北海"。在赵译中，"四海"被意译为"the seas"，意义有些模糊；而在其他四个译本中，"四海"无一例外地被翻译为"Four/four seas"，更显忠实准确。

(3) 原文：

> 孟子曰："天下之言性也，则故而已矣。故者以利为本。所恶于智者，为其凿也。如智者若禹之行水也，则无恶于智矣。禹之行水也，行其所无事也。如智者亦行其所无事，则智亦大矣。天之高也，星辰之远也，苟求其故，千岁之日至，可坐而致也。"
>
> ——《孟子·离娄下》

今译文：

孟子说："天下的人讨论人性，只要能推求其所以然便行了。推求其所以然，根本在于顺其自然之理。我们厌恶那些聪明人，就是因为他们容易陷于穿凿附会。假若聪明人像禹的治水一样，就不必对他们有所厌恶了。禹的治水，就是行其所无事，[顺其自然，因势利导。]假如聪明人也能行其所无事，[不违反其所以然而努力实行，]那才智也就不小了。天极高，星辰极远，只要能推求其所以然，千年万岁以后的冬至，都可以坐着推算出来。"

阐释：

在讨论人性的时候，孟子指出，如果聪明的人能够像禹使水顺势，顺其向下的本性流泄那样，那就不会讨厌聪明了。禹使水顺势流泄，做的是不用穿凿而顺其自然的事。如果聪明人也能做不用穿凿而顺其自然的事，那聪明也就大得了不起了。尽管孟子的上述言论是由人性问题引发的，但却从另一方面说明了这样一个道理，即：大禹治水之所以获得成功，在于他能够根据水往低处流的特性，因势利导，将洪水疏导入海。这就昭示人们，做一切事情，应切忌自作聪明，自以为是，一定要从实际出发，按自然规律办事，才能达到成功的彼岸。

英译文：

Mencius said, "When people in the world talk about the nature of things, they should merely seek into the whys and wherefores. And when they understand the whys and wherefores, they will follow the natural courses. What they hate in clever people is that clever people give a far-fetched interpretation. If clever people can act as Emperor Yu did in guiding the floods, there will be nothing to hate in them. Emperor Yu guided the waters by maintaining perfect composure. If clever people maintain perfect composure, then their cleverness will be great. (Emperor Yu guided the water by allowing it to run its natural course. If clever people respect the natural law of things their cleverness will really be great.) Though the sky is high and the stars are far off, one can calculate the solstices of a thousand years hence while seated, if one seeks into the whys and wherefores."

——《大中华文库〈孟子〉》P187

译评：

本节译文选自赵甄陶的译本(以下简称赵译)。总体而言,赵译比较忠实,译文简洁流畅。例如,"所恶于智者,为其凿也。"其中的"为其凿也"意思是说,聪明的人容易陷于穿凿附会。所谓穿凿附会,就是把讲不通的或不相干的道理、事情硬扯在一起进行解释。在赵译中,本句被翻译为"clever people give a far-fetched interpretation."其中,"far-fetched interpretation"(牵强的解释)翻译得非常准确。而其他四个译本都或多或少存在误译,

What I dislike in the wise is their habit of boring their way through. (布译)

The trouble with knowledge is that it keeps chiseling things away. (亨译)

What one dislikes in the clever is that their arguments are continued. (刘译)

What I dislike in your wise men is their boring out their conclusions. (理译)

其中,亨译的误译最为明显,译者将"穿凿附会"直译为"keeps chiseling things away", chisel 的本义是"刻、凿",意思就是"不停地把物体凿掉"。

但是,赵译中也存在值得商榷的地方。例如,"天下之言性也,则故而已矣。"本句中的"性"有不同的理解,在杨伯峻的今译文中被解释为"人性",在李

学勤主编的《十三经注疏：孟子注疏》①中也被解释为"人性"，在傅佩荣的《人性向善：傅佩荣谈孟子》②中被解释为"万物的本性"。根据该句所在《孟子·离娄下》的上下文语境，笔者认为此处的"性"应该理解为"人性"更准确些。赵译本是参考杨伯峻的今译文，但是却翻译成了"the nature of things"。其他四个译本中，刘译和布译均翻译成"human nature"，理译和亨译则都翻译成"the nature of things"。

4.4.2　以"菽粟如水火"喻民之富有

原文：

> 孟子曰："易其田畴，薄其税敛，民可使富也。食之以时，用之以礼，财不可胜用也。民非水火不生活，昏暮叩人之门户求水火，无弗与者，至足矣。圣人治天下，使有菽粟如水火。菽粟如水火，而民焉有不仁者乎？"
>
> ——《孟子·尽心上》

今译文：

孟子说，让百姓种好他们的地，减轻他们的赋税，就可以使百姓富足。按一定时节食用，按礼的规定使用，财物就用不完了。百姓没有水和火就无法生活，晚上敲人门户求水讨火，没有人不给的，因为家家水火都多极了。圣人治理天下，就要使百姓的粮食多得像水火。粮食多得像水火，那么老百姓哪还有不仁爱的呢？

阐释：

水是生命之源、生产之要，是人类社会发展的重要物质基础。"民非水火不生活"，朴素而形象地论述了水的重要性，孟子这里取"水"丰沛之意，认为"圣人治天下"，应使民之"菽粟"要像水一样充沛，这样百姓才能过上富足的日子，

---

① 李学勤．十三经注疏·孟子注疏[M]．北京：北京大学出版社，1999．
② 傅佩荣．人性向善：傅佩荣谈孟子[M]．上海：东方出版社，2012．

民富则国强。孟子在这里把自然之水赋予了社会属性，把水之管理融入仁政思想，在战乱不断、民不聊生的战国时代，孟子有如此深刻的思想，非常难得。在《孟子·尽心下》中，孟子的著名论断"民为贵，社稷次之，君为轻"是其民本思想最为典型、最为突出的体现。

英译文：

Mencius said, "Good farming and reduction of taxes can make people well-off. Eat food suitable to the season and consume things appropriately, and there will be enough resources and to spare. Man can notlive without water and fire. If one knocks at another's door in the evening to ask for some water or fire, nobody will refuse because there is plenty of them. When a sage runs government he aims at making the grain as abundant as water and fire. When the grain is as abundant as water and fire how can the people not be benevolent?"

——《大中华文库〈孟子〉》P301

译评：

本节译文选自赵甄陶的译本（以下简称赵译）。总体而言，赵译比较忠实，译文简洁流畅，但是仍有三处译文值得商榷。（1）"易其田畴，薄其税敛，民可使富也。"根据杨伯峻和傅佩荣的注疏和解释，本句中的"易"意为"治理、整治"，而赵译将其翻译成"good farming"，意为"好的耕种"，这与原文的本义还有一定的差距。笔者查阅了其他四个译本，发现有两个译本与赵译理解相似，分别为"Let their fields be well cultivated"（布译），"Let it be seen to that their fields of grain and hemp are well cultivated"（理译）；另外两个译本则因理解有误而出现误译，如"If you expand their fields"（亨译），"Put in order the fields of the people"（刘译）。据此，笔者建议本句可以改译为：Renovate their fields and reduce their taxes, so that the people can be made affluent. （2）"食之以时，用之以礼，财不可胜用也。"其中的"财不可胜用也"意思是"财物就用不完"，在赵译中被翻译为"and there will be enough resources and to spare"，意思是"将有足够的资源，将有剩余的资源"。译文显得冗余拖沓，不如译为"so that their resources cannot be exhausted"简洁达意。相比赵译，其他四个译本的翻译都比较简洁。(3)"菽粟如水火"中的"菽粟"是中国古代所俗称的"五谷"之二，即：稻、黍(又称粟)、稷、麦、菽，指的是豆和小米，后来用来泛指粮食。在赵译中，"菽粟"被意译为"the grain"，看似合理，但是总感觉缺少了一点文化意蕴。在布译、亨译和理译中，"菽粟"分别被直译为"pulse and grain"，"beans and millet"和"pulse and grain"。笔者认为采用直译加注的方法可以兼顾忠实和文化内涵，因此建议改译为：beans and millet (refer to two of Five Cereals "五谷" in ancient China, namely rice, two kinds of millet, wheat, bean)。

4.4.3 以"水之就下"喻民之归仁

(1)原文：

> 孟子见梁襄王，出，语人曰："望之不似人君，就之而不见所畏焉。卒然问曰：'天下恶乎定?'吾对曰：'定于一。''孰能一之?'对曰：'不嗜杀人者能一之。''孰能与之?'对曰：'天下莫不与也。王知夫苗乎? 七八月之间旱，则苗槁矣。天油然作云，沛然下雨，则苗浡然兴之矣! 其如是，孰能御之? 今夫天下之人牧，未有不嗜杀人者也。如有不嗜杀人者，则天下之民皆引领而望之矣。诚如是也，民归之，由水之就下，沛然谁能御之?'"

> ——《孟子·梁惠王上》

今译文：

孟子进见梁襄王，出来后，对人说："(梁襄王)远远看上去不像个国君的样子，走近他也看不到有什么使人敬畏的地方。(他见了我之后)突然问道："天下要怎样才能安定呢?"我回答说："天下安定在于统一天下。""谁能统一天下呢?"我对他说："不嗜杀的国君能统一天下。""谁会归附他呢?"我又回答："天下没有不归附他的。大王您知道禾苗生长的情况吗? 当七八月间一发生干旱，禾苗就要干枯。一旦天上浓云密布，下起瓢泼大雨，禾苗就会蓬勃生长。要是像这样，谁能遏制它生长呢? 当今的统治者，没有不嗜杀成性的。如果没有嗜杀成性的君王，那么天下的百姓就会伸长脖子来盼望他了。真能这样，天下百姓归顺他，就好像水往低处流，形成滚滚洪流，谁能阻挡得了呢?"

阐释:

施行仁政一直是孟子的理想和坚定的政治信念,在周游列国的时候,每到一地孟子都会劝说当地的国君推行仁政。当孟子在魏国的时候,有一次梁襄王向他提出问题,天下如何才能安定?("天下恶乎定?")孟子首先以"雨润禾苗"为喻,来劝说国君施行仁政。七八月间,久旱无雨,田里的禾苗快要干死了。突然之间,天空中乌云密布,接着大雨倾盆,干渴的禾苗久旱遇甘霖,苗壮成长,没有人能阻挡它蓬勃生长的趋势。在这里,孟子将施行仁政比喻为干旱时节的及时雨,将百姓比喻为久旱干渴的禾苗,人民盼望仁政就像禾苗期盼甘霖一样。在孟子眼中,仁政就像"及时雨",他在讲述"商汤征伐无道葛伯"的故事时,也表达了同样的观点,"民之望之,若大旱之望雨也。归市者弗止,芸者不变,诛其君,吊其民,如时雨降。民大悦。"(孟子·滕文公下)紧接着,孟子又以"犹水就下"为喻,来说明施行仁政的效果,即:天下百姓都会伸长脖子盼望这样的仁君,同时也会像水往低处流一样归附于他,这样的趋势无人能阻挡。

英译文:

Mencius went to see King Xiang of Liang. Coming out from the interview, he said to somebody, "When I looked at him from a distance, he did not appear to be a sovereign; when I came up to him, I found nothing about him that inspired respect. Abruptly he asked me, 'How can the world be stabilized?' I replied, 'It can be stabilized by one who can unify it.'

"Who can unify it?"

"I replied, 'He who finds no pleasure in killing people can unify it.'

"Who will be his follower?"

"I replied, 'All the people of the world will be his followers. Does Your Majesty know how the grain grows? During the seventh and eighth months when drought prevails, the plants begin to wither. Then the clouds gather densely in the sky, and torrents of rain come down, and the grain thrives luxuriantly. Who can keep it back when it does so? Now among the rulers throughout the world there is not one who does not find pleasure in killing people. If there were one who did not do so, all the people in the world would look up to him with craning necks. Such being the case, the people would flock to him as water flows downwards with great speed, which no one can keep back.'"

——《大中华文库〈孟子〉》P13

译评：

本节译文选自赵甄陶的译本（以下简称赵译）。对比其他四个译本而言，赵译要更加忠实准确。现仅举两例，以管中窥豹：（1）"'孰能与之?' 对曰：'天下莫不与也。'"这两句中的"与"字，根据杨伯峻和傅佩荣的注疏和解释，意为"跟随、追随"（"与从也"）。在赵译中，这两句被翻译成"Who will be his follower?" "I replied, All the people of the world will be his followers."这是非常忠实和准确的。然而，在其他四个译本中，"与"字都被理解为"给予"，故都翻译成了"give"，这是明显的误译。（2）"今夫天下之人牧，未有不嗜杀人者也。"其中"人牧"中的"牧"字的用法系由"牧牛""牧羊"的"牧"引申而来的，在这里指"治理人民的人"，意指国君。在赵译中，"天下之人牧"被意译为"the rulers throughout the world"是十分准确的。然而，在其他四个译本中，"人牧"的翻译都偏离了原文的真实意义。例如，"the herders of men in the world"（布译），"the shepherds of men"（刘译），"all of the world's great shepherds"（亨译），"the shepherds of men throughout the nation"（理译）。如果说布译、刘译和理译翻译的还或多或少有点道理，那么亨译则是完全误解了原文的意思，误译成了"世界上所有伟大的牧羊人"，实属滑稽可笑。

当然，赵译中也有一处翻译值得改进。"诚如是也，民归之，由水之就下，沛然谁能御之?"其中，水之"沛然"指的是水奔流而下的气势，即"就像水向下奔流，来势汹涌"。在赵译中，水之"沛然"仅以"with great speed"来传达，略显无力。建议借鉴刘译，可以将其改译为：like water flowing downwards with a tremendous force。

(2)原文：

孟子曰："桀纣之失天下也，失其民也；失其民者，失其心也。得天下有道：得其民，斯得天下矣；得其民有道：得其心，斯得民矣；得其心有道：所欲与之聚之，所恶勿施，尔也。**民之归仁也，犹水之就下，兽之走圹也**。故为渊驱鱼者，獭也；为丛驱爵者，鹯也；为汤武驱民者，桀与纣也。今天下之君有好仁者，则诸侯皆为之驱矣。虽欲无王，不可得已。今之欲王者，犹七年之病求三年之艾也。苟为不畜，终身不得。苟不志于仁，终身忧辱，以陷于死亡。《诗》云：'其何能淑，载胥及溺。'此之谓也。"

——《孟子·离娄上》

今译文：

　　孟子说："桀和纣丧失天下，是由于失去了百姓的支持，他们失去百姓的支持，是由于失去了民心。得到天下有方法：得到了百姓的支持，便得到天下了；得到百姓的支持有方法：得到了民心，便得到百姓的支持了；得到民心也有方法：他们所需要的，替他们聚积起来，他们所厌恶的，不要强加在他们头上，如此而已。百姓归附于仁德仁政，正好比水向下流、野兽向旷野奔走一样。所以，把鱼赶来深池的是水獭，把鸟雀赶来森林的是鹯鹰，把百姓赶到商汤、周武王这边的是夏桀和殷纣。现在的诸侯如果有喜好仁德的人，那其他诸侯都会替他把百姓驱赶来了。纵使不想要统一天下，也是做不到的。但是今天这些想要统一天下的人，如同害了七年的病要找三年的陈艾来医治一样，如果平常不积蓄，终身都得不到什么。如果无意行仁政，终身都会担忧受辱，以至于死亡。《诗经》上说过：'那如何能办得好，不过相率落水淹死在祸乱中罢了。'正是这个意思。"

阐释：

　　本节中，孟子又一次以"水之就下"的自然特性为喻，说明人民归于仁政，就像水往下流的天然倾向，这是施行仁政的必然结果。众所周知，孟子生活的时代正值战国中期，各诸侯国之间的相互征伐、竞相争霸，"杀人盈野"的惨状随处可见。因此，孟子怀揣着"救民于水火之中"（《孟子·滕文公下》）的美好愿望，以"如欲平治天下，当今之世，舍我其谁也？"（《孟子·公孙丑下》）的豪迈气概带领弟子周游列国，宣扬他的仁政主张。在这里，孟子首先从"桀纣之失天下"的例子出发，指出桀和纣两位暴君之所以失去天下，就是因为他们失去了民心，而失去民心的原因则是没有施行仁政；进而指出欲得天下必先得民心，而欲得民心则必施行仁政。随后，孟子以水向下流的自然特性、野兽天生向狂野奔跑为喻，指出民心归顺仁政的趋势是谁也阻挡不了的。孟子借此警告当时的统治者，只有施仁政于民众，以百姓的利益为重，才能使百姓"犹水就下"般望仁德而归附；否则，统治者就像为渊驱鱼的水獭、为丛驱雀的鹞鹰一样，必然会沦为桀、纣那样的独夫民贼，被逼得走投无路的民众只能揭竿而起，以暴制暴，直至推翻暴君的统治。

英译文：

Mencius said, "King Jie and King Zhou lost the world because they lost the people's support. They lost the people's support because they lost the people's hearts. There is a way to win the world: win the people's support and you will win the world. There is a way to win the people's support: win their hearts and you will win their support. There is a way to win the people's hearts: collect for them what they desire and do not force on them what they hate. That is all there is to it! The people turn to a benevolent ruler just as water flows downwards or as wild beasts run to the wilderness. Accordingly, it is the otter that drives fish to the deep pools, the hawk that drives sparrows to the thickets, and Jie and Zhou that drove the people to King Tang and King Wu. Now if a ruler in the world loves benevolence, all the unbenevolent feudal princes are actually driving the people to him. He could not help being a ruler of the world, even if he did not want to be one. But nowadays a man wanting to be such a ruler is like a man wanting to cure a disease of seven years' duration with the moxa stored for three years, which, if not stored beforehand, may not be obtained all his life. If a ruler does not devote himself to benevolent government, he will live in sorrow and disgrace all his life, and even meet his death from it. *The Book of Poetry* says:

'How can you improve your rule?

You will all meet your doom.'

This is an illustration of what I have said."

——《大中华文库〈孟子〉》P161

65

译评：

本节译文仍选自赵甄陶的译本(以下简称赵译)。总体而言，赵译比较忠实达意，译文简洁流畅。例如，"民之归仁也，犹水之就下，兽之走圹也。"在这里，孟子以"水之就下"的自然特性为喻，来说明人民归于仁政之下。本句中的"归"字可谓是一个核心词汇，表达了人民响应明君的召唤，归顺于明君、效忠于明君的意愿。在赵译中，该句被翻译为"The people turn to a benevolent ruler just as water flows downwards or as wild beasts run to the wilderness."完美地再现了原文中的比喻。其中，"归"被翻译为"turn to"，这是较为合理的。笔者查阅了手中掌握的四个译本，发现除了刘译中翻译成"return to"，其他三个译本都翻译成"turn to"，看来真是英雄所见略同啊！

又如，"今天下之君有好仁者，则诸侯皆为之驱矣。"本句中的"诸侯"虽没有定语来修饰它，但是作为与前半句的"好仁者"的对应，"诸侯"已经隐含了"不好仁的诸侯"之义。因此，在赵译中，译者采用了增译法，将其翻译成"all the unbenevolent feudal princes"，忠实地传达出了原文的隐含意义。其他四个译本中，只有亨译采用了增译法，将其翻译成"the august lords"，其他三个译本均未做任何增译。

4.4.4 以"水之就下"喻人性之善

原文：

> 告子曰："性犹湍水也，决诸东方则东流，决诸西方则西流。人性之无分于善不善也，犹水之无分于东西也。"孟子曰："水信①无分于东西，无分于上下乎？人性之善也，犹水之就下也。人无有不善，水无有不下。今夫水，搏而跃之，可使过颡②；激而行之，可使在山。是岂水之性哉？其势则然也。人之可使为不善，其性亦犹是也。"
>
> ——《孟子·告子上》

---

① 信：诚，真的。
② 颡：音 sǎng，额。

今译文：

告子说："人性好比急流水，东方开了缺口便朝东流，西方开了缺口便朝西流。人性不分善和不善，正好比水性不分东流西流。"孟子说："水性诚然不分朝东流朝西流，难道也不分朝上流或朝下流吗？人性的善良，正好比水性朝下流。人没有不善良的，水没有不朝下流的。现在那儿有一汪水，拍它而让它涌起来，可以高过额角；汲水使它倒流，可以引上高山。这难道是水的本性吗？某种形势让它这样罢了。人所以能够做坏事，它的本质也正是这样。"

阐释：

本节中，孟子以"水之就下"的自然特性来比喻人性之善，以此来反驳告子关于人性的看法；不过有趣的是，告子同样以水来作比喻，他认为人性的善与不善全看环境，亦即后天的影响。

关于人性问题的讨论，早在春秋时期就已出现，并逐渐成为先秦思想家们津津乐道的一个重大命题①。例如，孔子主张性近说，认为"性相近，习相远"，意思是说人性之初大致相近，并未做善恶之分；告子主张人性属中，认为"性无善无不善也"，意思是说善与恶都不是人的天性，而是后天教育培养的改变，由于教育和环境的不同而使人性或变为善、或变为恶；荀子则主张性恶论，认为"性恶，其善者伪也"，意思是说人的本性是恶的，而善良的人是通过后天努力达到的；韩非子主张性好利，"好利恶害，人之情也"，认为好利恶害是人的本性，人们受利己心的驱使，在行为上总是表现出趋利避害的特点，个人利害是人们思考问题和行事之出发点和归宿点。而孟子独辟蹊径，坚持主张性善论，"孟子道性善，言必称尧舜"（《孟子·滕文公上》），"圣人与我同类"，"人皆可以为尧舜"（《孟子·告子下》），从人性本善的角度为他的仁政思想找到了本体论的依据。孟子是如何论述他的性善论的呢？孟子以大千世界中普遍存在的水为例，以"水之就下"的自然特性来譬喻人性之善。

_____

① 参见：董琴. 浅论先秦诸子教育理论中的人性论——对儒家、道家、法家的人性观点分析[J]. 法制与社会，2009(10)：304-305.

在《孟子·告子上》中，有一段关于孟子和其论敌告子讨论人性的争论。争论伊始，孟子与告子即把人性同于水性作为各自立论的前提，即：水性与人性是相似的，他们都遵循共同的原则。所不同的是，告子以决堤之水的流向为喻，认为人性犹如湍急的流水，从东方决口则奔流向东，从西方决口则奔流向西。因此，人性本来无所谓善，正像水的流向本来无所谓东西一样。而孟子是以"水之就下"的自然特性为喻，指出水虽然无法自行选择东西的流向，却必定自上流于下，人性之向善，正如水之就下，是自然之势。人可以搏击或阻遏水流，使之跃起甚至倒流上山，但水的本性绝不是上流。人性如水，向善如水往低处流，是自然而然的事。

此段经常被作为诡辩术的一个典型事例来加以分析，不少学者已经指出这种使用类比方法进行论辩的逻辑缺陷，类比方法系中国早期文献中原始的诡辩术。如果把这种论辩仅仅看作诡辩术，那它确实是没有意义的。但无论如何，如果我们的假定是正确的，即：早期中国哲学家假定人类与自然现象分享着共同的原则，那么孟子的论证则是强有力的并合乎逻辑的。孟子赢得与告子的论辩，不是由于他的诡辩比论敌机智的原因，而是因为他对水这一自然现象有着比告子更为透彻的理解。孟子与告子不同，他真正领悟了水。因此，他知道，正如水总往低处流，人性也总是向善的。对水自然下流的洞识，是使孟子在与其论敌告子讨论人性时取得胜利的关键所在。

英译文：

Gaozi said, "Human nature is like a whirlpool. Given an outlet in the east, the water flows out in the east. Given an outlet in the west, the water flows out in the west. Just as water is not naturally inclined to flow east or west, so human nature is not originally good or bad." "It certainly is true," said Mencius, "that water flows east or west without showing any preference to either. But does water flow downwards or upwards without showing any preference? Human nature is always good, just as water always flow downwards. No human nature but is good, no water but flows downwards. In fact, water can rise above one's forehead when whipped, it can ascend a mountain when forced to flow backwards. But is it in the nature of water to behave so?

No. Circumstances force its way. That man can be made to do wrong shows that his nature can be changed exactly like the flow of water."

——《大中华文库〈孟子〉》P245-246

译评：

本节译文仍选自赵甄陶的译本（以下简称赵译）。总体而言，赵译比较忠实达意，译文简洁流畅。例如，"人之可使为不善，其性亦犹是也。"本句的翻译是一个难点，要准确理解它的意思，就需要结合前文语境。前文说水的本性是向下流的，但是可以通过外力使其倒流，然而这并非水的本性，只是因为水受到了外在形势的影响。结合以上的语境，本句的意思就是：人，可以让他去做不善的事，这时候他人性的状况也是像倒流的水一样受到外力的影响。在赵译中，本句被翻译成"That man can be made to do wrong shows that his nature can be changed exactly like the flow of water."回译过来就是"使人去做不善的事情，表明他的人性就正像水流一样可以被改变"。由此可见，赵译较好地传达出了原文的内涵。再看看其他几个译本：

"It's like that for people too: you can make them evil, but that says nothing about human nature."（亨译）

"When men are made to do what is not good, their nature is dealt with in this way."（理译）

"That man can be made bad shows that his nature is no different from that of water in this respect."（刘译）

"While people can be made to do what is not good, what happens to their nature is like this."（布译）

从上述几个译本来看，除亨译与原文的内涵相差较大，其他三个译文基本传达出了原文的内涵。

当然，赵译中仍有一处翻译值得商榷。本节中，告子将人性比作湍急的水流，"性犹湍水也"。在赵译中，"湍水"被翻译为"a whirlpool"，意为"漩涡、涡流"，这与原文意义存在较大差异。相比之前，布译、刘译和亨译将其分别翻译成"swirling water"、"whirling water"和"swirling water"，则要相对忠实一些。

4.4.5 以"沧浪之水"喻君子处世之道

原文：

> 孟子曰："不仁者可与言哉？安其危而利其灾，乐其所以亡者。不仁而可与言，则何亡国败家之有？有孺子歌：'沧浪之水清兮，可以濯我缨；沧浪之水浊兮，可以濯我足。'孔子曰：'小子听之！清斯濯缨，浊斯濯足矣。自取之也。'夫人必自侮，然后人侮之；家必自毁，而后人毁之；国必自伐，而后人伐之，《太甲》曰：'天作孽，犹可违；自作孽，不可活。'此之谓也。"
>
> ——《孟子·离娄上》

今译文：

　　孟子说："不仁德的人难道同他可以商谈吗？他把危险当作安全，把灾祸当作有利，把导致灭亡的事情当作快乐。不仁德的人如果还可以同他商谈，怎么不会发生亡国败家的事情呢？从前有个小孩歌唱道：'沧浪的水清呀，可以洗我的帽缨；沧浪的水浊呀，可以洗我的脚。'孔子说：'学生们听着！水清就洗帽缨，水浊就洗脚，这都是由水本身决定的。'所以一个人一定先有自取侮辱的行为，别人才会侮辱他；一个家庭一定先有自取毁灭的因素，别人才毁灭它；一个国家一定先有自取讨伐的原因，别人才讨伐它。《尚书·太甲篇》中说过：'上天造作的罪孽，还可以逃开；自己造作的罪孽，逃也逃不了。'正是这个意思。"

阐释：

　　本节中，孟子以"沧浪之水"喻指君子处世之道，即："遇治则仕，遇乱则隐"，天下太平的时候就出来做官，天下大乱的时候就隐居不出。

　　《沧浪歌》原本是春秋时期广为传唱的一首清新而悠扬的短歌，出自屈原的《楚词·渔父》①，是屈原在政治上被迫害、惨遭流放后，处在困厄之境下创作出

---

　　① 原文如下：屈原既放，游于江潭，行吟泽畔，颜色憔悴，形容枯槁。渔父见而问之曰："子非三闾大夫与？何故至于斯？"屈原曰："举世皆浊我独清，众人皆醉我独醒，是以见放。"渔父曰："圣人不凝滞于物，而能与世推移。世人皆浊，何不淈其泥而扬其波？众人皆醉，何不哺其糟而歠其醨？何故深思高举，自令放为？"屈原曰："吾闻之，新沐者必弹冠，新浴者必振衣；安能以身之察察，受物之汶汶者乎？宁赴湘流，葬于江鱼之腹中。安能以皓皓之白，而蒙世俗之尘埃乎？"渔父莞尔而笑，鼓枻而去。乃歌曰："沧浪之水清兮，可以濯吾缨；沧浪之水浊兮，可以濯吾足。"遂去，不复与言。

来的作品。一天，诗人心情忧愤苦闷，来到汨罗江畔，边行边吟，遇到了在此隐居的渔父，他劝屈原与世俗同流，不必独醒高举，即：世事清明时，可以出仕为民造福；世事混乱时，也不必过于清高自守。孟子在此提及这首短歌《沧浪歌》，是以"沧浪之水"喻指君子处世之道，即"君子处世，遇治则仕，遇乱则隐"（《汉书新注》）。前一句"沧浪之水清兮，可以濯我缨"是劝人积极进取，"水清"是治世的象征，而"濯我缨"（缨代指官帽）则是出来做官治国平天下的意思。后一句"沧浪之水浊兮，可以濯我足"则是劝人隐居，"水浊"是乱世的象征，而"濯我足"则是隐居不出的意思。换而言之，当天下太平、国家治理地好时就去做官；而当天下大乱、乱臣贼子当道时就去隐居。正如孟子后来所说，"穷则独善其身，达则兼善天下"（《孟子·尽心上》）。

英译文：

Mencius said, "How can we speak up with an unbenevolent man? He considers his danger as his safety and his calamity as his profit, and finds pleasure in what will cause his destruction. If we could speak up with an unbenevolent man, there would be no lost states or ruined families. There was a boy who sang:

> 'I can wash my cap string,
>
> When blue water is clear;
>
> But wash my feet instead,
>
> When it is turbid here.'

Confucius said, 'Listen to this, my disciples! When clear, the water is used to wash the cap string; when turbid, it is used to wash the feet. The different uses made of the water are actually determined by the water itself.' A man is insulted only when he has insulted himself. A family is destroyed only when it has destroyed itself. A state is attacked only when it has attacked itself. *The Taijia* says, 'When trouble befalls you from Heaven, there is still hope of avoidance; but when you ask for it, there is no hope of escape.' This is an illustration of what I have said."

——《大中华文库〈孟子〉》P159

译评：

本节译文仍选自赵甄陶的译本（以下简称赵译）。总体而言，赵译比较忠实达意，译文简洁流畅。例如，"安其危而利其灾，乐其所以亡者。"本句的意思是说，不仁之人把危险当作安全，把灾祸当作有利，把导致灭亡的事情当作快乐。在赵译中，本句被翻译成"He considers his danger as his safety and his calamity as his profit, and finds pleasure in what will cause his destruction."这是比较忠实准确的。在布译中，本句被翻译为"Mistaking danger for peace and calamity for profit, they take pleasure in what occasions their ruin."译文不仅忠实达意，而且更加简洁明了。

另外，本节引用了一首歌谣——"沧浪之歌"，以沧浪之水来喻君子处世之道。其中，对"沧浪"一词有不同的解释：其一，根据卢文弨的《钟山札记》："仓浪，青色；在竹曰苍筤，在水曰沧浪。"因此，"沧浪"指的是青色的水。其二，以"沧浪"为水名或地名。根据杨伯峻的注疏，"前人有以沧浪为水名者（或云，汉水之支流；或云即汉水），又有以沧浪为地名者（在湖北均县北），恐都不可靠。"在杨伯峻看来，"沧浪之水"更倾向于指"青色的水"。因此，在赵译中，"沧浪之水"被翻译成"blue water"。在其他几个译本中，大多采用音译的方法翻译成"Cang-lang"（布译）和"the Ts'ang-lang"（亨译和理译），只有刘译采用了"blue water"。在这里，笔者更倾向于后者，建议用音译的方法来翻译"沧浪之水"。

4.4.6 以水之"盈科而行"喻君子求学与为人之道

(1)原文：

> 孟子曰："孔子登东山而小鲁，登泰山而小天下，故观于海者难为水，游于圣人之门者难为言。观水有术，必观其澜。日月有明，容光必照焉。流水之为物也，不盈科不行；君子之志于道，不成章不达。"
>
> ——《孟子·尽心上》

今译文：

孟子说："孔子登上了东山，便觉得鲁国很小了；登上了泰山，便觉得天下也不大了；所以看过海洋的人，别的水便难于吸引他了；曾在圣人门下学习过的人，别的议论也就难以吸引他了。观看水有方法，一定要看它壮阔的波浪。太阳、月亮都有光辉，连一点儿缝隙都必定照到。流水这个东西不把洼地流满，便不再向前流；君子立志于道，没有一定的成就，也就不能通达。"

阐释：

本节中，孟子以水"不盈科不行"的自然特性来比喻君子求学和为人之道。与孔子一样，孟子也喜欢水，尤其是喜欢观看浩瀚无垠的大海。孟子借孔子之名，发出"观于海者难为水"的感慨，指出看过大海的波涛汹涌、浩瀚无垠之后，其他小河小湖的水就没有什么看头了。值得一提的是，唐代诗人元稹与孟子也有同样的看法，他有两句千古绝唱："曾经沧海难为水，除却巫山不是云。"意思是说，见识过无比深广的沧海的人，别处的水再也难以吸引他；除了纯洁美丽的巫山之云，别处的云都黯然失色。因此，孟子说"观水有术，必观其澜"，观赏水也是有"窍门"的，就是一定要观赏它翻卷的波澜，由波澜之壮观，可以想见本体之深广。由此可见，孟子对水的认知是别具慧眼的，因为他心目中的水，已不仅有"善"的品质而且具有"悦目"的审美意味了——"澜者，大波浪也"，本身就是水之美的一个雄壮乐章。当然，孟子的"必观其澜"，其主旨仍不是欣赏水的自然之美，而是重在其"比德"的功用，即强调要从水的自然形态和功能中寻觅和挖掘出对人生、对社会的深切体验和认识。

于是，孟子从水"不盈科不行"的自然特性中悟出其中蕴含的人生道理，并以此来比喻君子求学和为人之道。流水具有"不盈科①不行"特性，即：流水不放过任何坑坑洼洼，不把它们填满便不会向前流。孟子称赞水的这种"盈科而行"的品性，指出这种脚踏实地、循序渐进的品格，正是立志行道的君子所应追求和效法的品质。盈科而后进是流水的品质和追求，成章而后达则是君子求学和做人标准和境界。

---

① 坎，即坑洼。

英译文:

Mencius said, "When standing on the top of the Eastern Mountain, Confucius thought the State of Lu very small. When standing on Mount Tai, he thought the whole world small. It is difficult for the sight of a river to satisfy those who have seen the sea, and it is difficult for words to satisfy those who have learned with sages. We should see a particular aspect of water, i. e. to see its billows surging forward. The sun and the moon are bright and their brilliant rays will shine through even the tiniest chinks. Water flows in such a way that it will not continue to run forward until it fills up all the depressions in its course. The gentlemen striving after the correct way can not succeed without attaining a certain level of achievement."

——《大中华文库〈孟子〉》P303-305

译评:

本节译文仍选自赵甄陶的译本(以下简称赵译)。总体而言,赵译比较忠实达意,译文简洁流畅。现仅举两例来说明:(1)"观水有术,必观其澜。"本句的意思是观赏水有特定的方法,一定要看它壮阔的波浪。其中的"术"本义指方法,但是具体结合本句的语境,实际上指的是观赏水的某些方面或特征,如波涛汹涌、风平浪静、碧水微澜、清澈见底、涓涓细流、潺潺流水、碧波荡漾、波光粼粼,等等。因此,在赵译中,水之"术"被意译成"a particular aspect of water"是贴切合理的。反观其他四个译本,无一例外都采用了直译的方法,如"an art in the contemplation of water"(理译),"an art to seeing water"(亨译),"a way to judge water"(刘译),"an art to looking at water"(布译),译文虽忠实有余,但实则逻辑不通。(2)"君子之志于道,不成章不达。"根据《说文解字》的解释:"乐竟为一章"(乐曲完了叫一章)。由此引申,事物达到一定阶段,具一定规模,则可曰成章。在此,孟子的意思是,君子立志于道,没有一定的成就,也就不能通达。在赵译中,本句被翻译成"The gentlemen striving after the correct way can not succeed without attaining a certain level of achievement."其中的"成章"意译为"attaining a certain level of achievement",这是较为贴切合理的。反观其他四个译本,无一例外都采用了直译的方法,如:"by completing one lesson after another"(理译),

"the pattern they make is beautiful"（亨译），"he achieves a beautiful pattern"（刘译），"he has achieved a beautiful pattern"（布译）。译文虽然很大程度上保持了忠实，但是对译文读者的理解却带来了一定的障碍。

但是，赵译中仍有一个细节的翻译值得商榷。在赵译中，"君子之志于道"中的"道"被翻译成"the correct way"似有不妥。笔者认为，这里的"道"应该指的是"儒家之道"或"圣人之道"。在这方面，其他四个译本则翻译地要更加合理一点，故"道"应该译为"the Way"（布译、刘译和亨译）或"the doctrines of the sage"（理译）。

(2) 原文：

> 徐子曰："仲尼亟称于水，曰'水哉，水哉！'何取于水也?"孟子曰："源泉混混，不舍昼夜，盈科而后进，放乎四海。有本者如是，是之取尔。苟为无本，七八月之间雨集，沟浍皆盈；其涸也，可立而待也。故声闻过情，君子耻之。"
>
> ——《孟子·离娄下》

今译文：

徐子(徐辟)说："孔子几次称赞水，说：'水呀，水呀！'他所取法于水的是什么呢?"孟子说："有本源的泉水滚滚地往下流，昼夜不停，把低洼之处注满，又继续向前奔流，一直流到海洋中去。有本源的便像这样，孔子取法它这一点罢了。假若没有本源，一到七八月间，雨水众多，大小沟渠都满了；可一会儿也就干枯了。所以名誉超过实际，君子引为耻辱。"

阐释：

本节中，孟子再次借孔子之口阐述他对水的深切体验和深刻认识，以"有源之水"和水的"不舍昼夜，盈科而后进"的特性来比喻君子应该具备的品性。孟子特别强调了"有源之水"的重要性，他指出：只有有源之水，才能不舍昼夜，奔流不息；而无源(无本)之水，即使在某一时段因雨水骤至而河满沟溢，但时令过，干涸也就随之而来。对于孟子的这段话，南宋理学家朱熹在《四书集注》中是这样诠释的:"水有原本,不已而渐进以至于海,如人有实行,则亦不已而渐进以至于极也。"意思是君子要像有本之水那样,立于儒家之道这个根本,才能获得源源不竭的动力源泉;水之"盈科而后进"的特点,正与君子锲而不舍的修道过程相似。

由此观之,孟子这番议论是借水性譬喻君子求学与为人之道,即:君子要像"有源之水"那样立于儒家之道这个根本上,才能获得取之不尽、用之不竭的动力源泉;君子要像水之"不舍昼夜,盈科而后进"的特点,锲而不舍的修道。既有充盈的本源,又能坚持不懈,努力躬行,才会臻于道德学问的化境。

英译文:

Xuzi said, "More than once Confucius praised water by saying, 'O water, water!' What did he value in water?"

"Water from an abundant source," said Mencius, "rolls on day and night without stop, surging forward only after filling up all the holes in its way, and then going on to the sea. Such is the case with anything that has an abundant source, and this is what Confucius valued in water. But anything without a source is like the rainwater. In the seventh and eighth months there is copious rainfall and a pouring rain will fill all the ditches and gutters to overflowing. But you can just stand by for a little while and watch it all dry up. So a gentleman is ashamed to have a reputation not fully merited."

——《大中华文库〈孟子〉》P181

译评:

本节译文仍选自赵甄陶的译本(以下简称赵译)。总体而言,本节的原文相对比较简单,理解起来没有什么歧义,赵译比较忠实达意,译文简洁流畅,其他四个译本也能做到忠实达意。现举两例来进行比较分析:(1)"源泉混混,不舍昼夜,盈科而后进,放乎四海。"其中的"混混"并非现代汉语中所指的"流氓、无赖"。根据《说文解字》,"混,丰流也",即:水流不绝之意。在赵译中,"源泉混混"被译为"Water from an abundant source",这是比较贴切的;同样,在刘译中也翻译地较为贴切,"Water from an ample source"。然而,在其他三个译本中,仅以"spring"或"a spring of water"来翻译"源泉混混",未能体现出水之源泉丰沛之意。(2)"故声闻过情,君子耻之。"本句的意思是说,所以名誉超过实际,君子引为耻辱。"声闻过情"中的"声闻"指的是声誉、名誉,"过情"意为超过了实情。在此,孟子以无本之水来比喻声誉或名声超过了实际情况,认为君子应该对此感到羞耻。在赵译中,本句被翻译成"So a gentleman is ashamed to have a reputation not fully merited."这是较为贴切合理的。其他四个译本翻译的也是各有千秋,如:

Therefore, the noble person is ashamed to have a reputation that exceeds actuality.（布译）

Thus a gentleman is ashamed of an exaggerated reputation.（刘译）

So it is that renown beyond what they deserve makes the noble-minded uneasy.（亨译）

So a superior man is ashamed of a reputation beyond his merits.（理译）

上述四个译文中,布译较为忠实,刘译较为忠实、简洁;而亨译和理译略有瑕疵,亨译中"耻之"翻译成了"make…uneasy"不够忠实,理译中"君子"译为"a superior man"似有不妥。

4.4.7 以"水胜火"喻"仁政"胜"暴政"

原文:

> 孟子曰:"仁之胜不仁也,犹水胜火。今之为仁者,犹以一杯水救一车薪之火也;不熄,则谓之水不胜火,此又与于不仁之甚者也,亦终必亡而已矣。"
>
> ——《孟子·告子上》

今译文:

孟子说:"仁胜过不仁,正像水可以扑灭火一样。如今行仁道的人,好像用一杯水来救一车木柴的火,火不熄灭,便说水不能扑灭火,这些人又和很不仁的人相同了,结果连他们已行的这点点仁德都会消失。"

阐释：

本节中，孟子以"水胜火"的自然现象比喻"仁之胜不仁"，以此来宣扬他的仁政思想。他认为，施行仁政应当全心全意、真心实意，而且要一以贯之，绝非一时一事的权宜之计，更不能靠小恩小惠收买人心。同时，他还以"杯水车薪"为喻，痛批齐宣王①等执政者演戏作秀、浅尝辄止的所谓仁政行为。

孟子认为，在治理国家中，实行仁政必然要胜过推行暴政，这好比水可以灭火一样。但如今有些所谓的行仁者，他们的为仁就好像用一杯水来救一车柴燃起的大火，火没有扑灭，就说水不能灭火。这些人和不仁的统治者差不了多少，最终他们还会把自己仅有的一点点仁也丢掉了。孟子以水必然胜火的事实，说明了"仁之胜不仁"是必然的趋势。同时尖锐指出，如果为了捞取仁德的好名声，半心半意甚至虚情假意地实行所谓的仁政，就会像杯水车薪那样无济于事，充其量不过是沽名钓誉而已，断不会收到仁政王道应有的效果。

英译文：

Mencius said, "As water vanquishes fire, so benevolence vanquishes cruelty. Now there is someone who practices benevolence as if he were attempting to extinguish a wagonload of burning faggots by a cup of water. When he fails to put out the flames, he says, 'Water can not vanquish fire.' He thus puts himself on the same par with the most cruel and in the end he will lose the benevolence that he practices."

——《大中华文库〈孟子〉》P265

---

① 孟子在齐国的时候，受到齐宣王的隆重礼遇，拜他为客卿，给他丰厚的俸禄，并隔三差五地登门问政于他。几次交谈过后，孟子发现齐宣王有施行仁政的想法（曾表示"吾虽不敏，请尝试之"），十分高兴，幻想着"致君尧舜"，依靠齐宣王实现自己梦寐以求的仁政理想。然而，现实是残酷的，甚至是血淋淋的，孟子很快发现，齐宣王嘴上对王道津津乐道，骨子里推崇的仍是他那套王霸思想，恃强凌弱仍是他执政的主旋律。最典型的一例便是齐国兴师伐燕，杀人放火奸淫抢掠，无恶不作，把燕国人民推向了灾难深重的深渊。与此同时，齐宣王在国内实行所谓的仁政，往往也是做做样子而已。对此，孟子深感痛心和失望。

译评：

本节译文仍选自赵甄陶的译本（以下简称赵译）。相比于其他四个译本，赵译要显得更加忠实、准确。现举两例来说明：（1）在"此又与于不仁之甚者也"中，根据杨伯峻的注疏，其中的"与"意为"同也"。本句的意思是说，那些以"杯水救车薪之火"失败后说水不胜火的人又和很不仁的人相同了。在赵译中，本句被翻译成"He thus puts himself on the same par with the most cruel"，回译过来意思是"他与那些极其残暴的人处在同一水平了"，这是比较贴切的。同样，刘译也比较忠实，如"For a man to do this is for him to place himself on the side of those who are cruel to the extreme"。但是，相比之下，其他三个译本则都存在不同程度上的误译，如：

"This conduct, moreover, greatly encourages those who are not benevolent."（理译）

"This is the promotion of Inhumanity at its worst,"（亨译）

"This is to make an enormous concession to what is not humane,"（布译）

（2）"亦终必亡而已矣。"本句的意思是"结果连他们已行的这点点仁德都会消失"。在赵译中，被翻译成"in the end he will lose the benevolence that he practices."这是十分准确的。在理译和布译中，本句的翻译虽谈不上完全忠实，但是也尚能做到达意：

"The final issue will simply be this—the loss of that small amount of benevolence."（理译）

"and in the end it must inevitably result in the destruction of humaneness."（布译）

但是，相比之下，亨译和刘译则由于原文理解错误而导致误译，如：

"and such people come to nothing but ruin in the end."（亨译）

"and in the end he is sure only to perish."（刘译）

第5章 《荀子》中的水文化思想及其英译

5.1 荀子及其《荀子》简介

荀子(约公元前313—前238年)，名况，字卿，战国末期赵国人，两汉时因避汉宣帝询名讳称"孙卿"。荀子是先秦时期杰出的思想家、哲学家、教育家，是继孔子、孟子之后最著名的儒家学者，被世人尊称为"后圣"[①]，同时也是先秦时代百家争鸣的"集大成者"[②]。荀子活动的年代约为公元前298年至公元前238年。在此期间，他先后到过齐、秦、赵、楚等国。齐襄王(公元前283—前265年在位)时在齐国稷下(今山东淄博)讲学，为学宫祭酒，李斯、韩非、浮丘伯曾受业为弟子。在秦国，曾游说秦昭王和秦相范雎。在赵国，曾议兵于赵孝成王前。后遭谗适楚，楚相春申君以为兰陵(今山东苍山县兰陵镇)令。春申君死，荀子失官家居，因"嫉浊世之政"，发愤著书数万言而卒，葬于兰陵。司马迁作《史记》，对先秦诸子，唯将孟子、荀子并列为传，而将其他人分列于二人之后，足见荀子在他心目中的位置。

荀子的思想集中反映在《荀子》一书中。该书今存三十二篇，除少数篇章，大部分是他自己所写。该书内容涉及哲学、伦理、政治、经济、教育、学术，乃

---

① 儒家学派的创始人孔子被世人尊为"文圣"，他的儒家思想影响了中国两千多年；而在儒家学派中地位仅次于孔子的便是孟子，他在儒学上取得了巨大成就，因此被世人尊称为"亚圣"；荀子在儒家学派中的地位和贡献同样不可小觑，甚至有人说他是"先秦最后一个儒家大师"，因此被世人尊称为"后圣"。

② 郭沫若在《荀子的批判》一书中称他"是先秦诸子中最后一位大师，他不仅集了儒家的大成，而且可以说是集了百家的大成。"

至语言学、文学，且多独到之见和精辟之论，不愧为先秦一大思想宝库。荀子的文章擅长说理，组织严密，分析透辟，善于取譬，常用排比句增强议论的气势，语言富赡简练，有很强的说服力和感染力。

荀子批判地接受并创造性地发展了儒家正统的思想和理论，在人性观、自然观、社会道德观、政治观、教育观等各方面都在儒家学派中独树一帜、别具特色。在人性方面，荀子提出性恶论，"人之性恶，其善者伪也"（《荀子·性恶》），他主张用教育来陶冶，用礼法来约束，借以化恶为善，化乱为治。在自然观方面，荀子主张天人之分，"天行有常，不为尧存，不为桀亡"（《荀子·天论》），认为自然界是独立于人的精神之外的独立存在；荀子打破天命论，提出"人可制天命而用之"（《荀子·天论》），主张在顺应自然规律的同时，充分发挥人的才能，利用自然。在社会道德方面，荀子主张隆礼重法、人而能群、分等级而治，"先王恶其乱也，故制礼义以分之"（《荀子·王制》），"礼之于正国家也，如权衡之于轻重也，如绳墨之于曲直也。故人无礼不生，事无礼不成，国家无礼不宁。"（《荀子·大略》）在政治方面，荀子批判地继承了孔、孟效法先王、崇尚王道之说，首倡兼法后王，王道、霸道并重的观点，"王者之制，道不过三代，法不贰后王"（《荀子·王制》），"功壹天下，名配尧禹"（《荀子·王霸》）。他还批判地继承了儒家的"仁爱"思想，提出了"惠民""爱民"的主张，"马骇舆，则莫若静之；庶人骇政，则莫若惠之"，"故君人者，欲安，则莫若平政爱民矣"《荀子·王制》）。荀子还批判地继承了儒家的"尚贤"思想，提出了"举贤""使能"的主张，"请问为政？曰：贤能不待次而举，罢不能不待须而废"（《荀子·王制》）。在教育观上，荀子主张"以善先人者谓之教""尊师重教""君师合一"。

5.2 《荀子》中的水文化思想概述

为了阐发自己的思想，荀子常常把大千世界中的水信手拈来，作为论据和武器，或以水阐释哲学观点，或以水纵论王业兴衰，或以水比德君子，或以水说明人生的道理。根据统计，《荀子》中"水"字共计出现了 51 次，其他与水有关的字中，"流"字出现了 62 次，"海"字出现了 37 次，"雨"字出现了 14 次，"江"字出现了 11 次，"源"字出现了 10 次，"河"字出现了 9 次，"冰"字出现了 3 次。《荀子》中的水文化思想主要体现在与"水""流""海""雨""江""源""河""冰"等有关的论述中。概括起来，《荀子》中的水文化思想主要体现在以下五个方面：（1）以水喻君民关系。荀子以"舟与水""源与流"的关系来比喻君与民之间的关系，指出君与民的关系好比舟与水的关系，"君者，舟也；庶人者，水也。水则载舟，水则覆舟"；同时，他还以江河的"源与流"的关系来比喻君与民之间相互影响、相互依存的互动关系，"君者，民之原也，原清则流清，原浊则流浊"。（2）以水喻学习。荀子以水作喻，阐述人必须要好好学习和怎样学习的道理。他用水变成冰，比喻人经过学习之后发生的变化，虽然还是"本我"，但却已质变升华到一个更高的层次，"冰，水为之，而寒于水"；他用深溪对比大地之深厚，比喻先王圣人学问之博大精深，表明学无止境，"不临深溪，不知地之厚也"；他用渡河的时候舟楫不可或缺，比喻学习之于人同样不可或缺，指出君子要肯于学习、善于学习，"假舟楫者，非能水也，而绝江河。君子生非异也，善假于物也"；他用积水成渊和集小流成江海，比喻学习过程中需要坚持不懈的积累，"积水成渊，蛟龙生焉"，"不积小流，无以成江海"。（3）以盘水喻人性之改造。荀子以"盘水"为喻，提出改造人性的方法，"故人心譬如盘水"，"故导之以理，养之以清"。（4）以大水喻君子之德。荀子借孔子与弟子之间的对话，以大水喻君子之德，来表达儒家所倡导的"君子之德"，涉及德、义、道、勇、法、正、察、志、善化等九德。（5）以水满则覆为喻，警示骄傲自满、放松懈怠。荀子借孔子师徒关于"宥坐之器"的对话，以灌满水的欹器会倾覆为喻，来警示人们，切忌骄傲自满、放松懈怠，"吾闻宥坐之器者，虚则欹，中则正，满则覆"，"恶有满而不覆者哉？"

5.3　《荀子》在西方世界的英译史

作为儒家的又一经典之作，《荀子》在西方世界的英译却并没有像人们预期的那样多，其英译本数量不仅远少于《论语》和《孟子》，而且主要以节译和选译为主，迄今为止只有两个英文全译本。本节将详细梳理《荀子》在西方世界的英译史。

根据何飞[①](2013)的统计，西方世界最早的《荀子》英译可以追溯到1893年，近代英国著名汉学家理雅各(James Legge)翻译了《荀子》论集中的《性恶篇》，这篇文章的英译仅仅是作为译者研究孟子学说的对照参考，载于理雅各翻译的《孟子》的附录上。根据王红超[②](2023)的最新研究，1922年，英国驻华外交官、汉学家庄延龄(Edward Harper Parker)选译了《荀子》中的16卷，共译28篇，全书只有5篇没有翻译，可以称之为《荀子》首次成规模的英译活动。庄氏以卷为单位进行翻译，如果一卷中有多篇文章，他没有单篇单译，而是从每篇中选几段，直接编译在一起。原因是译者认为每卷的内容都是有内在联系的，同一个主题可以编写在一起翻译。

1924年，荷兰汉学家戴闻达(Jan J. L. Duyrendak)翻译了《荀子》论集中的《正名篇》。此后，美国著名的汉学家德效赛(Homer Dubs)翻译了《荀子》论集32篇中的19篇以及《尧问篇》的最后一段，并于1928年将翻译作品冠以《荀子选译》(*The Works of Hsun Tzu*)加以出版，在此之前他还出版了研究专著《荀子——古代儒家的塑造者》(1927)。德效赛一生致力于汉学的传播和研究，他的译本和研究专著可以说是对《荀子》思想最早的全面译介。1937年，美国著名汉学家卜德(Derk Bodde)在翻译冯友兰《中国哲学史(上卷)》(*A History of Chinese Philosophy*：*Vol.* 1)的时候，选译了其中涉及《荀子》的16个篇目。

1951年，留学美国的中国学者梅贻宝(Y. P. Mei)陆续翻译和发表了《荀子》中的《正名篇》《劝学篇》和《王志篇》。梅氏之所以翻译《荀子》的这几篇，其目的是为了读者在读他关于荀子思想论文的时候，可以在这几篇译文的帮助下，更彻底地理解他的论文。1963年，美国著名翻译家、汉学家华兹生(Burton Watson)翻译了《荀子》32篇中的10篇，包括《劝学》《修身》《王制》《议兵》《天论》《礼论》《乐论》《解蔽》《正名》《性恶》，这些均属于他认为比较重要的篇目。几乎在同年，美籍华人学者陈荣捷(Wing-Tsit Chan)翻译了《荀子》论集中的《天论》《正名》《性恶》3篇，并将这3篇收录在他编著的《中国哲学资料书》(*A Source Book in*

① 何飞.《荀子》在英语世界的译介研究[J]. 安徽工业大学学报(社会科学版)，2013，30(4)：75-77.

② 王红超. 英国汉学家庄延龄的《荀子》译介研究[J]. 邯郸学院学报，2023，33(1)：5-11.

Chinese Philosophy)中。

1988 年，美国迈阿密大学的哲学教授诺布洛克（John Knoblock）翻译了《荀子》，这是英语世界第一部《荀子》全译本。该译本的全名是《荀子全译与研究》（*Xunzi: A Translation and Study of the Complete Works*）。全书共三卷，分别于 1988、1990、1994 年由美国斯坦福大学出版社出版。该译本不仅是一本非常优秀的《荀子》译本，也对《荀子》做出了深刻的学术性介绍和评注。从一定意义上说，诺布洛克的《荀子》全译本的出版使《荀子》在英语世界从局部翻译走向全面系统地译介，同时也为《荀子》海外学术化传播和大众化传播作出了积极贡献。该译本一经出版，便在英美学术界引起了强烈反响。《泰晤士报文学副刊》称它是"一个利用当代汉学的全部详尽资料进行评注的全译本"。《亚洲研究学报》认为："这部著作显然是广泛全面研究的成果，其信息量大得惊人——翻译本身也很细致。"《美国东方学会学报》指出："将这部著作（指《荀子》）大规模地译成一种西欧语言，对它作全面深刻的学术性介绍，并对文本作恰当的评注，这还是第一次。"《宗教研究评论》称它是"一部第一流的译著和专著"，认为"此书将成为《荀子》在西方的标准版本"。（诺译本《荀子》第三卷护封）

1992 年，艾文贺和万白安（Philip J. Ivanhoe &. Bryan W. Van Norden）主编的《中国古典哲学读本》（*Readings in Classical Chinese Philosophy*）收录了斯坦福大学哲学教授何艾克（Eric L. Hutton）选译的《荀子》10 篇。何艾克长期从事中国哲学典籍的翻译与研究工作，包括孔子、荀子、韩非子等思想家及其著作。在哈佛大学和斯坦福大学学习期间，他的硕士和博士学位论文均与《荀子》相关，分别为："《荀子》中'义'的含义"（On the Meaning of Yi for *Xunzi*）和"《荀子》中的德与理"（Virtue and Reason in *Xunzi*）。2014 年，何艾克出版了《荀子：全文英译本》（*Xunzi: The Complete Text*），这是英语世界的第二部《荀子》全译本，受到了学界的高度评价。2016 年，何艾克又主编出版了《荀子哲学》（*Dao Companion to the Philosophy of Xunzi*），该书由斯普林格出版社（Springer）出版。

综上所述，《荀子》在西方世界的英译与传播已有百余年的历史了，经历了从基本忽视，到部分、整体价值发掘，并渐成热潮的发展历程，可分为早期单篇英译、中期节译选译、后期全译三个主要阶段。（彭利元，龚志豪，2023：109）[①]《荀

---

① 彭利元，龚志豪.《荀子》英译自传播价值取向探析［J］. 湖南工业大学学报（社会科学版），2023，28（1）：109-116.

子》的思想越来越得到西方学术界和社会读者的广泛关注和认可。

本章所引用的《荀子》英译本主要来自美国学者诺布洛克的全译本(以下简称诺译),该译本同时也被收入《大中华文化》,译评中也借鉴和对比了华兹生的选译本(以下简称华译)和何艾克的全译本(以下简称何译)。

5.4 《荀子》中的水文化思想阐释、英译与译评

5.4.1 以水喻君民关系

(1) 水则载舟,水则覆舟

原文:

> 马骇舆,则君子不安舆,庶人骇政,则君子不安位。马骇舆,则莫若静之;庶人骇政,则莫若惠之。选贤良,举笃敬,兴孝弟,收孤寡,补贫穷,如是,则庶人安政矣。庶人安政,然后君子安位。传曰:"君者,舟也;庶人者,水也。水则载舟,水则覆舟。"
>
> ——《荀子·王制》
>
> 君出鲁之四门以望鲁四郊,亡国之虚则必有数盖焉,君以此思惧,则惧将焉而不至矣?且丘闻之:"君者,舟也;庶人者,水也。水则载舟,水则覆舟。"君以此思危,则危将焉而不至矣?
>
> ——《荀子·哀公篇》

今译文:

马在拉车时受惊了狂奔,那么君子就不能稳坐车中;老百姓在政治上受惊了乱干,那么君子就不能稳坐江山。马在拉车时受惊了,那就没有比使它安静下来更好的了;老百姓在政治上受惊了,那就没有比给他们恩惠更好的了。选用有德才的人,提拔忠厚恭谨的人,提倡孝顺父母、敬爱兄长,收养孤儿寡母,补助贫穷的人,像这样,那么老百姓就安于政治了。老百姓安于政治,然后君子才能安

居上位。古书上说："君主，好比是船；百姓，好比是水。水能载船，水也能翻船。"

您走出鲁国国都的四方城门去瞭望鲁国的四郊，那些亡国的废墟中一定有几处茅屋，您从这些方面来想想恐惧，那么恐惧之情哪会不到来呢？而且我听说过这样的话，"君主，好比船；百姓，好比水。水能载船，水能翻船。"您从这个方面来想想危险，那么危险感哪会不到来呢？

阐释：

本节中，荀子以"舟与水"的关系来比喻君与民之间的关系，"君者，舟也；庶人者，水也。水则载舟，水则覆舟"，指出君与民的关系好比舟与水的关系，水能载舟，也能覆舟，人民能拥护君主，同样也能推翻君主的统治。

君民关系历来都是一个重要的政治话题。作为政治家、思想家的荀子，对这一问题的思考是十分深入的。通过对历史上的兴衰治乱、朝代更迭的分析，荀子发现，尽管人类历史的发展轨迹往往是不以人的意志为转移的，但统治者的兴亡更迭却主要取决于人为的因素，人民的力量是无比强大的，得道多助，失道寡助。他从历史上的商汤、周武与夏桀、商纣两组典型例子，就君民关系问题提出了著名的"君舟民水"和"水能载舟，亦能覆舟"的观点，对后世统治者产生了重要影响，历朝历代的明君贤臣（如唐太宗李世民和魏征）无不奉为圭臬，重视并处理好君与民的关系，从而使国家得以长治久安。

在书中，荀子先后两次提及"君者，舟也；庶人者，水也。水则载舟，水则覆舟。"第一次提及是在《荀子·王制》中，荀子将"马骇舆"与"庶人骇政"进行类比，形象而生动地指出，马在拉车的时候受到惊吓，车随时可能会倾覆，这就必然会对坐在车上的君子造成极大的威胁，使他不能安坐于车中；而当老百姓对统治者不满的时候，这就必然会对统治者的统治造成威胁，使他不能安坐于宝座之上。为了更好地说明问题，荀子形象地将君与民的关系比作舟与水的关系，强调水能载舟，亦能覆舟，这是极有见地的政治思想。第二次提及是在《荀子·哀公篇》中，荀子借孔子之言来阐述他的观点。当鲁哀公问孔子何为恐惧和危险时，孔子让鲁哀公走出鲁国国都的四方城门，去看看鲁国四郊那些亡国的废墟中的茅屋，便能感受到恐惧；孔子以舟来比喻君主，以水来比喻百姓，以水能载舟、亦能覆舟为喻，来提醒鲁哀公感受到危险。

总而言之，荀子在中国历史上第一次以舟与水的关系来比喻君与民的关系，强调人民力量的无穷威力，以此警告统治者："君王之舟"要靠"人民之水"来承载，君主为民，实行王道，推行仁政，则国治民安，君王之舟就会稳如泰山；反之，君王残民以逞，施行暴政，作威作福，人民就会揭竿而起，掀起反抗的浪潮，"君王之舟"离倾覆也就不远了。而中国古代的朝代更替、君王迭换则为荀子的上述论断提供了无可辩驳的铁证。正是基于这种认识，荀子继孔、孟提倡德政、仁政之后，提出了"惠民""爱民"的主张，具体包括尚贤任能，即"选贤良"，委以军国大任；隆礼敬士，即"举笃敬、兴孝悌"，推行礼义教化；平政爱民，即"收孤寡、补贫穷"，使人民安居乐业，等等。

英译文：

If the horses are frightened by the carriage, the gentleman will not feel secure in the carriage. If the common people are frightened by the government, then the gentleman will not feel secure in his position. When the horses are frightened by the carriage, no policy is as good as "quieting"; when the common people are frightened by the government, no policy is as good as treating them with kindness. Select good and worthy men for office, promote those who are honest and reverent, reward filial piety and brotherly affection, gather under your protection orphans and widows, and offer assistance to those in poverty and need. If you proceed in this fashion, then the common people will feel secure with your government and only then will the gentleman feel secure in his position. A tradition says: "The lord is the boat; his subjects are the water. It is the water that sustains the boat, and it is the water that capsizes the boat."

——《大中华文库〈荀子〉》P217

When next my lord goes out from the Four Gates to gaze over the four suburban regions of Lu, he should notice the ruins of all the states that have been destroyed, for he is certain to reckon that this is the common fate of all. If he will reflect on the threat of this happening, then will he not be able to experience fear? Moreover, I have heard that the lord is the boat; his subjects are the water. It is the water that sustains the boat, and it is the water that capsizes the boat. If my lord would take this saying and reflect on the danger it suggests, then will he not be able to experience danger?"

——《大中华文库〈荀子〉》P979

译评:

本节的两段译文来自诺布洛克的译本(以下简称诺译)。两段译文总体较忠实、流畅,但是个别词的翻译也有待商榷。首先是"君子"和"君"分别被翻译成了 gentleman 和 lord,不仅前后不一致,而且与实际所指不符。实际上,本段主要以水和舟来论述统治者和百姓之间的关系,无论是"君子"还是"君"都是指当时的统治者,而 gentleman 在英语中多指"彬彬有礼或有教养的人"(a man who is polite and well educated, who has excellent manners and always behaves well),lord 在英语中多指"(英国)贵族、阁下、(中世纪欧洲的)封建领主等",这些都不符合作者想表达的意思。因此,建议翻译成 king 或者 ruler 更好一些。例如,在华译中,"君"就被翻译成"ruler","The ruler is the boat and the common people are the water. It is the water that bears the boat up, and the water that capsizes it."其次,"马骇舆,则莫若静之"中的"静"字翻译成"quieting"也有不妥。原文意思是指马受到惊吓,最好的办法是使它平静下来,quiet 的意思是使安静、不出声;而 calm 的意思是使平静、冷静或镇定。例如,在何译中,"静"就被翻译成"calm","When the horses are uneasy with the chariot, then nothing works better than calming them."因此,这里的"静"最好翻译成"calming"。

(2) 君为源,民为流

原文:

> 故械数者,治之流也,非治之原也;君子者,治之原也。官人守数,君子养原;原清则流清,原浊则流浊。故上好礼义,尚贤使能,无贪利之心,则下亦将恭辞让,致忠信,而谨于臣子矣。
>
> ——《荀子·君道》
>
> 君者,民之原也;原清则流清,原浊则流浊。故有社稷者而不能爱民,

不能利民，而求民之亲爱己，不可得也。

——《荀子·君道》

今译文：

　　所以各种有助于治理的器物与方法，只是政治的末流，并不是政治的源头；君主，才是政治的源头。官吏拘守具体的方法条例，君主则保养源头。源头清澈，那么下边的流水也清澈；源头混浊，那么下边的流水也混浊。所以君主如果爱好礼义，尊重贤德的人，使用有才能的人，没有贪图财利的思想，那么臣下也就会极其谦让，极其忠诚老实，而谨慎地做一个臣子了。

　　君主，就像人民的源头；源头清澈，那么下边的流水也清澈；源头混浊，那么下边的流水也混浊。所以掌握了国家政权的人如果不能够爱护人民，不能够使人民得利，而要求人民亲近爱戴自己，那是不可能办到的。

阐释：

　　本节中，荀子以江河的"源与流"的关系，即"原清则流清，原浊则流浊"，来比喻君主与臣民之间相互影响、相互依存的互动关系。在书中，荀子两次提及了"原清则流清，原浊则流浊"。第一次提及是在《荀子·君道》中，"君子者，治之原也。官人守数，君子养原；原清则流清，原浊则流浊。"在这里，荀子以"源与流"的关系来比喻君主与大臣之间的关系。在荀子看来，君主是治理国家的根本、主导，而大臣则处于从属地位，是君主政令的执行者。正是由于君主地位的无比重要，君主贤明或昏聩对国家的治或乱影响重大，君主的德行好恶同样对臣下的思想和行动影响重大。为了说明其中的道理，荀子以水源的清浊对下游的影响为喻，强调源清流清，源浊流浊；其中，"源"指君主为施政之本原，"流"指政事和被导向之臣民。因此，欲正本清源，首先要正君，即使君成为遵守法度、道德高尚的表率。只有君上以礼义对待臣下，尚贤使能，清心寡欲，臣下才会以忠信报答君上。至于"赏不用而民劝，罚不用而民服"，则是荀子政治的最高理想，体现出王道政治的洋洋大观。

　　第二次提及也是在《荀子·君道》中，"君者，民之原也；原清则流清，原浊则流浊。"在此，荀子以"源与流"的关系来比喻君主与人民之间的关系。君为民之主，君为源，民为流，君主如果能爱护人民，尽力为人民谋福利、办好事，就会赢得人民的拥戴；反之，君主如果不知爱民、惠民，甚至骑在人民头上作威作福，想得到人民的亲附和爱戴那更是痴心妄想。

英译文:

Thus, the utensils of measurement and the modes of calculation are the consequence, not the source of order. The gentleman is the wellspring of order. The officers of government preserve the calculations; the gentleman nurtures the wellspring. If the wellspring is clear, the outflow will be clear; if the wellspring is muddy, the outflow will be muddy. Hence, if the superior is fond of ritual and moral principles, if he elevates the worthy and employs the capable, and if he has no mind for avaricious profits, then his subjects will also go to the utmost in offering polite refusals and showing deference, will be loyal and trustworthy in the extreme, and will be attentive to the ministers of government.

——《大中华文库〈荀子〉》P377

The lord is the wellspring of the people. If the wellspring is pure, then the outflow will be pure; if the wellspring is muddy, then the outflow will be muddy. Hence any expectation on the part of one who possesses the altars of soil and grain but is unable to love his people or to benefit them that his people will feel close to him and will love him will remain unfulfilled.

——《大中华文库〈荀子〉》P385

译评:

本节的两段译文均来自诺布洛克的译本(以下简称诺译)。两段译文总体较忠实、流畅，但是，仍有两处翻译有待商榷。(1)两段中都有一句"原清则流清，原浊则流浊"，但是前后的翻译却不一致，主要体现在"清"字的翻译上。顾名思义，"清"意为水清澈、没有混杂的东西(与"浊"相对)，在第一段中，"清"被翻译成"clear"，这是比较合理的；而在第二段中，"清"被翻译成"pure"，意为纯净、干净。虽然"clear"和"pure"意义有很多相似之处，但是在同一章中出现两种不同的翻译，给人一种不严谨的感觉。例如，在何译中，两者就保持了一致，都译为"pure"。因此，建议统一用"clear"。（2）第一段的最后一句"则下亦将萦辞让，致忠信，而谨于臣子矣"，意思是说那么臣下也就会极其谦让，极其忠诚老实，而谨慎地做一个臣子了。在诺译中，"而谨于臣子矣"被翻译成"（his subjects）will be attentive to the ministers of government"，回译过来就是"臣下将会十分注意政府官员"，明显背离了原文的意思。在何译中，本句被翻译为"will be diligent in serving as ministers"，意为"臣下将会勤勉地担任政府官员"。何译虽不完全准确，但是相比诺译却更加接近原文意义。因此，笔者建议本句改译为"（his subjects）will be cautious in serving as ministers"。

（3）君为盘盂，民为水

原文：

> 请问为国？曰：闻修身，未尝闻为国也。君者，仪也；民者，影也；仪正而景正。君者，槃（盘）也；民者，水也；槃（盘）圆而水圆。君者，盂也；盂方而水方。君射则臣决。楚庄王①好细腰，故朝有饿人。故曰：闻修身，未尝闻为国也。
>
> ——《荀子·君道》

今译文：

请问怎样治理国家？回答说：我只听说君主要修养自己的品德，不曾听说过怎样去治理国家。君主，就像测定时刻的标杆；民众，就像这标杆的影子；标杆正直，那么影子也正直。君主，就像盘子；民众，就像盘里的水；盘子是圆形的，那么盘里的水也成圆形。君主，就像盂；民众就像盂中的水；盂是方形的，那么盂中的水也成方形。君主射箭，那么臣子就会套上扳指。楚灵王喜欢细腰的

---

① 这里的"楚庄王"实际上指的是楚灵王而非楚庄王，在多部典籍中出现"楚王好细腰"这一典故，无一例外都指的是楚灵王，详见本节的译评部分。因此，在《大中华文库〈荀子〉》的今译文中，"楚庄王"就被译为"楚灵王"。

人，所以朝廷上有饿得面黄肌瘦的臣子。所以说：我只听说君主要修养身心，不曾听说过怎样治理国家。

阐释：

本节中，荀子把臣民比喻为水，君主比喻为盛水的盘、盂；而水的形状取决于盘、盂的形状，这就形象地说明了君主对臣民的巨大影响力，即：人民效法君主如影之随仪，水之随盘。孔子在回答季康子如何治理国家时，曾说过，"政者正也。子帅以正，孰敢不正?"（《论语·颜渊》）意思是"政就是正的意思。您带头走正道，谁敢不走正道?"春秋时期，齐桓公喜欢穿黄色的衣服，引得着黄服成为时尚，大臣和百姓都争先恐后地抢购黄色布料做衣裳，而其他颜色的面料却无人问津；楚灵王喜欢细腰的美女，导致女子们纷纷效法，拼命节食饿肚子，到了"国有饥色饿人"的程度。由此可见，上行下效，上有所好，下必甚焉，君主的言行举止和喜好的表率作用是何等的重要。

英译文：

Someone inquires about administering the state. I reply: I have heard about cultivating character, but I have never heard about administering the state. The ruler is the sundial; the people are the shadow. If the form is upright, then the shadow will be upright. The ruler is the bowl; the people are the water. If the bowl is round, then the water will be round; if it is square, then the water will be square. If the lord is as an archer, then his ministers will be thumb rings. King Zhuang of Chu was fond of small-waisted men, consequently his court was composed of men who starved themselves. Thus I say: I have heard about cultivating character, but I have never heard about administering the state.

——《大中华文库〈荀子〉》P385

译评：

本节的译文来自诺布洛克的译本（以下简称诺译）。总体而言，译文是忠实、通顺的，但是也有值得商榷的地方。首先，原文中荀子将君主分别比喻为"盘"

和"盂",将人民比喻为水,这其中包含了两个隐喻,但是译文中却只译出了其中"盘"的隐喻,而漏掉了"盂"的隐喻,这明显属于漏译。在这一点上,何译做得比较好,将两个隐喻都翻译出来了,"The lord is a basin. [The common people are the water.] If the basin is round, then the water will be round. The lord is a bowl. If the bowl is square, the water will be square." 在何译中,"盘"和"盂"被翻译成 "basin"(盆)和"bowl"(碗),虽不是很准确,但是有胜于无。因此,建议这部分改译为: The ruler is the plate; the people are the water. If the plate is round, then the water will be round. The ruler is the spittoon; the people are the water. If the spittoon is square, then the water will be square.

其次,原文中的"楚庄王好细腰"意思是说楚王喜欢细腰的美女,而译文中却翻译成"small-waisted men"(细腰的男人),值得商榷。此外,这里的"楚庄王"实际上指的是楚灵王而非楚庄王,译文中翻译成"King Zhuang of Chu"属于误译。事实上,"楚王好细腰"这一典故曾出现在多部典籍中。例如,《墨子·兼爱》中曾记载:"昔者楚灵王好士细腰,故灵王之臣皆以一饭为节,胁息然后带,扶墙然后起。"《晏子春秋》中记载:"越王好勇,其民轻死。楚灵王好细腰,其朝多饿死人。"《战国策》中也有记载:"昔者先君灵王好小腰,楚士约食,冯而能立,式而能起,食之可欲。"《韩非子》中也有类似记载:"故越王好勇,而民多轻死。楚灵王好细腰,而国中多饿人。"

5.4.2 以水喻学习

阐释:

在《荀子·劝学》中,荀子以水作喻,阐述人必须要好好学习和怎样学习的道理。在《劝学》的开篇,荀子便使用了两个与水有关的比喻,"冰,水为之,而寒于水"和"不临深溪,不知地之厚也"。前者的意思是说,人经过学习,就像水变成冰(虽然还是原来的水,但是却比水寒冷),虽然人的外表看似没有变,但是其人在知识和精神上却已经质变升华到一个更高的层次;后者用深溪作比,凸显出大地之深厚,暗喻先王圣人学问的博大和高深,说明学无止境,"不可以已"的道理。接着,为了阐发"终日而思""不如须臾之所学"的观点,荀子又以水为喻,"假舟楫者,非能水也,而绝江河。君子生非异也,善假于物也。"说明学习之于人，如同渡河工具舟楫一般不可或缺。由此得出结论，君子之所以能够超越常人，并非取决于天赋过人，而主要靠后天的肯于学习、善于学习。最后，荀子以"积土成山，风雨兴焉；积水成渊，蛟龙生焉"和"不积跬步，无以至千里；不积小流，无以成江海"为喻，说明坚持不懈的积累在学习与修养中的重要性。这些散发着淋淋水汽的比喻，生动形象，说服力强，让人入脑入心，终生难忘。

(1) 冰，水为之，而寒于水

原文：

> 君子曰：学不可以已。青，取之于蓝，而青于蓝；冰，水为之，而寒于水。木直中绳，鞣以为轮，其曲中规，虽有槁暴，不复挺者，鞣使之然也。故木受绳则直，金就砺则利，君子博学而日参省乎己，则知明而行无过矣。
>
> ——《荀子·劝学》

今译文：

君子说：学习不可以固步自封。靛青，是从蓼蓝中提取出来的，但比蓼蓝更青；冰，是水变成的，但比水更冷。木料笔直得合于墨线，但把它熏烤弯曲而做成车轮，它的弯曲度就与圆规画的相合，即使再烘烤暴晒，它也不再伸直了，这是熏烤弯曲使它这样的啊。所以木料受到墨线的弹划校正才能取直，金属制成的刀剑在磨刀石上磨过才能锋利，君子广泛地学习而又能每天省察自己，那就会见识高明而行为没有过错了。

英译文：

The gentleman says: "Learning must never be concluded." Though blue dye comes from the indigo plant, it is bluer than indigo. Ice is made from water, but it is colder than water. A piece of wood straight as a plumbline can, by steaming, be made pliable enough to bend into the shape of a wheel rim, so its curvature will conform to the compass. Yet, even though it is then allowed to dry out completely in the sun, it will not return to its former straightness because the process of steaming has effected this change in it. So, too, wood that has been marked with the plumbline will be straight and metal that has been put to the whetstone will be sharp. In broadening his learning, the gentleman each day examines himself so that his awareness will be discerning and his actions without excess.

——《大中华文库〈荀子〉》P3

译评：

本节的译文来自诺布洛克的译本（以下简称诺译）。诺译的译文总体较忠实、流畅，较好地再现了原文的风格。以下通过对比华译和何译，对诺译作一简要的评析。首先，第一句"学不可以已"，其中的"已"根据《荀子新注》①（楼宇烈，2018）的解释，意思为"终止、停止"，本节选自张觉的今译文中，翻译为"固步自封"（意为留在原地、不求进步），二者的意思都有停止的意思。在诺译中，"学不可以已"被翻译成"Learning must never be concluded."虽然"conclude"也有"结束"的意义，但是多指"指用正式或特殊的方式来结束事情、活动或文章，如达成协议或作出决定后结束会议，得出结论后结束文章或讲演等"。在诺译中，"止"被翻译成"conclude"，确实有些牵强。对比而言，在华译和何译中，本句分别被翻译成"Learning should never cease."和"Learning must never stop." "止"被翻译成"cease"和"stop"似乎能更准确地传达出原文的意义。

其次，"君子博学而日参省乎己，则知明而行无过矣"，其中的"知"同"智"，意为"聪明"，"过"意为"过错"。本句的意思就是"君子广博地学习而又每天多次的反省自己，那么他就会变得聪明，而行动上也就不会犯错误了。"在诺译中，本句被翻译成"In broadening his learning, the gentleman each day examines himself so that his awareness will be discerning and his actions without excess."其中"知"被翻译成"awareness"（意识），"过"被翻译成"without excess"（不过度、不过量），这两者都有误译之嫌。相比之下，华译和何译则更加忠实准确。

"and if the gentleman studies widely and each day examines himself, his wisdom will become clear and his conduct be without fault."（华译）

---

① 楼宇烈. 荀子新注[M]. 北京：中华书局，2018.

"The gentleman learns broadly and examines himself thrice daily, and then his knowledge is clear and his conduct is without fault."（何译）

（2）不临深溪，不知地之厚也

原文：

> 故不登高山，不知天之高也；不临深溪，不知地之厚也；不闻先王之遗言，不知学问之大也。干、越、夷、貉之子，生而同声，长而异俗，教使之然也。

> ——《荀子·劝学》

今译文：

因此，不登上高山，就不知天多么高；不面临深涧，就不知道地多么厚；不懂得先代帝王的遗教，就不知道学问的博大。干、越、夷、貉的孩子，刚生下来啼哭的声音是一样的，而长大后风俗习性却不相同，这是教育使之如此。

英译文：

Truly if you do not climb a high mountain, you will be unaware of the height of the sky. If you do not look down into a deep gorge, you will be unaware of the thickness of the earth. If you have not heard the words inherited from the Ancient Kings, you will be unaware of the greatness of learning and inquiry. The children of Han and Yue and of the tribes of Yi and Mo are all born making the same sounds, but they grow up having different customs because the process of education has effected such changes in them.

> ——《大中华文库〈荀子〉》P3

译评：

本节的译文来自诺布洛克的译本（以下简称诺译）。诺译总体而言是忠实、流畅的，但是仍有一处值得商榷。例如，本节中有一句，"干、越、夷、貉之子，生而同声，长而异俗，教使之然也。"其中，"干（hán）""越（yuè）"分别指的是春秋战国时期的吴国和越国，"夷"指的是中国古代居住在东部的民族，"貉（mò）"通"貃"，指的是中国古代居住在东北部的民族，"夷""貃"亦泛指各少数民族。所以，"干、越、夷、貉"泛指的是中国古代的不同地域或种族。在这里，荀子想表达的是出生在不同地域或种族的小孩，虽然他们在出生的时候都是一样的，就连生下来时啼哭的声音也是一样的，然而长大后，在风俗习性方面却大不相同，这是由于他们所受的教育不一样导致的。而在诺译中，"干、越、夷、貉之子"被翻译成"The children of Han and Yue and of the tribes of Yi and Mo"，虽然译文与原文做到了一一对应，但是译文却没能清晰地传达出原文的内涵，而且还有误译之嫌。在何译中，本句被翻译成"The children of the Han, Yue, Yi, and Mo peoples all cry with the same sound at birth, but when grown they have different customs, because teaching makes them thus."为了让译语读者更好地理解，何译为此还添加了一个脚注"These are the names of 'barbarian' states and tribes"来解释"干、越、夷、貉之子"。虽然译者用心良苦，但实际效果仍然不是很理想。因此，笔者建议将"干、越、夷、貉之子"意译为"the children from different places or tribes"。

（3）假舟楫者，非能水也，而绝江河

原文：

> 吾尝终日而思矣，不如须臾之所学也；吾尝跂而望矣，不如登高之博见也。登高而招，臂非加长也，而见者远；顺风而呼，声非加疾也，而闻者彰。假舆马者，非利足也，而致千里；假舟楫者，非能水也，而绝江河。君子生非异也，善假于物也。
>
> ——《荀子·劝学》

今译文：

我曾经整天思索，却不如片刻学到的知识多；我曾经踮起脚远望，却不如登到高处看得广阔。登到高处招手，胳膊没有加长，可是别人在远处也能看见；顺着风呼叫，声音没有变得洪亮，可是听的人在远处也能听得很清楚。借助车马的人，并不是脚走得快，却可以达到千里之外；借助舟船的人，并不善于游泳，却可以横渡江河。君子的资质秉性跟一般人没有不同，只是君子善于借助外物罢了。

英译文：

I once spent a whole day in thought, but it was not so valuable as a moment in study. I once stood on my tiptoes to look out into the distance, but it was not so effective as climbing up to a high place for a broader vista. Climbing to a height and waving your arm does not cause the arm's length to increase, but your wave can be seen farther away. Shouting downwind does not increase the tenseness of the sound, but it is heard more distinctly. A man who borrows a horse and carriage does not improve his feet, but he can extend his travels 1, 000 *li*. A man who borrows a boat and paddles does not gain any new ability in water, but he can cut across rivers and seas. The gentleman by birth is not different from other men; he is just good at "borrowing" the use of external things.

——《大中华文库〈荀子〉》P5

译评：

本节的译文来自诺布洛克的译本（以下简称诺译）。诺译总体而言是忠实、流畅的，但是仍有一处值得商榷。本节中的"假舆马者"和"假舟楫者"意指借助车马的人和借助舟船的人，其中的"假"意为借助（resort to, by virtue of, with the help of），而非译文中所翻译的"borrow"（借用 to take and use sth. that belongs to sb. else, and return it to them at a later time）之意。而在华译和何译中，"假"被翻译成"make use of"（利用）。

"Those who make use of carriages or horses may not be any faster walkers than anyone else, and yet they are able to travel a thousand *li*. Those who make use of boats may not know how to swim, and yet they manage to get across rivers."（华译）

"One who makes use of a chariot and horses has not thereby improved his feet, but he can now go a thousand *li*. One who makes use of a boat and oars has not thereby become able to swim, but he can now cross rivers and streams." (何译)

由此可见，在这一点上，华译和何译比诺译要更加忠实、准确。因此，建议"假舆马者"改译成"a man who resorts to a horse and carriage"，而"假舟楫者"改译成"a man who resorts to a boat and paddles"。

(4) 积水成渊，积小流而成江海

原文：

> 积土成山，风雨兴焉；积水成渊，蛟龙生焉；积善成德，而神明自得，圣心备焉。故不积跬步，无以至千里；不积小流，无以成江海。
>
> ——《荀子·劝学》

今译文：

积聚泥土成了高山，风雨就会在那里兴起；积蓄水流成了深潭，蛟龙就会在那里生长；积累善行成了有道德的人，自会心智澄明，而圣人的思想境界也就具备了。所以不积累起一步两步，就无法到达千里之外；不汇集细小的溪流，就不能成为江海。

英译文：

If you accumulate enough earth to build up a high hill, rain and wind will flourish because of it. If you accumulate enough water to fill a chasm, dragons and scaly dragons will be born within it. If you accumulate enough good to make whole your inner power, a divine clarity of intelligence will be naturally acquired and a sagelike mind will be fully realized. Accordingly, if you do not accumulate paces and double paces, you will lack the means to reach 1, 000 *li*, and if you do not accumulate small streams, you will have no way to fill a river or sea.

——《大中华文库〈荀子〉》P9

译评：

本节的译文来自诺布洛克的译本（以下简称诺译）。诺译总体而言是忠实、流畅的，但是仍有三处值得商榷。（1）本节中的"积土成山，风雨兴焉"，在诺译中被翻译成"If you accumulate enough earth to build up a high hill, rain and wind will flourish because of it"，其中的"flourish because of it"意思是"（风雨）因它而兴起"，值得商榷。在华译和何译中，分别被翻译成"rise up from it"和"arise from it"，意思都是"（风雨）从那里兴起"，同样值得商榷。本句的原意是"积聚泥土成了高山，风雨就会在那里兴起"，而三个译本中的译法都不是很准确。到底该如何译呢？或许可以借鉴诺译中的后一句"蛟龙生焉"的译法（dragons will be born within it），将其翻译成地点状语更为合适。因此，建议改成"over there"。（2）在诺译中，"蛟龙生焉"中的"蛟龙"被翻译成"dragons and scaly dragons"，回译过来就是"龙和有鳞的龙"，这将会让译语读者感觉十分困惑。很可能译者将"蛟龙"理解为"蛟"和"龙"两种动物了，分开来翻译以示区别。但是，笔者认为这样翻译并不可取，根据查证，"蛟龙"即蛟，是中国古代神话中的龙类，但并非真龙，而是栖息在湖渊等聚水处，也会悄悄地隐居在离民家很远的池塘或河流的水底。隐栖在池塘与河川的蛟龙，一般会被称作"潜蛟"，传说"蛟"修炼一千年便"走蛟"沿江入海化为真龙。因此，笔者建议可以借用现在中国官方报道对深海潜水器"蛟龙号"的译法，将"蛟龙"建议改译成"Jiaolong"。（3）"故不积跬步，无以至千里"，在诺译中，被翻译成"if you do not accumulate paces and double paces, you will lack the means to reach 1, 000 *li*"。其中，"积跬步"被译为"accumulate paces and double paces"，似有重复翻译的嫌疑。在华译和何译中，"积跬步"分别被翻译成"pile up little steps"和"accumulating tiny steps"。相比诺译来说，华译和何译更加简洁流畅。因此，笔者建议本处的翻译可以借鉴华译或何译。

5.4.3　以盘水喻人性之改造

原文：

　　故人心譬如盘水，正错而勿动，则湛浊在下，而清明在上，则足以见须眉而察理矣。微风过之，湛浊动乎下，清明乱于上，则不可以得大形之正也。心亦如是矣。故导之以理，养之以清，物莫之倾，则足以定是非、决嫌疑矣。小物引之，则其正外易，其心内倾，则不足以决庶理矣。

——《荀子·解蔽》

今译文：

人的思想就像盘中的水，端正地放着而不去搅动，那么沉淀的污浊的渣滓就在下面，而清澈的透明的水就在上面，那就能够用来照见胡须眉毛并看清楚皮肤的纹理了。但如果微风在它上面吹过，沉淀的污浊的渣滓就会在下面泛起，清澈的透明的水就会在上面被搅乱，那就不能靠它获得人体的正确映像了。人的思想也像这样啊。如果用正确的道理来引导它，用高洁的品德来培养它，外物就不能使它倾斜不正，那就能够用来判定是非、决断嫌疑了。如果用小东西来影响它，那么它的正确认识会因外物的干扰而改变，思想也就会随之出现偏向。这样一来就连粗浅的道理也不可能判断了。

阐释：

本节中，荀子以"盘水"为喻，提出改造人性的方法，"故人心譬如盘水""故导之以理，养之以清"。与孟子的"性善说"不同，荀子提出了"性恶论"。他认为，"人之性恶，其善者伪也""今人之性，生而有好利焉""生而有疾恶焉""生而有耳目之欲，有好声色焉"（《荀子·性恶》）。在荀子看来，人性本恶，凡是各种善的表现，都是人后天努力的结果。虽然荀子认为"性恶"是人的天性，但是他并未因此对人类悲观失望，他强调通过后天的努力，人是能够去恶为善的。如何改造人性呢？荀子以"盘水"为喻，提出改造人性的方法，即：导之以理，养之以清。

荀子认为，人心就如同盆中的水一样，平正地放着不动，污浊自然沉淀在下面，澄清的水则在上面，能够照见人的须眉，察看皮肤上的纹理。有风吹过，把盆底的污浊搅动，上面的清水受到扰动也会变得浑浊，自然不能鉴照人体的正常形态了。同理，人的心也是如此。只要用正确的道理来教化导引它，就会如同"正错而勿动"的盆水一样，自然能够明辨事理，通晓是非大义，而不会脑筋混淆、皂白不分了。

英译文：

Hence, the human mind may be compared to a pan of water. If you place the pan upright and do not stir the water up, the mud will sink to the bottom, and the water on top will be clear and pure enough to see your beard and eyebrows and to examine the lines on your face. But if a slight wind passes over its surface, the submerged mud will be stirred up from the bottom, and the clarity and purity of the water at the top will be disturbed so that it is impossible to obtain the correct impression of even the general outline of the face. Now, the mind is just the same. Thus, if you lead it with rational principles, nurture it with purity, and not allow mere things to "tilt" it, then it will be adequate to determine right and wrong and to resolve any doubtful points. But if small things pull at it so that its right relation with the external world is altered and the mind's inner workings are "tilted", then it will be inadequate to decide even gross patterns.

——《大中华文库〈荀子〉》P691

译评：

本节的译文来自诺布洛克的译本（以下简称诺译）。诺译总体而言是忠实、流畅的，但是仍有一处值得商榷。本节中的最后一句，"小物引之，则其正外易，其心内倾，则不足以决庶理矣"。根据《荀子新注》（楼宇烈，2018：797）的解释，本句的意思是说，"如果用小东西来影响它，那么它的正确认识会因外物的干扰而改变，思想也就会随之出现偏向。这样一来就连粗浅的道理也不可能判断了。"其中，"则其正外易"在诺译中被翻译为"its right relation with the external world is altered"，回译过来意就是"它与外界的正确关系就被改变了"，这显然是对原文的误解。同时，"其心内倾"被翻译成"the mind's inner workings are 'tilted'"（心灵的内部运作发生了"倾斜"），同样也是对原文的误解。在这一句的翻译上，华译和何译要相对更加忠实准确一点。

"But if you allow petty external objects to pull it about, so that its proper form becomes altered and its inner balance is upset, then it will not be capable of making even gross distinctions."（华译）

"If it is drawn aside by even a little thing, then on the outside one's correctness will be altered, and on the inside one's heart will deviate, and then will be incapable of discerning the multifarious patterns of things."（何译）

5.4.4 以大水喻君子之德

原文：

> 孔子观于东流之水。子贡问于孔子曰："君子之所以见大水必观焉者，是何?"孔子曰："夫水大，遍与诸生而无为也，似德；其流也埤下，裾拘必循其理，似义；其洸洸乎不淈尽，似道；若有决行之，其应佚若声响，其赴百仞之谷不惧，似勇；主量必平，似法；盈不求概，似正；淖约微达，似察；以出以入，以就鲜洁，似善化；其万折也必东，似志。是故君子见大水必观焉。"
>
> ——《荀子·宥坐》

今译文：

孔子观赏向东流去的河水。子贡问孔子说："君子看见浩大的流水就一定要观赏它，这是为什么?"孔子说："那流水浩大，普遍地施舍给各种生物而无所作为，好像德；它流动起来向着低下的地方，弯弯曲曲一定遵循那向下流动的规律，好像义；它浩浩荡荡没有穷尽，好像道；如果有人掘开堵塞物而使它通行，它随即奔腾向前，好像回声应和原来的声音一样，它奔赴上百丈深的山谷也不怕，好像勇敢；它注入量器时一定很平，好像法度；它注满量器后不需要用刮板刮平，好像公正；它柔和地无处不到，好像明察；各种东西在水里出来进去地淘洗，便渐趋鲜美洁净，好像善于教化；它千曲万折而一定向东流去，好像意志。所以君子看见浩大的流水一定要观赏它。"

阐释：

本节中，荀子借孔子与弟子之间的对话，以大水喻君子之德，来表达儒家所倡导的"君子之德"。在《荀子·宥坐》篇中，记载了孔子与弟子们在泗水边上赏水观澜时一段"观水感言"。荀子以孔子为代言人，把水的形态、性能、功用与人的性格、意志、品德、知识能力等联系起来，让我们看到了充满"水性"品质的君子形象。具体而言，荀子将水的各种自然属性和特点比喻成君子的德、义、道、勇、法、正、察、志、善化等九种优秀品德。荀子通过人们司空见惯的水这一介质，架起水之美与人之德之间内在联系的桥梁，以放大"水德"的社会意义和价值，并由此推出儒家立身处世的道理和准则。后世儒家学者大多循着荀子的路数，对水的道德意义不断进行挖掘和弘扬，构建了儒家"以水比德"的思想体系。概括地说，就是以水比君子之德，强调的是君子仁、义、礼、智、信、勇、正以及明察、无私、意志坚定、行为果敢等多种优秀品德。

英译文:

Confucius was once gazing at the water flowing eastward. Zigong questioned Confucius about it, saying: "Why is it that whenever a gentleman sees a great stream, he feels the necessity to contemplate?" Confucius replied: "Ah! Water—it bestows itself everywhere, on all living things, yet there is no assertion: in this it resembles inner power. Its direction of flow is to descend toward the low ground and whether its course is winding or straight, it necessarily follows its natural principle: in this it resembles morality. {Things float along on its surface and its depths cannot be fathomed: in this it resembles knowledge.} Its vast rushing waters are neither subdued nor exhausted: in this it resembles the Way. If there should be anything that blocks its course, its response will be to react against it, like a reverberating echo. It will travel through chasms a hundred rods deep fearlessly: in this it seems as though it had courage. Led to an empty place, it is sure to make itself level: in this it resembles the law. It will fill something completely and not require a leveling stick: in this it resembles rectitude. Indulgent and restrained while penetrating into the subtlest matters: in this it resembles scrutiny. As it comes and goes, it accommodates itself [to whatever impurities enter it], renewing and purifying them: in this it resembles the transforming power of the good. Through myriad turns and twists its course is certain to flow eastward: in this it resembles the mind with a sense of purpose. It is for such reasons that whenever the gentleman sees a great stream he feels the necessity of contemplating it."

——《大中华文库〈荀子〉》P937-938

译评：

本节中，荀子将水的各种自然属性和特点比喻成君子的德、义、道、勇、法、正、察、善化、志等九种美德。在中国传统文化中，这九种美德蕴含了十分丰富的文化内涵，并非一两个字或句子就能解释清楚的。因此，如何将这九种美德忠实地再现出来，这是本节最大的翻译难点。总体而言，诺译较好地传达出了原文中大部分的美德，例如道(the Way)、勇(courage)、法(the law)、正(rectitude)、察(scrutiny)、善化(the transforming power of the good)。但是，也有少数美德未能准确地传达出来。例如，第一种美德——"德"，在诺译中被翻译成"inner power"(内在力量、内在能力)，让人难以理解。实际上，这里指的是水哺育各种生物，而不为自己的目的，这种"德"应该指的是大公无私的美德，译为"virtue"(何译)或"virtue of selfishness"更好一些。第二种美德——"义"，在诺译中被翻译成"morality"(道德、道义)，看起来也比较模糊。实际上，这里指的是在任何情况下水都遵循向下流动的规律，这种"义"很难与"morality"画上等号。正因如此，在何译中被音译为"yi"，看来译者也是不得已而为之。第九种美德——"志"，在诺译中被翻译成"the mind with a sense of purpose"(有目标感)，看起来也不是很贴切。实际上，这里指的是水虽历经千曲万折，然而一定向东流去，这种"志"应该指的是"具有坚定志向"的美德，所以借鉴何译，将其翻译为"having settled intentions"更好一些。

5.4.5 以水满则覆为喻，警示骄傲自满、放松懈怠

原文：

孔子观于鲁桓公之庙，有欹器焉。孔子问于守庙者曰："此为何器？"守庙者曰："此盖为宥坐之器。"孔子曰："吾闻宥坐之器者，虚则欹，中则正，满则覆。"孔子顾谓弟子曰："注水焉！"弟子挹水而注之，中而正，满而覆，

虚而欹。孔子喟然而叹曰:"吁!恶有满而不覆者哉?"

——《荀子·宥坐》

今译文:

孔子在鲁桓公的庙里参观,看到有一个倾斜的器皿在那里。孔子问守庙的人说:"这是什么器皿?"守庙的人说:"这大概是君主放在座位右边来警戒自己的器皿。"孔子说:"我听说放在君主座位右边的这种器皿,空着就会倾斜,灌入一半水就会端正,灌满水就会翻倒。"孔子回头对学生说:"向里面灌水吧!"学生舀了水去灌它,灌了一半就端正了,灌满后就翻倒了,空了就倾斜着。孔子感慨地叹息说:"唉!哪有满了不翻倒的呢?"

阐释:

本节中,荀子借孔子师徒关于"宥坐之器"的对话,用"水满则覆"为喻,来提醒人们学无止境,切忌骄傲自满,放松懈怠,表达他对于学习、修身等问题的独到看法。水满则溢,月圆则缺,这是大自然中常见的现象,从这些自然现象中,先哲们悟出了深刻的人生道理:满招损,谦受益。为此,鲁国的有识之士在鲁恒公的庙中安放了欹器,借此警示后人"虚则欹,中则正,满则覆"。当孔子有感于此,发出"恶有满而不倾覆"的感叹时,弟子子路请教他有无保持"满"的状态的办法,孔子借题发挥,告诫他的学生:"聪明圣知,守之以愚;功被天下,守之以让;勇力抚世,守之以怯;富有四海,守之以谦。此所谓挹而损之之道也。"(《荀子·宥坐》)就是说,只有做到智高不显锋芒,居功而不自傲,勇武而示怯懦,富有而不夸显,谦虚谨慎,戒骄戒躁,才能保持长久而不致衰败。

《荀子》中的这段关于孔子观"宥坐之器"的记述,所阐发的道理是十分深刻的,至今仍闪耀着理性的光辉,对后世产生的影响也是巨大的。据记载,西晋杜预和南朝的祖冲之都曾制过类似的"欹器",借此教育弟子学无止境,切忌骄傲自满,放松懈怠。

英译文:

When Confucius was inspecting the ancestral temple of Duke Huan of Lu [r. 711-

694〕, there was a vessel that inclined to one side. Confucius questioned the temple caretaker about it: "What kind of vessel is this?" The caretaker replied: "I believe it is the warning vessel that sat on the right." Confucius said: "I have heard of such a warning vessel: if empty, it inclines; if half full, it is upright, and if completely full, it overturns." Turning to his disciples, he continued: "Pour some water in it." His disciples drew off some water and poured it into the vessel. When it was half filled, it became upright; when it was completely filled, it overturned; and when empty, it again inclined. Confucius sighed deeply and exclaimed: "Alas! How indeed could there be complete fullness and no overturning!"

——《大中华文库〈荀子〉》P927

译评:

　　本节的译文来自诺布洛克的译本(以下简称诺译)。总体而言,诺译不仅忠实、流畅,还比较好地再现了原文的风格,不失为一篇好的译文。例如,本节中提到了一种器物,原文中第一次提及的时候用的是"欹器",后面再次提及的时候用的是"宥坐之器"。本来指的是同一器物,但是名称叫法却不一样。在诺译中,为了以示区别,"欹器"和"宥坐之器"分别被翻译为"vessel"和"warning vessel",这是非常好的处理办法。尤其是"warning vessel",将"宥坐之器"警醒他人的功能完美地再现了出来。在何译中,"欹器"被翻译成"tilting vessel",这是非常形象的译法;但是"宥坐之器"被翻译为"the right-hand vessel",意为"君主放在座位右边来警戒自己的器皿",虽没有什么不妥,但是相比诺译,则要逊色许多。

107

第6章 《老子》中的水文化思想及其英译

6.1 老子及其《老子》简介

老子，姓李名耳，字聃，一字伯阳，或曰谥伯阳，春秋末期人，生卒年不详，籍贯也多有争议，《史记》等记载老子出生于楚国或陈国。老子是中国古代思想家、哲学家、文学家和史学家，道家学派创始人和主要代表人物，与庄子并称"老庄"，后被道教尊为始祖，称"太上老君"。在唐朝时，老子被追认为李姓始祖。他曾被列为世界文化名人，世界百位历史名人之一。老子曾担任周朝守藏室之史，以博学而闻名，孔子曾入周向他问礼。春秋末年，天下大乱，老子欲弃官归隐，遂骑青牛西行。到灵宝函谷关时，受关令尹喜之请著《道德经》。老子的思想对中国哲学发展具有深刻影响，其思想核心是朴素的辩证法。在政治上，主张无为而治、不言之教。在权术上，讲究物极必反之理。在修身方面，讲究虚心实腹、不与人争的修持，是道家性命双修的始祖。

老子的传世作品《道德经》一书又名《老子》《老子五千文》，学界现一般认定其编于战国中期，但存有老子本人的思想。《道德经》现存抄本比较多，最早的抄本为长沙马王堆汉墓出土的帛书《老子》，其中《德经》在前，《道经》在后。今本《道德经》共八十一章，前三十七章为《道经》，后四十四章为《德经》。全书的思想结构是：道是德的"体"，德是道的"用"。"道"是由人生论、社会论和政治论上升到本体论的高度概括，"德"则是道的显现、展开，以及在人生、社会和政治生活中具体的指导和应用，因此"道"和"德"是"体"与"用"之间的关系。《道德经》是目前全球文字出版发行量最大的著作之一。20世纪80年代，据联合国教科文组织统计，《道德经》是除《圣经》之外被译成外国文字发行量最多的文化著作。

6.2 《老子》中的水文化思想概述

  《老子》中蕴含着丰富的水文化思想，可以说水是老子文化思想中具有特殊意义和价值的重要标记，是老子喻道、阐道的重要载体。老子认为，水虽涓涓细流，但却能福泽万物、生发万物、成就万物，故水是最接近于道的。根据统计，《老子》全书共计五千余字，其中"水"字共计出现了 3 次，其他与水相关的字中，"江"和"海"字分别出现了 2 次，"雨"字出现了 1 次，"流"字出现了 1 次，但在这为数不多的与水有关的论述中，却蕴含了丰富的水文化思想。老子的水文化思想可以概括成以下四个方面：(1)以水喻"柔弱"与"刚强"之辩证关系。老子以水之柔韧而至强("天下莫柔弱于水，而攻坚强者莫之能胜，以其无以易之。")为喻，揭示了柔能胜刚、弱能胜强的道理，正如滴水可穿顽石，汇流可载巨舟。(2)以水喻"道"和"德"。老子以水喻"道"，"上善若水"，水善于滋润万物而不和万物相争，停留在大家所不愿处的地方，所以最接近于"道"。同时，老子还以"水德"喻人之"美德"，认为水有众多美德，"居善地，心善渊，与善仁，言善信，政善治，事善能，动善时"以及"不争"，世人应该学习水的这些美德。(3)以水之"善下"与"不争"之特性喻圣人治国之道。老子以"江海之所以能为百谷王者，以其善下之，故能为百谷王"(大江大海之所以能使百川之水归往，只是因为它不与物争，甘处下流)为喻，指出圣人必须首先谦卑待民，先民后己，不与民争利，这样才会得到百姓的拥护和支持。(4)以水之"下流"喻大国之"谦下包容"。水之"下流"代表谦虚之德，老子以"水向下流"来比喻大国应该谦下包容，不可自恃强大而凌越弱小，只有这样才能赢得小国的信服，国与国之间才能和睦相处。

  老子以水悟道，他所总结出的深刻哲理、人生智慧和治国之道深深地涵养了中国人的精神世界，为中华民族融汇了如水一般的性格底色，也为中华儿女乃至全人类，打开了一扇思考宇宙万物、追寻幸福生活的大门。老子超凡无穷的智慧，已然化作中华文化丰沃的土壤，涵养后世，利益众生。

6.3 《老子》在西方世界的英译史

作为道家思想的代表作，《老子》的对外译介与传播之旅很早就已经开始了，并取得了丰硕的成果。早在唐太宗时期，《老子》就经过玄奘翻译成梵文，传入印度；在唐玄宗时期，《老子》经过日本遣唐使名代的翻译，传入日本，据称目前可见的各种版本的日文版《老子》就多达 399 种。从 16 世纪开始，随着法国、意大利、比利时等国的传教士来到中国，《老子》一书传入欧洲，开始了在西方世界的译介之旅。根据王宏[①](2012)的统计，到目前为止，可查到的各种外文版的《老子》已有一千多种，是被译成外国文字发行量最多的文化名著，仅次于《圣经》。根据辛红娟、高圣兵[②](2008)的统计，在过去一个多世纪的时间里，《老子》成为被译介得最多的中国典籍，其发行量和翻译版次大大超过了同为中国典籍的《论语》，在英语世界的发行量仅次于《圣经》和《薄伽梵歌》。

在本节中，笔者无意去梳理《老子》在整个西方世界的译介与传播历史。鉴于本书的研究目的，本节将仅仅梳理《老子》在西方英语世界的译介史，并以此来管窥《老子》在西方英语世界的传播与接受情况。由于《老子》在西方英语世界的英译本数量如此之大[③]，本节将根据王宏(2012)和辛红娟、高圣兵(2008)等学者的研究资料，分时期对《老子》的英译情况做简要地梳理。

根据学者王宏(2012)的研究，《老子》在西方世界的英译史可划分为：近代(1868—1905 年)、现代(1905—1973 年)和当代(1973—至今)三个时期[④]。在近

---

① 王宏.《道德经》及其英译[J]. 东方翻译，2012(1)：55-61.

② 辛红娟，高圣兵. 追寻老子的踪迹——《道德经》英语译本的历时描述[J]. 南京农业大学学报(社会科学版)，2008(1)：79-84.

③ 根据社会科学院丁巍副研究员的统计，截至 2004 年已有《老子》英译本 182 种；也有学者统计后认为，《道德经》存世英译本有差不多 200 个版本。无论如何，面对数量如此庞大的《老子》英译本，要一一地予以梳理和介绍显然是不可行的，也是本节篇幅所不允许的。

④ 学者辛红娟、高圣兵(2008)则认为，《老子》在英语世界的行旅中出现过三次大的翻译高潮：第一次翻译高潮(1868—1905 年)，在这短短的三十多年里(37 年)，有 14 个英译本面世，可以说是《老子》英译的第一个黄金时期；第二次翻译高潮(1934—1963 年)，从 1934 至 1963 的近 30 年里，每隔一年都有一种新译本出版；第三次翻译高潮(1972—2004 年)，1973 年长沙马王堆汉墓出土帛书《老子》后，海外随之掀起老子研究热、东方文化研究热。

代(1868—1905 年)时期,共计产生了 14 个《老子》英译本。这一时期的《老子》英译与传播主要在英国,其中有 6 本在伦敦出版,其余译本几乎都在与英国相关的殖民地,其英译本无论在质量还是数量上,均占有绝对优势。1868 年,英国人约翰·查莫尔(John Chalmers)翻译了《老子玄学、政治与道德律之思辨》(*The Speculations on Metaphysics*, *Polity and Morality of "The Old Philosopher", Lau-tse*)一书,由伦敦图伯纳出版社出版,开启了《老子》的英译之先河。1884 年,英国人巴尔福(Frederick Henry Balfour)翻译了《道书》(*Taoist Texts*: *Ethical*, *Political*, *Speculative*),这也是《老子》较早的英译本。这一时期的《老子》英译本还有:理雅各(James Legge)的译本《道书》(*The Texts of Taoism*, 1891)、乔治·亚历山大(George G. Alexander)的译本《伟大的思想家老子及其关于自然与神灵显现思想之翻译》(*Lao-Tze*, *the Great Thinker*: *With a Translation of His Thoughts on the Nature and Manifestations of God*, 1895)、保罗·卡鲁斯(Paul Carus)与铃木大拙(D. T. Suzuki)合译的《道与德的经典:中英对照本老子〈道德经〉》(*The Canon of Reason and Virtue*: *Lao-Tze's Tao Teh King*, 1898)、海星格(L. W. Heysinger)的英译本《中国之光:〈道德经〉》(1903),老沃尔特·高尔恩(Walter Gorm Old)的英译本《老童纯道》(*The Simple Way Laotze*: *The Old Boy*, 1904)、麦独斯特(C. Spurgeon Medhurst)的英译本《道德经:比较宗教浅析》(*Tao Teh King*, *A Short Study in Comparative Religion*, 1905)、翟林奈(Lionel Giles)编译的《老子语录》(*The Sayings of Lao Tzu*, 1905)等。

在现代(1905—1973 年)时期,大概有 30 本《老子》英译本出版,这一时期的《老子》英译与传播主要在美国。随着美国国力的增强,美国成了翻译和研究《老子》的重镇,约有 15 本《老子》英译本在美国出版,其中有密尔斯(Isabella Mears)的《道德经》(*Tao Teh King*, 1916)、亚瑟·韦利(Arthur Waley)的《道与德:〈道德经〉及其在中国思想中的地位研究》(*The Way and Its Power*: *A Study of the Tao Te Ching and Its Place in Chinese Thought*, 1934)、宾纳(Witter Bynner)的《老子论生命之道》(*The Way of Life*, *According to Laotzu*, 1944)、霍姆斯·韦尔奇(Holmes H. Welch)的《道之分离:老子和道教运动》(*The Parting of the Way*: *Lao Tzu and the Taoist Movement*, 1957)、巴默(Archie J. Bahm)的《老子〈道德经〉:自然与才智》(*Tao Teh King by Lao Tzu*, *Interpreted as Nature and Intelligence*, 1958)等。

在这一时期，中国译者和华裔汉学家也加入了《老子》英译的行列。例如，胡泽龄(Hu Tse-ling)翻译的《老子道德经》(*Lao Tsu Tao Teh Ching*)于 1936 年在成都出版，这是中国学者的第一个《道德经》英译本。此外，还有初大告(Chu Ta-kao)的《道德经》(*Tao Te Ching*)(1937)、吴经熊(John C. H. Wu)的《老子〈道德经〉》(*Lao Tzu's the Tao and Its Virtue*，1939)、林语堂(Lin Yutang)的《老子的智慧》(*The Wisdom of Laotse*，1948)、刘殿爵(D. C. Lau)的《老子：〈道德经〉》(*Lao Tzu：Tao Te Ching*，1963)、陈荣捷(Wing-tsit Chan)的《老子之道》(*The Way of Lao Tzu*，1963)、冯家福(Gia-fu Feng)和英格里希(Jane English)合译的《老子〈道德经〉新译》(*Lao Tzu：Tao De Ching*，*A New Translation*，1972)等。

在当代(1973[①]—至今)，有 100 多部《老子》英译本问世。特别是从 20 世纪 90 年代开始，每年至少有一部译作产生。不同领域的译者，选取不同视角去发掘原文博大精深的内涵；来自不同层次的读者被《道德经》所吸引，也从中寻找各自所需。根据学者陈国华和轩治峰[②](2002)的研究和统计，自帛书本和竹简本《道德经》问世之后，译者在版本的选择上有三种做法：第一种做法是不考虑帛书本和竹简本，仍以世传本作为源本，如林振述(Paul J. Lin)(1977)、Heet al (1985)、Mitchell (1989)、Wu (1989)、Duyvendak (1992)、Kwoket al (1997)、Wing (1997)、Carus (1999)、Freke (1999)以及 Hinton(2000)；第二种做法是以世传本作为源本，参考帛书本和竹简本，如 La Fargue (1992)、Addiss & Lombardo (1993)、王柯平(Wang，1998)、Le Guin & Seaton (1997)、Roberts (2001)以及辜正坤(2006)。值得指出的是，辜译是基于 1995 年出版的诗体译本《老子道德经》的修改本，以河上公本《老子道德经》为底本，并参考了王弼《老子注》、陈鼓应《老子注释及详介》等 117 个不同的研究版本。第三种做法是以帛书本作为源本，参考世传本和竹简本，如陈鼓应(Chen Guying)注、杨有维(Rhett

---

① 1973 年，长沙马王堆汉墓出土了帛书《老子》，成为《老子》英译史上具有重要意义的事件，因此王宏将 1973 年作为第三个时期的开始。1993 年，湖北荆州郭店楚墓又出土了竹简《老子》，1998 年正式公布于世。至此，世界上出现了世传本、帛书本、竹简本《老子》三个版本，使《老子》的翻译出现译本纷呈、争奇斗艳的局面，极大地促进了《老子》在英语世界的传播。

② 陈国华，轩治峰.《老子》的版本与英译[J]. 外语教学与研究，2002(6)：464-470，480.

Y. W. Young)、安乐哲(Roger Thomas Ames)编译的《老子今注今译及评介》(*Laozi*: *Text*, *Notes*, *and Comments*, 1977)、陈艾伦(Chen Ellen Marie)的《道德经：新译及评注》(*The Tao Te Ching*: *A New Translation with Commentary*, 1989)、韩禄伯(Robert G. Henricks)译《老子〈德道经〉：新出马王堆本注译与评论》(*Lao-tzu Te-tao ching*: *A New Translation Based on the Recently Discovered Ma-wang-tui Texts*, *Translated*, *with introduction and commentary*, 1989)、梅维恒(Victor H. Mair)译《〈道德经〉：德与道之经典》(*Tao Te Ching*: *The Classic Book of Integrity and the Way*, 1990)以及汪榕培和普芬博格(Puffenberger)合译的《老子》(*Laotse*, 1991)。其中，韩禄伯译《老子〈德道经〉》是近年来《道德经》英译本的力作，韩译本从1989年到1993年在美国和其它欧洲国家重印了7次，成为其他汉学家进行翻译的基本参考版本。

综上所述，自1868年以来，《老子》在西方英语世界的译介与传播已有一百五十多年的历史了。在这期间，产生了数量庞大的英译本，远超其他任何中文典籍，甚至是儒家经典《论语》和兵家经典《孙子》都完全不可比拟。这充分说明了《老子》在西方英语世界的接受程度和重要影响。

本章所引用的《老子》英译文主要来自入选《大中华文库》的英国汉学家韦利的译本(以下简称韦译)，译评中也借鉴和对比了著名华裔汉学家冯家福和英格里希的译本(以下简称冯译)。

6.4 《老子》中的水文化思想阐释、英译与译评

6.4.1 以"水"喻"柔弱"与"刚强"之辩证关系

原文：

> 天下莫柔弱于水，而攻坚强者莫之能胜，以其无以易之。柔之胜刚，弱之胜强，天下莫不知，而莫能行。
>
> ——《老子·第七十八章》

今译文：

天下没有比水更柔弱的，但攻坚克强却没有什么能胜过它，因为没有什么可以真正改变得了它。柔能胜过刚，弱能胜过强，天下没有人不知道，但又没有人能实行。

阐释：

水是自然界中最常见的物质之一，同时水也是集合诸多特质于一身的东西，其中便有"柔弱"与"刚强"的品质。因此，老子以水来阐述"柔弱"与"刚强"之间的辩证关系。水作为柔弱的象征贯穿于老子思想的整个过程中，备受老子称道。老子说，天下万物没有比水更柔弱的了。水放在圆的器具里它就圆，放在方的器具里它就方；用泥土一堵它就不流了，挖个缺口它就流出来。试想，世间万物还有比水更柔弱的东西吗？没有。然而，攻击坚强的东西，却没有能胜过水的。就是这柔弱的水，一旦发起威来，无坚不摧，攻无不克，一样可以惊天地，泣鬼神，震撼人心。例如，历史上黄河决口，滔滔滚滚的洪流，一泻千里，遇之者亡，阻之者毁，天地为之变色。又如，海啸发生时，几十米高的巨浪凌空劈来，呼啸而过，席卷一切，在它面前，万吨巨轮只如浪峰上的一艘小船，顷刻撕裂，葬身海底。俗语说，水滴而石穿，激水漂石，这些例子都在表明：柔弱至极的水具有极其强大的力量。在无坚不摧的东西里，没有任何东西可以取代它。

"柔之胜刚，弱之胜强，天下莫不知，莫能行。"老子说，天下人都已清醒地认识到了柔能胜刚，弱能胜强的道理，但却不去实践它，这是为什么呢？这是因为在弱肉强食的社会里，人们从小就被灌输进一种思想，那就是要争先、争强，决不能软弱，因为软弱就会被鲸吞。在这种思想的驱使下，人们变得争强好胜，然而越是争强越不可能强，反而真正的强者是不争，就如同水，甘居下位、温顺无比，却是最有力量的。

老子以水来阐述"柔弱"与"刚强"之辩证关系，揭示了柔胜强、至柔而至强的规律，包含了深刻的辩证思想，给人以智慧的启迪。

英译文：

Nothing under heaven is softer or more yielding than water; but when it attacks things hard and resistant there is not one of them that can prevail. For they can find no way of altering it. That the yielding conquers the resistant and the soft conquers the hard is a fact known by all men, yet utilized by none.

——《大中华文库〈老子〉》P159

译评：

"水"在老子的《道德经》中多次出现，作为柔弱、坚韧的象征贯穿于老子思想的整个过程中。老子说天下万物没有比水更柔弱的，但水同样也是最坚强的。本段节选的部分则最好地体现了老子"柔之胜刚"观点。

本节的英译文来自入选了《大中华文库》的韦利译本（以下简称韦译）。总体而言，韦译忠实于原文，选词准确，前后一致，译文流畅，不失为好的译文。例如，第一句的"天下莫柔弱于水，而攻坚强者莫之能胜，以其无以易之。"在译文中我们需要关注的是一对形容词"柔弱"和"坚强"。译者韦利（Arthur Waley）使用"soft and yielding"和"hard and resistant"，此处译文增加并强调了"水"作为意象代表的柔软、甘居下位却又坚韧、顺势而为的特性，堪称翻译意义对等的经典。著名华裔汉学家冯家福（Gia-Fu Feng）和英格里希（Jane English）翻译的《道德经》版本中，使用了相同的表达。接下来，需要注意的是"以其无以易之"中"易"的翻译处理。"易"在此处意为"更替，变易"。因此，在韦译中"无以易之"被翻译成"find no way of altering it"，忠实地传达了原文的意思。

但是，韦译也有值得商榷的地方和改进的余地。例如，第二句"柔之胜刚，弱之胜强，天下莫不知，而莫能行"中的"柔""弱"和"刚""强"译者保留了上句中的翻译表达，做到了翻译表达的统一。值得商榷的是本句的句式处理上，原文是两个对偶结构，形成了一种句式结构上的对应或对照关系，这种"正言若反"的论述是《老子》全篇那些相反相成的观点的高度概括，如"大智若愚，大辩若讷"等，这种正面和反面是矛盾的统一体，也体现了老子的哲学思辨。而韦译将其做了变通处理，将前半句"柔之胜刚，弱之胜强"处理成了两个动宾结构短语并做了该句的主语，"That the yielding conquers the resistant and the soft conquers the hard"；后半句处理成了一个表语结构（包含两个后置定语），"a fact known by all men, yet utilized by none"，意为"所有人都明白，但却没人做得到的事实"。

韦译这样处理看似简洁，实则弱化了原文的句法修辞特色。因此，笔者建议此处的译文不宜进行句式上的调整，应该与原文在句式上保持一致。同时，韦利在本句的翻译中淡化或者模糊化处理了"天下"这个重要的概念。在此处，"天下"并非一个政治概念，而是一个自然或者神化的概念。老子所处的年代，很多自然现象人们无法正确地给出解释，而往往以神化的力量进行曲解。如洪水，人们视之为猛兽，认为有一位水神进行管控，因此水时而温柔、时而汹涌，它的力量是难以估量的，所以老子说"攻坚强者莫之能胜"绝非夸张。因此，在进行翻译时应该凸显"Under Heaven"这种自然伟力的意义。鉴于以上两点，笔者认为，冯家福和英格里希的译文无论在句式上还是在意义上，都较好地与原文保持了一致："The weak can overcome the strong; the supple can overcome the stiff. Under the heavens everyone knows it, yet no one puts it into practice."

6.4.2 以"水"喻"道"和"德"

原文：

> 上善若水。水善利万物而不争，处众人之所恶，故几于道。居善地，心善渊，与善仁，言善信，政善治，事善能，动善时。夫唯不争，故无尤。
>
> ——《老子·八章》P16

今译文：

最善的人好像水一样。水善于滋润万物而不和万物相争，停留在大家所不愿处的地方，所以最接近于"道"。居处善于选择地方，心胸善于保持沉静，待人善于真诚相爱，说话善于遵守信用，为政善于精简处理，处事善于发挥所长，行动善于掌握时机。只因为有不争的美德，所以没有过错。

阐释：

老子所崇尚的"道"是形而上的、抽象的，是不可言说的，为了让人们理解什么是道，他用水来比喻道。老子认为，人生最高的善像水一样，滋养万物而不争，水总是停留在众人不愿去的低洼之地，因此水最接近于"道"。水没有固定的形体，随着外界的变化而变化；它没有固定的色彩，"染于苍则苍，染于黄则黄"；它没有固定的居所，沿着外界的地形而流动；它最大的特性就是多变，或为潺潺清泉，或为飞泻激流，或为奔腾江河，或为汪洋大海；它川流不息，却没有穷竭之时。这不就是老子在前面几章中描绘的道的特质吗？

与孔子"以水比德"一样（孔子以水为比德的载体，描绘了理想中的君子所应该具备的九种品德），老子也以用水来喻"德"，并列举出七个"善"字，引出"善人"应具备的几种品德。居善地：即处于适当的位置，它不一定是最好、最高的位置，还可能是别人最厌恶的地方。我们常常说在社会中最重要的是找准自己的位置，如上学时选择专业，出来后找工作。有时我们太过看重外界的评价，太过注重虚荣，而换来换去，殊不知适合自己的才是最重要的，即使在别人看来，它很低下。心善渊：人的心要像深潭一样平静而深远，即要有涵养，能包容，不浅薄，不狭隘。有宽广的胸怀才能包容不同的人和事，才能更好地融入社会当中。与善仁：与别人交往要怀有仁爱之心，像水一样善利万物，默默无闻，不求回报，以不争之心而争。言善信：水客观地映照天地万物，人也应像水一样，恪守信用，直行危言。政善治、事善能：治民皆应顺应大道，无为而治；行事应该效仿水，遵从潮流，圆润而不僵化。动善时：水总是依规律应时而动，人亦当如此，遵规应时，顺势而为。最后的结论是：为人处世的要旨，即为"不争"。也就是说，宁处别人之所恶也不去与人争利，所以别人也没有什么怨尤。

总之，老子以"水德"喻人之"美德"。他认为，人应该具有如水一般的最完善的品德。这样的人，愿意到别人不愿意到的地方去，愿意做别人不愿意做的事情。他们具有骆驼般的精神和大海般的肚量，能够做到忍辱负重、宽宏大量。他们具有慈爱的精神，能够尽其所能去帮助、救济人，甚至还包括他们所谓的"恶人"。他们不和别人争夺功名利益，是"善利万物而不争"的王者。

英译文：

The highest good is like that of water. The goodness of water is that it benefits the ten thousand creatures; yet itself does not scramble, but is content with the places that all men disdain. It is this that makes water so near to the Way.

And if men think the ground the best place for building a house upon,

117

If among thoughts they value those that are profound,

If in friendship they value gentleness,

In words, truth; in government, good order;

In deeds, effectiveness; in actions, timeliness

In each case it is because they prefer what does not lead to strife,

And therefore does not go amiss.

——《大中华文库〈老子〉》P17

译评：

　　本节是老子水文化思想的核心之所在，"上善若水。水善利万物而不争，处众人之所恶，故几于道。"老子认为最高的"善"就像水一样，水善于滋润万物而不和万物相争，停留在大家所不愿处的地方。因此，在老子看来，水是最接近于"道"的。本节的译文来自入选了《大中华文库》的韦利译本（以下简称韦译）。译文总体上较为忠实、流畅和通顺，较好地再现了原文的内涵。但是，也存在着一些问题，例如对"善"字的翻译处理。"善"是《老子》中的一个核心词汇，在《老子》全文中先后出现了 52 次之多，而仅在本节中就出现了 9 次。虽为同一个词，但是词性和用法却有所不同，其中"上善若水"中的"善"用作名称，"上善"意思是"最高的善"，被翻译成"the highest good"是比较贴切的，绝大多数译本采用这一译法，在其他的译本中也有翻译成"the highest goodness"（如 R. B. Blakney），"supreme good"（如 Stefan Stenudd），"true goodness"（如 Ursula K. Le Guin）等。本节中其余的"善"均用作动词，意思是"善于"（be good at）。例如，"水善利万物而不争"的意思是说，水善于滋润万物而不和万物相争，本句的主语是"water"而不是韦利所翻译的"the goodness of water"。因此，本句建议改译成"Water is good at benefiting the ten thousand things and yet it does not compete with them."

　　除此之外，韦利在翻译处理"居善地，心善渊，与善仁，言善信，政善治，事善能，动善时"时也存在着一些问题。首先，从原文形式上看，这是一组排比句，非常工整，而韦利的翻译将其分成了两组，前一组用了三个"If..."排比结构，后一组用了三个"In..."排比结构，与原文形式保持了大概一致，但是这还是不够完美。其次，从译文的忠实度来看，韦利的译文还是值得商榷。例如，"居善地，心善渊，与善仁"被翻译成三个"If"条件句，"And if men think the ground the best place for building a house upon, If among thoughts they value those that are profound, If in friendship they value gentleness,"其中第一个"If"分句句法上不够完整，只有条件从句，没有主句，因此建议改译成"And if in dwelling, men think the ground the best place for building a house upon"。意义上，这几句看似在描写"水德"，实则喻指人应该具备的"美德"，所以韦利将这里的主语都改成了"men"和"they"，可以说韦利的译文较好地传达了原文的内涵。

最后，从形式和意义上来看，冯译的译文似乎更好一点："In dwelling, be close to the land. In meditation, go deep in the heart. In dealing with others, be gentle and kind. In speech, be true. In ruling, be just. In daily life, be competent. In action, be aware of the time and the season."

6.4.3 以水之"善下"与"不争"喻圣人治国之道

原文：

> 江海之所以能为百谷王者，以其善下之，故能为百谷王。是以圣人欲上民，必以言下之；欲先民，必以身后之。是以圣人处上而民不重，处前而民不害。是以天下乐推而不厌。以其不争，故天下莫能与之争。
>
> ——《老子·第六十六章》

今译文：

江海所以能成为许多河流汇往的地方，因为它善于处在低下的地位，所以能成为许多河流所汇往的地方。所以"圣人"要成为人民的领导，必须心口一致地对他们谦下；要作为人民的表率，必须把自己的利益放在人民的后面。所以"圣人"居于上位而人民不感到负累；居于前面而人民不感到受害。所以天下人民乐于推戴而不厌弃。因为他不跟人争，所以天下没有人能和他争。

阐释：

在本节中，老子以水之"善下"与"不争"的特性，来比喻圣人的治国之道。

老子以"大江大海之所以能使百川之水归往，只是因为它不与物争，甘处下流"为喻，指出圣人必须首先谦卑待民，先民后己，不与民争利，这样一定会得到人们的拥护和支持。具体而言，本章包含以下四层含义：

第一层，"江海之所以能为百谷王者，以其善下之，故能为百谷王。"这里的"谷"意为"溪谷"，指两山之间的流水之道，"下"意为"处下"，"百谷王"指"天下众多河流聚之归之之意"。本句的意思是，江海能够使天下众多河流聚之归之，是因为它谦卑处下，具有包容之德，所以能成为百谷之王。这里老子用"江海处下包容、百川骤之归之"之理，比喻圣人治国之道。圣人深明此道，故以愚示人，以谦卑处下治国。圣人从来不自是，不自见，不自大，不自私，不争胜于人，玄德深矣。

第二层，"是以圣人欲上民，必以言下之；欲先民，必以身后之"。这里的"上民"意为"引领人们"，"先民"意为"于民先，在人们的前头"。本句的意思是，圣人要效法江海，要引领人们。在表达愿望的时候，一定是如同江海那样处下而不争；当立于人们的前头时，一定是把自己的利益放在后面。天下之事，不曲则不全，不枉则不直，不洼则不盈，不弊则不新，不下则不上。圣人深明此理，所以"欲上民，必以言下之；欲先民，必以身后之"。圣人尊道而为，如天似地，根本没有私欲，更不计较个人得失；在引领人们，表达自己的思想和愿望的时候，总是以谦卑的态度，处下的方式，和人们交流，与人们交往。圣人因为没有私欲，不计较个人得失，在利益面前，总是恐前争后，以自己的行为感化和影响人们。这就是圣人引领人们在"言"和"行"上的表现。

第三层，"是以圣人处上而民不重，处前而民不害。以天下乐推而不厌。"本句的意思是，因此"圣人"虚静恬淡，不重形名，处在引领人们的地位上，人们没有感到任何压力；站立于人们的前面，人们也不担心，不害怕受到伤害。这是圣人在引领人们时，由其言其行反映在被引领人们身上的结果。圣人虽然在上面引领，但人们一点没有感觉到有任何压力，一点没有受到任何伤害。因此，天下都愿意推举这样的人作为领路人。

第四层，"以其不争，故天下莫能与之争。"本句的意思是，因为圣人不争，所以天下没有人和他相争。这里是说根本原因：因圣人如同江海那样，言谦卑，行处下，利不争，所以天下不仅没有人与之相争，还推举他为"百谷王"，为领路人。

英译文：

How did the great rivers and seas get their kingship over the hundred lesser streams?

Through the merit of being lower than they; that was how they got their kingship.

Therefore the Sage

In order to be above the people

Must speak as though he were lower than the people.

In order to guide them

He must put himself behind them.

Only thus can the Sage be on top and the people not be crushed by his weight.

Only thus can he guide, and the people not be led into harm.

Indeed in this way everything under heaven will be glad to be pushed by him and will not find his guidance irksome. This he does by not striving; and because he does not strive, none can contend with him.

——《大中华文库〈老子〉》P135

译评：

"不争"是中国古代哲学术语，在不同的思想学派中有不同的含义。老子将其视为一种天道自然准则，据统计，"不争"在《老子》中共出现了8次，分布在7章之中。其中，老子以水比德，告诫人们特别是统治者学习水的特质，即甘居下位，不与民争利。在当时生产力低下的社会里，想要生存就必须争强，不能够软弱。在这种争先恐后思想的驱使下，个人和国家都变得争强好胜。然而老子却认为，真正的强者是不争的，这种不争显然是值得褒奖的行为，就如同水一样甘居人下，温顺却有力量。

本节的译文来自入选了《大中华文库》的韦利译本(以下简称韦译)，译文总体上较为忠实、流畅和通顺，但是也有值得商榷之处。在韦译中，译者将"上""下"表示空间的方位词译成了 above 和 lower than，简洁准确。但是，"欲先民，必以身后之"中的"后"被简单地译为 put himself behind，这是值得商榷的。在古代汉语中，"先"与"后"都有多重词性，其一作形容词表示次序或时间的先后；其二作动词表示走在前或者后；其三作名词表示先导或者后生。在这个语境中，应作动词使用。而且，此处的"后"不仅仅指走在后面，更暗指将自己的利益置于人民之后，这才是"以身后之"的真正含义。因此，笔者建议"必以身后之"可以改译成：He must put his own benefit behind the people's.

相比之下，冯家福和英格里希的译本存在着更大的问题。在冯译中，"欲先民，必以身后之"被译成："If he would lead them, he must follow behind."首先，译文表达的意义有明显的矛盾，既然要"带领"（lead）人民，为何又要跟在后面（follow behind）？其次，译文中"follow behind"缺少宾语，跟在谁的后面并不明确，而且语法上也行不通。

6.4.4 以水之"下流"喻大国之"谦下包容"

原文：

> 大邦者下流，天下之牝，天下之交也。牝常以静胜牡，以静为下。故大邦以下小邦，则取小邦；小邦以下大邦，则取大邦。故或下以取，或下而取。大邦不过欲兼畜人，小邦不过欲人事人。夫两者各得所欲，大者宜为下。

> ——《老子·第六十一章》

今译文：

大国要像居于江河的下流，处在天下雌柔的位置，是天下交汇的地方。雌柔常以静定而胜过雄强，因为静定而又能处下的缘故。所以大国对小国谦下，就可以汇聚小国；小国对大国谦下，就可以见容（于大国）。所以有时（大国）谦下以汇聚（小国），有时（小国）谦下而见容于大国。大国不过要聚养小国，小国不过要求见容于大国。这样大国小国都可以达到愿望。大国尤其应该谦下。

阐释：

如果说老子《道德经》第六十六篇中的"善下"强调的是如何处理人际关系和

君臣关系，那本篇则是老子针对当时土地兼并、诸侯争霸问题状况下就如何处理国家与国家，尤其是大国与小国之间关系给出的政治主张。老子在本篇中再次以水为喻，提出大国就应该像江海一样谦下，天下才能像涓涓细流一样汇集、交归。同时大国还应该表现得如娴静的雌性（雌性同样也是水之特性），以静自处下位而胜雄性，而不可恃强凌弱，欺压凌辱小国。

春秋末期，诸侯国到处林立，大国争霸，小国自保，战争接连不断地发生，给人们的生活带来极大灾难。老子感于当时各国诸侯以力相尚，妄动干戈，因而他以水之"下流"为喻，呼吁国与国之间（即大大小小的诸侯国），当谦虚并容，特别是大国，要谦让包容，这样才能赢得小国的信服。

"大邦者下流"，这里的"下流"并非现在常见的"卑鄙龌龊"之意，而是指"河流的下游"。水之"下流"代表谦虚之德，像水一样向下流。俗话说："人向高处走，水向低处流。"流水流到最低处时就是海，"下流"是形容像大海一样，包容万象，包容一切；因为天下一切的细流，清、浊、好、坏都归到大海为止。一个真正泱泱大国的风度，要像大海一样，接受一切，容纳一切，善恶是非都能够融化。

"天下之交"，是指大海，因为它能够谦下，所以变成全天下的细流都交汇到那里。"天下之牝"，"牝（pìn）"是指母性，"牡"是指男性。"天下之牝，常以静胜牡"，母性的东西都比较慈祥，比较安静；因为它安静柔弱，就能战胜刚强，安静克服了一切的动乱。所以，"牝常以静胜牡，以静为下"，静态的东西能克服了一切动态的困难，这是静态的伟大，也就是老子讲的"阴"，属于冷静、暗的、清静的。

因此，在老子看来，国与国之间能否和平相处，关键在于大国，大国要谦下包容，不可以强大而凌辱、欺压、侵略小国。大国应该像江海，谦居下流，天下才能交归。大国还应像娴静的雌性，以静自处下位，而胜雄性。老子针对当时兼并战争带来的痛苦，讲到如何处理好大国与小国之间的关系，表达了老子治国和国与国关系的政治主张。

英译文：

A large kingdom must be like the low ground towards which all streams flow down.

It must be a point towards which all things under heaven converge. Its part must be that of the female in its dealings with all things under heaven.

The female by quiescence conquers the male; by quiescence gets underneath. If a large kingdom can in the same way succeed in getting underneath a small kingdom then it will win the adherence of the small kingdom; and it is because small kingdoms are by nature in this way underneath large kingdoms that they win the adherence of large kingdoms. The one must get underneath in order to do it; the other is underneath and therefore does it. (What large countries really need is more inhabitants; and what small countries need is some place where their surplus inhabitants can go and get employment.) Thus each gets what it needs. That is why I say the large kingdom must "get underneath".

——《大中华文库〈老子〉》P125

译评：

本节的译文来自入选了《大中华文库》的韦利译本（以下简称韦译）。译文总体上较忠实、流畅和通顺，较好地再现了原文的内涵，但是仍然有值得商榷的地方。韦译中第一个值得商榷之处是对"下"这个概念的翻译处理。本篇中"下"字出现了 7 次，其中值得讨论和商榷的是"以静为下"，译者翻译成 by quiescence gets underneath，其中 quiescence 一般意为"静态和不活动"，此处老子以一个因果关系说明牝（雌性）常能以静胜牡（雄性），是因为能静处其下的原因，在翻译时宜强调这个因果关系。

韦译中另外一个值得商榷的地方同样也是译者对"下"概念的翻译。在本节的后半部分，老子提到"故或下以取，或下而取……大者宜为下"。韦译同样使用了与前面相同的方位词 underneath，实则曲解了老子的本意。原文中的"宜为下"并非居其下位的意思，而是谦下，甘居人后的引申意义。在老子看来，国家与国家之间能否和平相处，关键在于大国，因此一再提出大国需要像流水谦居下流一样谦让小国。所以，韦译中的"get underneath"不符合原意，宜改为 yield。

第7章 《庄子》中的水文化思想及其英译

7.1 庄子及其《庄子》简介

庄子(约公元前369—约前286年),姓庄,名周,字子休(亦说子沐),战国时期宋国蒙邑人(今河南商丘东北)。战国中期思想家、哲学家、文学家、道家学派代表人物,与老子并称"老庄"。庄子出身贫寒,早年做过蒙地漆园的小吏(其实也就是看树林子的人),史称"漆园傲吏",被誉为地方官吏之楷模。他此后终身不仕,多次放弃了做官的机会,楚威王曾欲以千金聘其为相,他也不肯接受。庄子后来隐居于穷街僻巷,以编织草鞋为生,一生贫困,甚至靠借贷度日。在他一生大部分的日子里,都跟社会下层的农夫、渔夫、樵夫、隐者甚至残疾人相处在一起,经常穿着破衣服,由于营养不良而形容枯槁。然而,他安贫乐道,周游列国,在贫苦的生活中寻求精神解脱,执教乡里,著书立说,撰有《庄子》一书流传于世。周赧王二十九年(公元前286年),庄子因病辞世,享年八十四岁。庄子一生逍遥自在,早已将生死置之度外。据称,庄子将死时,弟子欲厚葬之,庄子表示反对。他在病床上说:"吾以天地为棺椁,以日月为连璧,星辰为珠玑,万物为赍送。吾葬具岂不备邪?何以加此!"弟子们说:"吾恐乌鸢之食夫子也。"庄子曰:"在上为乌鸢食,在下为蝼蚁食,夺彼与此,何其偏也。"①(《庄子·列御寇》)

---

① 在庄子病危的时候,弟子们商量办后事,都主张葬仪规格要高。庄子在病床上说:"天地做我的棺椁,日月做我的双璧,星星做我的珍珠,万物做我的殉葬品。超级葬仪早就给我准备好了,何必你们操办。"弟子们说:"恐怕秃鹫和乌鸦啄食老师哟。"庄子说:"天葬给秃鹫和乌鸦吃,土葬给蝼蛄和白蚁吃。从鸟嘴夺食喂虫,岂不多事!"

《庄子》是庄子及其后学所著道家学说汇总。到了汉代以后，尊庄子为南华真人，因此《庄子》亦称《南华经》。其书与《老子》《周易》合称"三玄"。《庄子》一书主要反映了庄子的批判哲学、艺术、美学、审美观等。其内容丰富，博大精深，涉及哲学、人生、政治、社会、艺术、宇宙生成论等诸多方面。现存的《庄子》共计 33 章，分为内篇、外篇和杂篇三个部分，其中内篇 7 章、外篇 15 章、杂篇 11 章。内篇各章的标题都有所取义，而外篇和杂篇则以各章前面的两个或三个字作标题。一般认为内篇为庄子本人所著，外篇多出自庄门弟子之手，杂篇既有庄门后学的作品，又有别家作品杂糅在内，因为全书的观点、风格、语言等方面确实明显地存在着程度不同的差异和矛盾。也有人认为《庄子》应属庄子之作，不能因为文章质量参差不齐、思想纷杂、风格各异来否定外篇、杂篇是庄子的作品。连最早记载《庄子》一书情况的司马迁也认为外篇、杂篇之中的《渔父》《盗跖》等章出自庄子之手。《庄子》一书各章的真伪问题至今没有定论，其实，先秦著作多为集体加工而成，既然《庄子》一书体现了庄子的基本思想，足以反映道家学说的要旨，不妨碍作为研究庄子和庄子学派的重要的直接史料，所以繁琐的考证并没有多少实际意义。

庄子的思想体系博大精深，但是概括起来，可以包括"以道为本""万物齐一""自然无为""逍遥而游"四个方面。首先，以道为本。庄子继承了老子的观点，把"道"作为世界的本源。老子是第一个把"道"作为世界本源的中国思想家[①]，庄子进一步发挥了老子的思想，认为"夫道，有情有信，无为无形；可传而不可受，可得而不可见；自本自根，未有天地，自古以固存；神鬼神帝，生天地；在太极之先而不为高，在六极之下而不为深，先天地生而不为久，长于上古而不为老"。(《庄子·大宗师》)在庄子看来，道是实际存在的，道存在于自身之中，道产生了天地万物，道是永存的。同时，庄子还认为"道"是宇宙发展变化的法则和规律，是人的最高认识。

其次，万物齐一。庄子认为，在大千世界中，万物表面上具有千差万别，实

---

① 老子认为，"道生一，一生二，二生三，三生万物"(《老子》第四十二章)；同时，他又提出"有物混成，先天地生；寂兮寥兮，独立而不改，周行而不殆，可以为天下母；吾不知其名，字之曰道"(《老子》第二十五章)。

质上却并无区别,"以道观之,何贵何贱""以道观之,物无贵贱"。同时,他又认为,人的言论和观点看起来似乎是千差万别的,但是既然世界上的万物在实质上并无区别,"是亦一无穷,非亦一无穷"(《庄子·齐物论》),那么一切是非之争也是毫无意义的,只不过是从各自的立场出发,抱有私心的结果,"今且有言于此,不知其与是类乎?其与是不类乎?类与不类,相与为类,则与彼无以异矣。"(《庄子·齐物论》)庄子认为,只有以万物齐一的自然法则来看待事物,才能达到是非不争,天人合一的真人境界。

第三,自然无为。庄子发展了老子的"以辅万物之自然而不敢为"(《老子》第六十四章)的思想,以自然无为作为最高的宗旨。他认为,"天无为以之清,地无为以之宁,故两无为相合,万物皆化生"(《庄子·至乐》),因为自然状态是最为完美的,对自然的任何雕琢都是对它的破坏。庄子认为,"天"是在人类出现以前或未受人类文明干预的自然状态,天命已经安排好了一切,人的努力都是无效的。因此,庄子主张摆脱世俗的束缚,精神充实地尽情享受自然世界的美。庄子自己也在亲身践行这一原则,他终身不仕,安贫乐道,顺应自然本性地走完了他的人生道路。正是这种自然无为的处世哲学,使庄子进入了逍遥而游的精神世界。

第四,逍遥而游。庄子是中国最早提出个人自由的哲学家,他所讲的自由主要是个人的自由,但也涉及了人类的自由和生物的自由。他向往自由自在的生活,希望达到逍遥而游的境界。"若夫乘天地之正,而御六气之辩,以游无穷者,彼且恶乎待哉!"(《庄子·逍遥游》)他所主张的"逍遥"不仅具有"无拘无束,放浪形骸"的意思,而且具有"寻求解脱,获得精神自由"的意思。"今子有大树,患其无用,何不树之于无何有之乡,广莫之野,彷徨乎无为其侧,逍遥乎寝卧其下。"(《庄子·逍遥游》)"逍遥于天地之间而心意自得。"(《庄子·让王》)从而达到"天地与我并生,万物与我为一"(《庄子·齐物论》)的最高精神境界,把自己与自然合成一体。

7.2 《庄子》中的水文化思想概述

与老子一样,庄子也喜欢从水中感悟和阐述"道"的神奇与微妙,他经常以水为载体编织一些参差诡异的寓言故事，来生动形象地阐释"道"的真谛。根据统计，《庄子》全书共计七万余字，其中"水"字共计出现了 77 次，其他与水相关的字中，"海"字分别出现了 54 次，"渊"字出现了 37 次，"流"字出现了 31 次，"江"字出现了 22 次，"雨"字出现了 11 次，"泉"字出现了 8 次，"湖"字出现了 7 次，等等。在这为数众多的与水有关的论述中，蕴含了丰富的水文化思想。概括起来，《庄子》的水文化思想包含以下七个方面：(1)以"水"喻"君子之交"。庄子认为，君子之间的交情像水一样清淡，虽然清淡但是亲近；而小人之间的交情却甘饴如甜酒一样，虽然甘饴但容易断绝。(2)以"海"喻"道之渊深与博大"。庄子虚构河神"河伯"与海神"海若"之间的对话，通过对比水流宽阔（"泾流之大，两涘渚崖之间，不辨牛马"）的黄河与无边无际（"不见水端"）的北海，庄子用大海的浩瀚无垠来比喻其所推崇的洋洋大观的道，让人们感受到道的渊深与博大。(3)以"江湖"喻"大道"。庄子用小水洼中鱼与鱼之间以湿气、唾沫相互滋润（"相呴以湿，相濡以沫"）比喻仁义，而以江湖比喻大道；进而庄子指出，与其"相濡以沫"成为涸泽之鱼，不如逍遥自在，两两相忘于"江湖"大道之中。(4)以"鱼水"之关系喻人不可离开"道"。庄子以"鱼与水"的关系来比喻"人与道"的关系，以此来揭示"道"对于人的重要性。(5)以"深渊""大水"和"清泉"喻"道"。庄子以"深渊"比喻道之"无为"与"安静"，以"大水"比喻道之浩瀚无垠，以"清泉"比喻道之"清澈"。(6)以"水积厚方能负大舟"喻"积厚方能大成"。庄子以"水积厚方能负大舟"为喻，讲述了一个深刻的道理，即：积厚方能大成，厚积方能薄发。(7)以水之常见自然特性喻"虚静""恬淡"与"无为"。庄子以"水静则明""水静则平""水不杂则清"等水之常见自然特性，来比喻人之"虚静""恬淡"与"无为"的心态。

7.3 《庄子》在西方世界的英译史

作为道家的又一部经典之作，《庄子》在西方英语世界被广泛地译介和传播，迄今已经有一百多年的历史了。在百余年间，西方传教士、汉学家、华裔学者与中国学者等译者群体为英语世界贡献了三十多个《庄子》英译本（包括全译本和选译本），其中全译本有十个。这些译本对《庄子》在英语世界的传播和接受产生了重要影响。截至目前，国内很多学者对《庄子》的英译史都做过相关综述，具体包括：汪榕培①（1999），黄中习②（2010），何颖③（2011），王宏④（2012），雷沛华、杨春丽⑤（2022）等。此外，刘碧林（2021）发表在《中华读书报》上的名为"百年《庄子》英译的四个阶段"⑥的文章也提供了非常详细的《庄子》英译史资料。这些研究为本节的梳理提供了十分宝贵的资料。因此，本节将根据上述研究和文章，以时间为主线，对《庄子》的英译史做详细的梳理。

西方世界的第一个《庄子》英译者来自英国报业家、记者巴尔福（Frederic Henry Balfour）。1881年，巴尔福翻译的《庄子》全译本《南华真经——道家哲学家庄子的著作》（*Divine Classic of Nan-hua*, *being the Works of Chuang Tsze*, *Taoist Philosopher*）由别发印书局（Kelly & Walsh）在上海与伦敦同时出版，从此正式开启了《庄子》前往英语世界的文化交流之旅。根据汉学家翟理斯的说法，巴尔福的汉语水平有限，力不从心而勉强为之，所以误译很多，但毕竟是《庄子》的第一个英文全译本。

1889年，英国传教士、汉学家翟理斯（Herbert Allen Giles）翻译的《庄子》全译本《庄子——神秘主义者，道德家和社会改革家》（*Chuang Tzu*：*Mystic*, *Moralist*, *and Social Reformer*）由伦敦夸理奇出版公司（Bernard Quaritch）出版，这本书于1926年修订并更名为《庄子——道家哲学家和中国的神秘主义者》（*Chuang Tzu*：*Taoist Philosopher and Chinese Mystic*）后再版。根据汪榕培教授的观点，翟理斯的译本使用的是维多利亚时代的英语，与当代英语有一定的距离，而

① 汪榕培教授在他的英文全译本《庄子》（汉英对照）的译者前言中，详细梳理和评价了《庄子》的6个全译本和部分摘译本。

② 黄中习.《庄子》英译的历史特点及当代发展[J]. 内蒙古农业大学学报（社会科学版），2010，12（5）：373-374.

③ 何颖.《庄子》在英语世界的传播[J]. 吉林省教育学院学报，2011，27（8）：43-46.

④ 王宏.《庄子》英译考辨[J]. 东方翻译，2012（3）：50-55.

⑤ 雷沛华，杨春丽. 从《庄子》英译海外评价看中国典籍的对外传播[J]. 枣庄学院学报，2022，39（4）：62-67.

⑥ 刘碧林. 百年《庄子》英译的四个阶段[N]. 中华读书报，2021年9月29日14版. 该文章将百年《庄子》英译史分为四个阶段，详细介绍了各个阶段的英译情况，包括二十多个《庄子》英译本（其中有十个全译本及十多个选译本）。该文章具有极高的参考价值，本节中大部分内容参考了该篇文章。

且译得不那么严谨，所以该译本历来得到的评价不太高。

1891 年，英国传教士、汉学家理雅各（James Legge）翻译的《庄子》（The Writings of Chuang Tzu）由英国牛津大学出版社出版，这是《庄子》的第三部英文全译本。该书被收录入到牛津大学教授马克斯·缪勒（Max Müller）主编的《东方圣书：道家文本》（The Sacred Books of China：The Texts of Taoism，Part I）。理雅各的译本是西方译界公认的权威译本，他从 1879 年开始翻译道家著作，1887 年完成初稿，到 1891 年正式出版，前后历时 12 年。

1906 年，翟理思之子翟林奈（Lionel Giles）对《庄子》进行了选译，编撰成《中国神秘主义者沉思录：庄子哲学选读》（Musings of a Chinese Mystic：Selections from the Philosophy of Chuang Tzu）一书，由伦敦约翰·默里出版社（John Murray Press）出版发行。

1931 年，中国哲学家冯友兰翻译了《庄子》的内七篇，在此基础之上结合郭象的注疏以及自身的见解编撰完成《庄子：内容选译与郭象之哲学阐述》（Chuang Tzu：A Sclected Translation with an Exposition of the Philosophy of Kuo Hsiang），由上海商务印书馆出版。1964 年，该译本在纽约再次出版。

1942 年，英国汉学家修中诚（Ernest Richard Hughes）选译了《庄子》的内七篇，将译文命名为《自由诗人庄子》（Chuang Chou，the Poet of Freedom），该译本被收录进《古典时代的中国哲学》（Chinese Philosophy in Classical Times）之中，该书由伦敦登特桑斯出版社（J. M. Dent & Sons）与纽约杜登出版社（E. P. Dutton & Co.）同时发行。

同年，中国学者、翻译家林语堂在《庄子，神秘主义者和幽默家》（Chuangtse，Mystic and Humorist）一文中，翻译了《庄子》中十一篇内容，该文被收录于林语堂编撰的《中国与印度的智慧》（The Wisdom of China and India）一书，由纽约兰登书屋（Random House）出版。

1960 年，美籍华人学者、哲学史家陈荣捷（Wing-tsit Chan）选译了《庄子》部分章节，并被收录进哥伦比亚大学东亚语言与文化系教授狄百瑞（William Theodore de Bary）与艾琳·布鲁姆（Irene Bloom）联合编撰的《中国传统的来源》（Sources of Chinese Tradition）一书之中。三年后，陈荣捷又选译了《庄子》其他内容，并收入其编撰的《中国哲学名著选读》（A Source Book in Chinese Philosophy）一书中，该书由普林斯顿大学出版社出版。

同年，美国汉学家詹姆斯·威厄(James R. Ware)翻译了《庄子故事集》(或称《庄子语录》，*The Sayings of Chuang Tzu*)，这是 20 世纪的第一个英文全译本，该译本由纽约曼托丛书出版社(Mentor Classics)出版，后于 1970 年在中国台湾再版为文言白话、中英对照的版本。据称，华兹生对这个译本评价不高，认为威厄译文使用了许多生涩词语，并有标新立异的解释。

1964 年，美国翻译家、汉学家华兹生(Burton Waston)完成了《庄子》选译本《庄子入门》(*Chuang Tzu：Basic Writings*)，书中包括内七篇与部分外、杂篇；四年之后，华兹生又完成了全译本《庄子全集》(*The Complete Works of Chuang Tzu*)，两版译作均由哥伦比亚大学(Columbia University Press)出版社出版。华兹生翻译的《庄子全集》兼顾译文的思想性与文学性，因此入选《诺顿世界名著选集》(*The Norton Anthology of World Literature*)与联合国教科文组织各国代表作品丛书著作选集《中国系列丛书》(*UNESCO Collection of Representative Works，Chinese Series*)。

1974 年，美国研究道家的华裔学者冯家福(Gia-Fu Feng)与美国翻译家简·英格里希(Jane English)合译了《庄子内篇》(*Chuang Tzu：Inner Chapters*)，由纽约古典书局(Vintage Books)出版，该译本以简明的英语和精美的设计吸引了广大英语读者。

1981 年，英国汉学家葛瑞汉(Angus C. Graham)通过艾伦 & 昂温出版公司(Allen & Unwin)出版了目前为止选译篇目最多的《庄子》选译本《庄子内篇及其他篇章》(*Chuang-tzu：The Seven Inner Chapters and Other Writings from the Book Chuang-tzu*)。

1991 年，美国作家托马斯·克立礼(Thomas Cleary)的《道的要义》(*The Taoist Classics*)由哈珀旧金山出版社(Harper San Francisco)出版，该书包含了《道德经》的全文翻译以及《庄子》的内篇翻译。

1992 年，由美国东密歇根大学哲学教授布莱恩·布雅(Brian Bruya)翻译、中国台湾著名漫画家蔡志忠配图的《庄子》漫画译本《庄子说：自然之乐》(*Zhuangzi Speaks：The Music of Nature*)，由美国普林斯顿大学出版社出版。2019 年，该译本更名为《自然之道》(*The Way of Nature*)后再版。

1994 年，美国汉学家梅维恒(Victor H. Mair)翻译了《庄子》英语全译本《逍遥游——庄子的早期道家故事和寓言》(*Wandering on the Way: Early Taoist Tales and parables of Chuang Tzu*)。该译本由班坦图书公司(Bantam Books)在多伦多与纽约同时出版,该译本附录中的术语汇编对读者的阅读具有相当大的助益。

1996 年,英国学者彭马田(Martin Palmer)翻译了英文全译本《庄子之书》(*The Book of Chuang Tzu*),该译本由伦敦企鹅图书公司(Penguin Books Ltd.)出版。

1997 年,美国诗人、翻译家戴维·亨顿(David Hinton)等人合译的选译本《庄子内篇》(*Chuang Tzu: the Inner Chapters*)由对位出版社(Counterpoint)出版。1998 年,美国诗人山姆·海密尔(Sam Hamill)与美国北卡罗来纳大学中文系教授西顿(J. P. Seaton)翻译了《庄子》节译本——《庄子精要》(*The Essential: Chuang Tzu*),该译本由波士顿香巴拉出版社(Shambhala Publications)出版。

1999 年,中国学者汪榕培翻译了《庄子:汉英对照》,这是中国本土译者贡献的首个《庄子》英文全译本,该译本后入选"大中华文库",由湖南人民出版社出版。该译本既吸收了国内外《庄子》英译本的成功经验,注重把握概念虚实,力求让译文流畅,又使读者易懂。

进入 21 世纪之后,《庄子》英译又有新的进展。2000 年,施耐沃夫(Gerald Schoenewolf)翻译出版了《道:老子、庄子和曾璨》(*The Way: According to Lao Tzu, Chuang Tzu, and Seng Tsan*),其中精选了《庄子》的 37 个故事和寓言。2006 年,美国学者妮娜·科里亚(Nina Correa)在其互联网网站"开放论道"①上发表了《庄子》首个电子全译本《庄子——"无界"》(*Zhuangzi – "Being Boundless"*)。这是《庄子》的第九部英文全译本,也是最新英文网页电子文本。2008 年,美国华裔学者胡聪(Chung Wu)翻译并注释了《道家学说中的庄子智慧》(*The Wisdom of Zhuang Zi on Daoism*),该译本由彼得朗国际学术出版集团(Peter Lang Inc., International Academic Publishers)出版。

2009 年,美国芝加哥大学研究中国古典哲学的教授任博克(Brook A. Ziporyn)再次对《庄子》进行了全本翻译,译著名为《庄子:传统注释选集之精华》(*Zhuangzi: The Essential Writings with Selections from Traditional Commentaries*),该

---

① http://www.daoisopen.com.

译本由哈克特出版公司(Hackett Publishing Company)出版。至此,《庄子》的英译工作暂告一段落。

本章所引用的《庄子》英译文主要来自《大中华文库》中汪榕培教授的译本(以下简称汪译),译评中也借鉴和对比了英国汉学家翟理斯的译本(以下简称翟译),彭马田的译本(以下简称彭译),华兹生的译本(以下简称华译),冯家福的译本(以下简称冯译)和冯友兰的译本(以下简称兰译)。

7.4 《庄子》中的水文化思想阐释、英译与译评

7.4.1 以"水"喻"君子之交"

原文:

> 君子之交淡若水,小人之交甘若醴;君子淡以亲,小人甘以绝。彼无故以合者,则无故以离。
>
> ——《庄子·山木》

今译文:

> 君子的友谊淡得像清水一样,小人的交情甜得像甜酒一样;君子淡泊而心地亲近,小人以利相亲而利断义绝。但凡无缘无故而接近相合的,那么也会无缘无故地离散。

阐释:

本节中,庄子以水来比喻君子之交,认为君子之间的交情像水一样清淡,虽然清淡但是亲近;而反观小人之间的交情却甘饴如甜酒一样,虽然甘饴但容易断绝。本句话的背景是:孔子在周游列国时屡遭挫折,在宋国遭到了伐树的屈辱,在卫国受到了削迹的羞耻,在商周又陷入困境,在陈国和蔡国之间受到了围困,而且两次被鲁国驱逐,亲戚越来越疏远,朋友弟子也离开了。于是,孔子便问子桑雽(hù)是什么原因?子桑雽没有直接回答孔子的问题,而是向孔子讲述了林

回逃亡的故事。林回逃跑时，舍弃了价值千金的玉璧，只背着小孩跑出来。人们都不理解：如果是为了钱吧，小孩没有钱；如果是为了减轻拖累吧，小孩的拖累比玉璧大得多。林回回答说：人与人多是为了利益连在一起，我是出于天性与小孩连在一起。为了利益连在一起，遇到祸患逼迫的时候，就会互相抛弃；出于天性连在一起，遇到祸患逼近的时候，就会相互收留。最后，子桑雽总结说，"君子之交淡若水，小人之交甘若醴；君子淡以亲，小人甘以绝。彼无故以合者，则无故以离。"在此，庄子借子桑雽之口，阐述了他对为人处世、与人结交的态度。

那么，为何"君子之交淡若水"呢？这是因为君子有高尚的情操，所以他们的交情淡得像水一样。这里的"淡若水"不是说君子之间的感情淡得像水一样，而是指君子之间的交往，不含任何功利之心，他们的交往纯属友谊，长久而亲切。那么，为何"小人之交甘若醴"呢？这是因为小人之间的交往，包含着浓重的功利之心，他们把友谊建立在相互利用的基础上，表面看起来"甘若醴"，如果对方满足不了功利的需求时，很容易断绝，他们之间存在的只是利益。所以与人交往，要找君子，不要找小人。于是，"君子之交淡如水"便成了人们择友与交友的一条重要准则。

此外，唐代还有一个"君子之交"的典故。传说唐朝贞观年间，薛仁贵在发迹之前，生活困苦，全靠王茂生夫妇接济。后来，薛仁贵入伍，跟随李世民御驾东征，战功显赫，被赐为"平辽王"。薛仁贵身价倍增，前来薛府送礼祝贺的达官显贵踏破门槛，但都被薛仁贵拒之门外，婉言谢绝。他唯一收下的礼物，是王茂生夫妇送来的"两坛美酒"。当众打开酒坛后，负责启封的执事官大惊失色。原来，执事官品尝过后，发现坛中盛的不是美酒而是清水！得知这个消息后，薛仁贵非但没有生气，反而当众饮下了三碗清水。在场的宾客不解其意，薛仁贵解释说："我过去落难时，王家哥嫂不但不嫌弃，还经常资助我。可以说，没有他们的接济就没有我的今天。王家哥嫂生活并不宽裕，送来清水也是一番美意，这正印合了古人所言'君子之交淡如水'啊！"此后，薛仁贵与王茂生一家关系甚密，"君子之交淡如水"的佳话也就流传了下来。

英译文：

The relationship between superior men is as natural as plain water while the relationship between inferior men is as sweet as wine. The former is plain but close while the latter is sweet but callous. The relationship between inferior men begins for no justified reason and ends for no justified reason.

——《大中华文库〈庄子〉》P329

译评：

本节的译文选自汪榕培先生的译本（以下简称汪译），译文与原文总体上保持了内容上的忠实和形式上的对应，译文读起来也非常流畅，不失为上等的翻译。但是，在"君子"和"小人"的翻译处理上，还有值得商榷之处。汪译将"君子"和"小人"分别译为"superior men"和"inferior men"，回译过来就是"地位较高的人"和"地位较低的人"。经过查询，从构词上看，"君"字从"尹"和"口"，从"尹"表示治事，从"口"表示发布命令，合起来的意思是：发号施令，治理国家。因此，在先秦早期，"君子"主要是指地位很高的人，如国家的统治者或国君之子。例如，"君子劳心，小人劳力，先王之制也"（《春秋左传·襄公九年》）。然而，后来"君子"一词逐渐开始具有道德品质的属性，多指"指人格高尚、道德品行兼好之人"，尤其是在儒家的经典著作中（如《论语》）。同样，"小人"一词最初指的是"地位低的人或平民百姓"，后来也被逐渐赋予道德属性，多指人格卑鄙的人。事实上，《庄子》中多次出现"君子"（38次）和"小人"（13次），汪译大多数时候译为"superior man"和"inferior man"，只有少数时候译为"gentleman"和"inferior man"。结合本句想表达的意思，同时也参考了翟理斯（Herbert Allen Giles）、彭马田（Martin Palmer）和华滋生（Burton Watson）的译本，"君子"译为"gentleman"或"nobleman"较为合适，而"小人"译为"petty man"或"mean or mean-spirit man"较为合适。

7.4.2 以"海"喻"道之渊深与博大"

原文：

秋水时至，百川灌河；泾流之大，两涘渚崖之间，不辨牛马。于是焉河伯欣然自喜，以天下之美为尽在己。顺流而东行，至于北海，东面而视，不见水端。于是焉河伯始旋其面目，望洋向若而叹曰："野语有之曰：'闻道百，以为莫己若'者，我之谓也。且夫我尝闻少仲尼之闻而轻伯夷之义者，始吾弗信；今我睹子之难穷也，吾非至于子之门则殆矣。吾长见笑于大方之家。"

北海若曰："井蛙不可以语于海者，拘于虚也；夏虫不可以语于冰者，笃于时也；曲士不可以语于道者，束于教也。今尔出于崖涘，观于大海，乃知尔丑，而将可与语大理矣。天下之水，莫大于海。万川归之，不知何时止而不盈；尾闾泄之，不知何时已而不虚；春秋不变，水旱不知。此其过江河之流，不可为量数。而吾未尝以此自多者，自以比形于天地，而受气于阴阳，吾在天地之间，犹小石小木之在大山也。方存乎见少，又奚以自多！计四海之在天地之间也，不似礨空之在大泽乎？计中国之在海内不似稊米之在大仓乎？号物之数谓之万，人处一焉；人卒九州，谷食之所生，舟车之所通，人处一焉。此其比万物也，不似豪末之在于马体乎？五帝之所连，三王之所争，仁人之所忧，任士之所劳，尽此矣！伯夷辞之以为名，仲尼语之以为博。此其自多也，不似尔向之自多于水乎？"

——《庄子·秋水》

今译文：

秋季的霖雨如期而至，千百条小河注入黄河。水流宽阔，两岸和水中洲岛之间，连牛马都分辨不清。于是乎，河伯洋洋自得，认为天下的美景都集中在他自己这里。顺着流水向东方行走，一直到达北海，面向东看去，看不到水的尽头。这时，河伯转变了自己的脸色，抬头仰视着海神若叹息说："俗话所说的'知道的道理很多了，便认为没有谁能比得上自己'，这正是说我呀。再说，我曾经听说(有人)认为仲尼的学识少，伯夷的义行不值得看重。开始我还不敢相信，现在我亲眼目睹了大海您大到难以穷尽，如果我没有来到您的身边，那就很危险了，我将要永远被明白大道理的人嘲笑。"

北海若说："不可与井底之蛙谈论大海，因为它的眼界受狭小居处的局限；不可与夏天的虫子谈论冰，因为它受到时令的局限；不可与见识浅陋的乡曲书生谈论大道理，因为他受到了礼教的束缚。现在你河伯从黄河两岸间走出，看到了大海，才知道你自己的鄙陋，可以跟你谈论一些大道理了。天下的水，没有比海更大的。千万条河流流归大海，没有停止的时候，而大海却并不因此而盈满；尾闾不停地排泄海水，不知到什么时候停止，但大海并没有减少。无论春天还是秋天，大海水位不变，无论水灾还是旱灾，大海没有感觉。大海的容量超过了长江、黄河的水流，简直不能用数字来计算。但是我并没有因此而自夸，我自认为自己置身于天地之间，接受了阴阳之气。我在天地之间，好比是小石块、小树木在高山一样，正感到自己的渺小，又怎么会自傲自夸？考虑到四海在天地之间，不正像小小的蚁穴存在于大湖之中吗？考虑到中原地区在四海之内，不正像米粒存放在大粮仓之中吗？称呼物类的数目可以说'万'，而人类只不过居于万物中的一种。人类虽遍布九州，但其所居之地也只占谷食所生、舟车所通之地中的万分之一。拿人和万物相比，不正像一根毫毛在马身上一样吗？五帝所延续的（业绩），三王所争夺的（天下），仁人志士所忧虑的（事情），以天下为己任的贤能之士为之劳苦的（目标），都不过如此而已。伯夷以辞让周王授予的职位而取得名声，孔子以谈说'仁''礼'而显示渊博。他们这样自我夸耀，不正像你当初因河水上涨而自夸一样吗？"

阐释：

庄子的笔下经常出现大海这个意象，仅"海"字在《庄子》全文中就出现了54次之多。庄子经常用大海的浩瀚无垠来比喻其所推崇的洋洋大观的道，让人们感受到道的渊深与博大。在《秋水篇》中，庄子精心编制了黄河与大海之间具有象征意义的寓言故事，将道的内涵和境界诠释出来。

河伯代表黄河，海若代表北海。这里，庄子拿水流宽阔（"泾流之大，两涘渚崖之间，不辨牛马"）的黄河与无边无际（"不见水端"）的北海相比，分明是有限的现实与无限的"道"的精妙比况。庄子开篇即言秋水之大，一路波涛汹涌；而河伯作为黄河之神，看到自己浩浩东流的伟大样子，感到十分得意，以为天下之水都不能和自己相媲美。然而，当他看到浩渺无垠的大海时，才发现自己原来是那样的渺小，自大自负的心态一下子瓦解了，转为一种由衷的汗颜。

虽然黄河接受了陆地上的千百条河流的汇入，但是终究还是要受到陆地上旱涝条件的限制，有盈有枯；而大海却"春秋不变，水旱不知"，超越了时空、因果、条件等各方面的限制，表现为永恒、不变、无限、绝对。庄子以海神若作为

"道"的代言人，用一层一层的比较来显示大小的相对性，最后达到无形和无限，这才是庄子之"道"的本质内涵。正如庄子自己所说，大道无界，言无定论（"夫道未始有封，言未始有常"）；大道浩若烟海，无论你注入多少都不会满溢，取出多少都不会枯竭，也不知道源流来自何处（"注焉而不满，酌焉而不竭，而不知其所由来"）。

英译文：

At the time of autumn floods when hundreds of streams poured into the Yellow River, the torrents were so violent that it was impossible to distinguish an ox from a horse from the other side of the river. Then the River God was overwhelmed with joy, feeling that all the beauty under the heaven belonged to him alone. Down the river he travelled east until he reached the North Sea. Looking eastward at the boundless expanse of water, he changed his countenance and sighed to the Sea God, saying, "As the popular saying goes, 'There are men who have heard a lot about Tao but still think that no one can surpass them.' I am one of such men. Upon hearing people belittle Confucius' learning and humiliate Bo Yi's righteousness, I simply could not believe a word they said. Now that I have seen your boundless expanse, I realize that I would have been in danger if I had not come to you. I would always be sneered at by those who are well-versed in Tao."

The Sea God said, "You cannot discuss the sea with a frog at the bottom of a well because it is confined to its dwelling place; you cannot discuss ice with a summer moth because it is limited to one season; you cannot discuss Tao with a bookworm because he is restrained to the book knowledge. Now that you have left the riverside and seen the vast sea, you are aware of your insignificance. Thus it is possible now to discuss Tao with you. Of all the waters under the heaven, nothing is greater than the sea. It receives the endless flow of ten thousand rivers but it is never full. It is leaking endlessly but it is never empty. It does not change with spring or autumn; it does not know flood or drought. It holds so much more water than the Yangtze River and the Yellow River that it is absolutely beyond measure. Yet I am never conceited about the amount. I assume my shape from the heaven and the earth, and accumulate my vigour from *yin* and *yang*. I stay here between the heaven and the earth, just like a small stone or a small tree on a huge mountain. How can I over-estimate myself when I know that I am so insignificant! Don't the four seas between the heaven and the earth resemble small holes in a large swamp? Don't the central states within the four seas resemble grains of millet in a large granary? There are hundreds and thousands of things in the world; humanity is but one of them. Human beings live in regions where grains grow and where boats and carts come and go; an individual man is but one of them. Compared with the hundreds and thousands of things, isn't an individual man but a tiny down on a horse? The succession of the five kings, the strife between the three emperors, the worries of the humane gentlemen, and the efforts of the capable officials—all is no more than this. Bo Yi gained fame by refusing to accept the throne; Confucius displayed his learning by lecturing all around. Isn't this self-lauding very much the same as what you did not long ago about your water?"

——《大中华文库〈庄子〉》P261-263

译评:

本节讲述的是一个有关河伯与海若的寓言故事,内容较为通俗,语言较为生动形象。通过对比原文和汪译,同时考察了西方其他一些知名的汉学家(如翟理斯、华兹生和彭马田)的译文,笔者认为,汪译忠实于原文,最大程度地传达出了原文的意义,较好地再现了原文的风格,译文流畅、简洁。尤其是以下几处翻译值得学习和借鉴:

例如,第一段最后一句中的"大方之家",其中的"方"指道,"家"指人,因此"大方之家"指的是"有道之士"。在汪译中,"大方之家"被翻译成"those who are well-versed in Tao",意为"那些精通于道的人",这是颇为准确的。而其他汉学家的翻译或多或少存在一些误解或模糊,如翟理斯将其翻译成"those of comprehensive enlightenment",意为"那些完全启蒙的人";彭马田将其翻译成"those of the Great Method",华兹生将其翻译成"the masters of the Great Method",两者的译文里都含有"the Great Method",不免让人困惑,这到底指什么?

又如，第一段中倒数第 2 句"今我睹子之难穷也，吾非至于子之门则殆矣。"其中"吾非至于子之门则殆矣"，从字面上理解为"倘若我不是到了您的大门口，那就危险了"。因此，三位汉学家都采用直译的方法，华兹生和彭马田都翻译成"If I had not come to your gate"，翟理斯则翻译成"for me had I not reached your abode (住所)"。相比三位汉学家的直译，汪译采用了意译的方法"if I had not come to you"，感觉更易于理解，也更贴近原文的风格。

当然，汪译中也有值得商榷的地方。例如，第二段中的"曲士不可以语于道者，束于教也"一句中，"曲"谓之"僻也"，"曲士"即"乡曲之士"或"曲僻之士"，常用来比喻孤陋寡闻的人。在汪译中，"曲士"被翻译成了"a bookworm"（书呆子、书虫），这明显是一种误解。同样，三位汉学家也不同程度上存在一定的误解，"曲士"分别被翻译成了"a cramped scholar"（狭窄的学者），"a pedagogue"（卖弄学问者），"a narrow-minded scholar"（思想狭隘的学者）。因此，笔者建议翻译成"an ignorant and ill-informed person"更贴切一点。

7.4.3 以"江湖"喻"大道"

原文：

> 泉涸，鱼相与处于陆，相呴以湿，相濡以沫，不如相忘于江湖。与其誉尧而非桀也，不如两忘而化其道。
>
> ——《庄子·大宗师》

今译文：

泉水干涸了，鱼儿们依偎在陆地上，互相用湿气往对方身上吹，用唾沫互相滋润，（与其这样）还不如让它们在江河湖海里彼此把对方都遗忘。与其称誉唐尧而非议夏桀，倒不如把两人的好歹是非都忘掉而统一归化在大道之上。

阐释：

庄子善用水来做比喻，帮助人们理解他心目中的大道。在本节中，庄子用小水洼中鱼与鱼之间以湿气、唾沫相互滋润（"相呴以湿，相濡以沫"）比喻仁义，以江湖比喻大道；认为与其"相濡以沫"成为涸泽之鱼，不如逍遥自在，两两相忘于"江湖"大道之中。

庄子说，泉水干枯了，鱼儿困在地上，相互吹点潮湿的气息，吐点唾沫相互滋润，远不如谁也不理谁地在江湖里自由游动。庄子认为，离开大道，赞颂圣君唐尧、指责暴君夏桀都是毫无意义的。犹如鱼儿失去水，在地上挣扎，相互用湿气、唾沫来滋润，以求得暂时的生存。虽然鱼儿已经竭尽全力相互仁爱了，但终究只能苟延残喘，多活一时半刻而已。所以，这样的仁义友爱是非常有限的，也是十分微弱的；远不如他们在江湖里游玩戏水，虽然互不关心，互不理睬，但却生活得自由快活，无忧无虑。所以，人与人之间的仁爱，比起天道的作用来，简直微不足道。既然天道广大，是万物之源，世间万事万物的运转变化，都依从于大道；那么，人生的所作所为，也应该顺从自然，和同天道。所以，与其赞颂唐尧，指责夏桀，远不如把他们二者抛到一边，而依归于大道，同化于大道。

成语"相濡以沫"即源出于此，现在多比喻困境中的人们以微薄的力量相互救助，带有赞美之意。但是，庄子的本意并不是赞赏患难之交或患难见真情，其本意是说与其等到成为涸泽之鱼，不如平时自由自在地各自生活，逍遥快活，两两相忘于大道之中；在大道里，即使互不关心，也比仁义的关怀友爱强得多。由此看来，我们确实误解了庄子的本意。

英译文：

When springs dry up, the fish are stranded on the land, moistening each other with their breath and dampening each other with their slime. But it would be much better for them to live in the rivers and lakes and forget each other. Rather than praising King Yao and denouncing King Jie, it would be better for the people to forget both of them and integrate themselves with Tao.

——《大中华文库〈庄子〉》P95

译评：

本节的译文可谓是简洁、流畅和忠实，将庄子的本意较完美地传达了出来。但是译文中仍有一处值得商榷。其中的"相呴以湿，相濡以沫"一句可谓是至理名言，被人们广为传诵，汪译以两个分词状语结构将其翻译成"moistening each other with their breath and dampening each other with their slime"。虽然从意义上讲，本句翻译确实是忠实于原文；但是从语法结构上来说，分词结构作状语（表示伴随），一般依附于前面的主句"the fish are stranded on the land"，显得在意义上不够突出和重视，有违原作者的初衷。笔者参考了手头上的几个译本，几乎无一例外地都将其以主句或完整句或主语的形式来翻译，以示强调或突出。例如：

When the springs go dry and fish are left stranded on the ground, they smear each other with slime and spew spit on one another. ——冯家福（Gia-fu Feng）译

When the springs are dried up, the fishes crowd together on the land. They moisten each other with the dampness about them, and keep one another wet by their slime. ——冯友兰译

When the springs dry up and the fish are left stranded on the ground, they spew one another with moisture and wet one another down with spit—but it would be much better if they could forget one another in the rivers and lakes. ——华兹生（Burton Watson）译

When the pond dries up, and the fishes are left upon dry ground, to moisten them with the breath or to damp them with spittle is not to be compared with leaving them in the first instance in their native rivers and lakes. ——翟理斯（Herbert Allen Giles）译

综上所述，笔者建议对汪译做如下调整：When springs dry up, the fish are stranded on the land. They moisten each other with their breath and dampen each other with their slime.

7.4.4　以"鱼水"之关系喻人不可离开"道"

原文：

> 孔子曰："鱼相造乎水，人相造乎道。相造乎水者，穿池而养给；相造乎道者，无事而生定。故曰：鱼相忘乎江湖，人相忘乎道术。"
>
> ——《庄子·大宗师》

今译文：

孔子说："鱼类要到水里生活才快乐，人类要靠道生活才快乐。在水里生活，凿个水池就足够了；靠道生活的，在清静无为中心性安定。所以说，鱼类在江湖里就能忘乎一切，人类在大道中就能没挂碍。"

阐释：

在本节中，庄子以"鱼与水"的关系来比喻"人与道"的关系，阐发对于人的生存状态的思考，揭示"道"对于人的重要性。庄子指出，鱼的天性离不开水，必须在水中才能生存。就像鱼生活在水里一样，人一直生活在"道"里；人一旦离了"道"，就如同鱼脱了水一样。正如《中庸》里所讲，"道也者，不可须臾离也，可离非道也"。意思是说，"道"是不可以片刻离开的，如果可以离开，那就不是"道"了。鱼适应于水，所以应该生活在江湖中；人来源于道，就应该按道的规则生活。鱼在水中自由自在，人在道中自由自在。

英译文：

Confucius said, "As fish strive for water, so men strive for Tao. To strive for water, the fish stay in the pond to get adequate nourishment; to strive for Tao, men do nothing to keep tranquil. Therefore, it is said, 'As fish forget everything in rivers and lakes, so men forget everything in Tao.'"

——《大中华文库〈庄子〉》P105

译评：

本节中，庄子借孔子之口，以鱼水关系隐喻人和道的关系(人离了"道"，如鱼脱了水)，阐发对于人的生存状态的思考，其义蕴较之前的"相濡以沫"更深了一层。本节的翻译有一个难点，那就是"造乎"如何理解和翻译。汪译中将其理解成"努力争取、寻求"，因此翻译成"strive for"；然而，《大中华文库〈庄子〉》中的今译文将其理解为"在……中快乐"。很明显，这里的今译文和英译文出现了不一致。那么，"造乎"到底该如何理解和翻译呢？笔者通过网上搜索，发现"造乎"大致有以下几种理解："追寻或向往""适合""在……中快乐""争相……"

等。关于它的翻译，根据笔者手上现有的几个译本来看，几乎每位译者的译法都不一样，主要有以下几种：enjoy, thrive in, go on setting directions for each other, be born in，例如：

"Fishes enjoy water; men enjoy Tao," said Confucius. ——冯家福（Gia-fu Feng）译

"Fish enjoy water, humans enjoy the Tao."——彭马田（Martin Palmer）译

Confucius said, "Fish thrive in water; men thrive in Tao." ——冯友兰译

Confucius said, "Fish thrive in water, man thrives in the Way. ——华兹生（Burton Watson）译

"As fish go on setting directions for each other in the water, men go on setting directions for each other in the Way."——葛瑞汉（A. C. Graham）译

"Fishes," replied Confucius, "are born in water. Man is born in TAO."——翟理斯（Herbert Allen Giles）译

这些理解和译法可谓是仁者见仁，智者见智。到底哪一种理解和译法更贴近庄子的本意，我们不得而知。因为《庄子》距今已有两千多年，作者所处的那个时代和语境早已时过境迁，要真实完整地理解原作着实困难。或许正如阐释学所揭示的那样，世界上没有哪一种解释能真正地反映原作的意义，译者的前见、传统观念、历史境遇以及与翻译对象的时间距离都构成了理解和翻译的障碍，每一种解释只不过是译者的一种"视域"，每一种解释不过只是一种"效果历史"而已。

7.4.5 以"深渊""大水"和"清泉"喻"道"

原文：

故曰：古之畜天下者，无欲而天下足，无为而万物化，渊静而百姓定。记曰："通于一而万事毕，无心得而鬼神服。"

夫子曰："夫道，覆载万物者也，洋洋乎大哉！君子不可以不刳（kū）心焉。无为为之之谓天，无为言之之谓德，爱人利物之谓仁，不同同之之谓大，行不崖异之谓宽，有万不同之谓富。"

夫子曰："夫道，渊乎其居也，漻（liáo）乎其清也。金石不得无以鸣。

故金石有声，不考不鸣。"

——《庄子·天地》

今译文：

所以说，古代养育天下百姓的人，没有欲求而天下富足，无所作为而万物自然演化，宁静如深渊而百姓安定。古书上的记载说："与'道'相通，万事都能成功；无心追求，鬼神都会服从。"

孔子说："道是覆盖和托载万物的，浩瀚无边何等广大啊！君子不能不彻底清除个人的心智啊！按照无为的原则去做就叫作天性，按照无为的原则去说就叫作自得，博爱众人普利万物就叫作仁爱，让不同的万物归于同一就叫作伟大，行为随和而不标新立异就叫作宽容，包罗万象就是富足。"

孔子说："道啊，它安静得如同深渊，清澈得如同泉水。金钟石磬不受到碰撞，便无法让它们鸣响。"

阐释：

本节中，庄子以"深渊""大水"和"清泉"喻"道"之"无为""浩瀚"与"安静与清澈"。首先，庄子以"深渊"来比喻君主在治理国家的时候实施无为的治理策略。与老子一样，庄子也推崇无为而治。他认为，治理天下的君王，没有贪欲，天下百姓就衣食自足；他不妄为，万物就自然变化；他像深渊里的水一样清静无为，百姓的生活就安定了。其次，庄子以"大水"喻道的浩瀚无垠。他指出，道就像大海一样，辽阔而广大（"洋洋乎"），正如大水可以覆盖万物、托起巨舟，道同样也可以覆盖和托载万物（"覆载万物者也"）。最后，庄子还以"深渊"来比喻道的安静，以"清泉"来比喻道的清澈。他指出，道安静得如同深渊，清澈得如同泉水。金石制成钟、磬之类的乐器，一旦失去道就没有办法鸣响，所以钟磬之类的乐器虽然能够发出声响，但是如果没有道的敲击是不会发出声响的。无独有偶，老子在《道德经》中也有类似的比喻，"道，冲而用之或不盈，渊兮，似万物之宗"。老子也将"道"比作深渊，与庄子有所不同的是，他用深渊形象地比喻"道"的深远，说明"道"的不可知和不易知特性。老子认为，道就像是一个永远也冲不满水的深渊，它深不可测、深不可识，其深奥玄远像是一切万物的起源，或是万物形成的初始和源头。由此看来，庄子和老子真是英雄所见略同。

英译文：

Therefore, in ruling over the world, the ancient kings enriched the world by having no desires, invigorated everything by doing nothing, and pacified the people by keeping quiet. As the Record says, "Those who are well versed in Tao will accomplish anything; those who have no desires for achievement will subdue the ghosts and spirits."

Confucius says, "Tao covers and supports everything in the world. How magnificent it is! The gentleman must get rid of the desire to do anything. To act by doing nothing is called the way of the heaven; to explain by saying nothing is called virtue; to love people and benefit things is called humaneness; to make dissimilar things similar is called greatness; to behave without absurdity or ostentation is called generosity; to embrace varieties of things is called wealth.

Confucius says, "Tao resides in the silent abyss, clear and transparent. Without Tao, musical instruments made of metal and stone will not ring, and so, though they may give sounds, they will not ring unless they are struck.

——《大中华文库〈庄子〉》P175

译评：

本节中三段话中都包含了有关水的隐喻，第一段中庄子以"深渊"（"渊静"）来比喻君主的无为而治，第二段中庄子以"大水"（"洋洋乎"）来比喻道的浩瀚无垠，第三段中庄子以"深渊"（"渊乎其居也"）来比喻道的安静，以"清泉"（"淼乎其清也"）来比喻道的清澈。汪译中只有第三段部分翻译出了水隐喻，如"Tao resides in the silent abyss, clear and transparent"，而前两段的译文中并没有再现原文中的水隐喻，这就使得译文略微失去了原文的生动与意象。就此笔者查阅了手头上的三个《庄子》全译本（翟理斯、华兹生和彭马田），发现三个译本均未能再现原文中的水隐喻，甚至还出现了严重的误译。

庄子善于用水来作比喻，将他心目中无形的、深奥的、抽象的"道"阐发出来，以便他人能理解。如果在翻译的时候遗漏了这样的隐喻，不得不说这是一个较大的遗憾。有鉴于此，笔者建议译文可以分别作如下调整："and pacified the people by keeping quiet as an abyss." "How magnificent it is like a big ocean!" "Tao, how deep and silent as an abyss; how clear and transparent as spring water."

7.4.6 以"水积厚方能负大舟"喻"积厚方能大成"

原文：

> 且夫水之积也不厚，则其负大舟也无力。覆杯水于坳堂之上，则芥为之舟；置杯焉则胶，水浅而舟大也。风之积也不厚，则其负大翼也无力。故九万里，则风斯在下矣，而后乃今培风；背负青天而莫之夭阏者，而后乃今将图南。
>
> ——《庄子·逍遥游》

今译文：

如果聚集的水不深，那么它就没有负载一艘大船的力量了。在堂前低洼的地方倒上一杯水，一棵小草就能被当作一艘船，放一个杯子在上面就会被黏住，这是水浅而船却大的原因。如果聚集的风不够强大的话，那么负载一个巨大的翅膀也就没有力量了。因此，鹏在九万里的高空飞行，风就在它的身下了，凭借着风力，背负着青天毫无阻挡，然后才开始朝南飞。

阐释：

在本节中，庄子以"水积厚方能负大舟"为喻，讲述了一个深刻的道理，即：积厚方能大成，厚积方能薄发。庄子在文章中说道："且夫水之积也不厚，则负大舟也无力。"如果大海中的水不够深厚，就无法载负大船。我们都知道船只往往会在滩浅、水少的地域搁浅，这就是因为，这些地方水的深厚程度不足以承载这艘大船的重量。接下来，庄子又用了两组形象的比喻阐明这个道理。第一个比喻是，"覆杯水于坳堂之上，则芥为之舟；置杯焉则胶，水浅而舟大也"。在庭堂的低洼处倒一杯水，那么放一根小草便可当作船，而放上一个杯子就粘住不动了，这是因为水浅而船大的缘故。这就表达了一个观念，即：你想要承载多少东西，首先要有远远大于所承载的这些东西的容量。第二个比喻是，"风之积也不厚，则其负大翼也无力。"风聚积的力量不雄厚，则无力托负巨大的翅膀。所以，大鹏鸟高飞九万里，那风就在它的下面，然后才乘着风力，背负青天无阻碍地飞往南海。

因此，在庄子看来，大海不深无以养大鱼，水积不厚无以载大舟，风不积厚无以举大翼。同样，人的见识、功力肤浅，则难以成就大的作为。这说明了积厚是大成的必要条件。即使是聪明绝顶的人，要想成为一个栋梁之才，也必须走苦学、苦练、磨砺的积厚之路，而且积之愈厚，其成就的功业也越大。纵观古今中外，凡是大成之人，都有积学、积才、积势、积气的经历，经过千锤百炼，才能肩负起"载大舟"的重任，干出一番大鹏"图南"般轰轰烈烈的壮举。这样一种厚积薄发的道理，在《庄子》的其他地方也有涉及。例如，在《庄子·则阳》中，庄子说"丘山积卑而为高，江河合水而为大"。意思是说，积土成山、积流成河，山丘是从低小积累起而变高的，江河是融合了许多小支流而变大的。喻指任何质变都来自于量变的积累，说明积累的重要性。

英译文：

If a mass of water is not deep enough, it will not be able to float large ships. When you pour a cup of water into a hole on the floor, a straw can sail on it as a boat, but a cup will get stuck in it for the water is too shallow and the vessel is too large. If the wind is not strong enough, it will not be able to bear large wings. Therefore, the *peng* must have a strong wind under it as its support so as to soar to a height of 90, 000 *li*. Only then can it brave the blue sky and clear all obstacles on its southward journey.

——《大中华文库〈庄子〉》P3

译评：

本节庄子以"水积厚方能负大舟"比喻厚积方能薄发的道理。总体而言，汪译比较好地传达了原文的意义和水隐喻，译文忠实、简洁、流畅，不失为上等的译文。仅以"覆杯水于坳堂之上，则芥为之舟"这一句的翻译为例，汪译将其翻译为"When you pour a cup of water into a hole on the floor, a straw can sail on it as a boat."其中的"芥"字翻译成"a straw"，这是比较准确的。通过查阅词典，可以发现"芥"原本指芥菜，是一种草本植物。由于芥菜是一种特别坚硬的"草"，故"芥"引申义为草，特指小草，又由小草引申比喻细微的事物。因此，本句中"芥"应该是指小草。然而，笔者查阅手头上的其他几个译本，发现大部分的译本(如翟理斯、冯友兰、冯家福)都将其翻译成"a mustard-seed"或"a mustard seed"(芥末籽)，甚至还有译本出现了误译，例如华滋生将其误译为"bits of trash"(垃圾碎片)，彭马田将其误译为"a scrap"(一块碎片)。由此看来，上述译者对"芥"字出现了严重的误解。

7.4.7 以水之常见自然特性喻"虚静""恬淡"与"无为"

原文：

> 圣人之静也，非曰静也善，故静也；万物无足以铙心者，故静也。水静则明烛须眉，平中准，大匠取法焉。水静犹明，而况精神！圣人之心静乎！天地之鉴也，万物之镜也。夫虚静恬淡寂漠无为者，天地之平而道德之至，故帝王圣人休焉。
>
> ——《庄子·天道》
>
> 水之性，不杂则清，莫动则平；郁闭而不流，亦不能清；天德之象也。故曰：纯粹而不杂，静一而不变，淡而无为，动而以天行，此养神之道也。
>
> ——《庄子·刻意》
>
> "何谓德不形？"曰"平者，水停之盛也。其可以为法也，内保之而外不荡也。德者，成和之修也。德不形者，物不能离也。"
>
> ——《庄子·德充符》

今译文：

圣明的人内心宁静，不是说宁静美好，所以才去追求宁静；各种事物都不能动摇和扰乱他的内心，因而心神才虚空宁静犹如死灰。水在静止时便能清晰地照见人的须眉，水的平面合乎水平测定的标准，高明的工匠也会取之作为水准。水平静下来尚且清澄明澈，又何况是人的精神！圣明的人心境是多么虚空宁静啊！

可以作为天地的明镜，可以作为万物的明镜。虚静、恬淡、寂寞、无为，是天地的基准，是道德修养的最高境界，所以古代帝王和圣明的人都停留在这一境界上。

水的本性，不混杂就会清澈，不搅动就会平静，闭塞不流动也不会纯清，这是自然所赋予的现象。所以说，纯净精粹而不混杂，专一持守而不变化，淡泊而又无为，运动而顺应自然而行，这就是保养精神的道理。

"什么叫德不外露呢?"答道："平，这是一种水极其静止的状态。它可以成为我们取法的准则，让内心保持极端静止的状态，就不会因为外物的变化而产生动摇。道德其实就是成就平静如水的修养。德才不外露，万物自然就不会离开他。"

阐释:

本节中，庄子以"水静则明""水静则平""水不杂则清"等水之常见自然特性，来比喻人之"虚静""恬淡"与"无为"的心态。庄子生活的年代，天下纷纷扰扰，诸子蜂起，其中不乏欺世盗名之徒，蛊惑人心。世人争名逐利，人心失其正，丧其真。庄子有感于此，便通过水之常见的自然特性，告诫人们在面对外界的纷繁复杂、喧嚣困顿时，要保持心灵的虚静、恬淡与无为。水静则明、水静则平、不杂则清、莫动则平，这些都是水的常见自然特性。庄子观察细致入微，独具慧眼，发现上述这些特性与他所崇尚的天道和人道之间的契合之处。庄子认为，天道的特点是清静、恬淡、寂寞、自然无为，圣人效法天道，圣人的心境也是清静、恬淡、无为的。圣人之心就像静止的水一样，不受任何外界因素的影响（"万物无足以铙心者"）。这种虚静、恬淡、寂寞、无为的心境是天地和万物的明镜（"天地之鉴也，万物之镜也"），是天地的水平和道德的顶峰（"天地之平而道德之至"）。当每个人达到这种心境之时，也就接近庄子所谓的道了。

水有动静、清浊之分。当水静止的时候，它像一面镜子，能够映照外界的事物；当水流动的时候，它呈现浑浊的状态，不能作照面之用。南宋理学家朱熹曾有诗云，"半亩方塘一鉴开，天光云影共徘徊"，说得就是池塘里的水平静得就像一面镜子，照见了天光云影。庄子以静水如镜、能照见万物的特性，譬喻人之心静可以察天地之精微，镜万物之玄妙。这与老子的"涤除玄鉴"和佛教的"心如明镜台"有着异曲同工之妙。因此，庄子借孔子之口提醒人们，"人莫鉴于流水，而鉴于止水。唯止能止众止。"(《庄子·德充符》)意思是说，人不能在流动的水面照出自己，但可以在静止的水面照见自己的样子。只有安静不动的事物才能让别的东西也安静下来。

同样，当水在平静的时候，其表面是平的；当稍微出现一点晃动的时候，水的表面便不再平了。因此，庄子认为，平静的水("平者，水停之盛也")可以成为我们取法的准则。他以此来比喻人的内心保持极端的平静，就可以不因外物影响而产生动荡，而道德其实就是成就平静如水的修养。庄子以平静之水来比喻德不外露("德不形")。所谓"德不形"，根据著名学者傅佩荣的解读，"德全者的特色之一，即是不形。让人看不出迹象，似有若无，正是顺其自然的极致表现。"①(2006：65)正如道不显却无处不在，因而德也不显于形而充沛于内在，一个有大德之人并不会在外炫耀自己的德，他也不需要外在的标签彰显自己的德。

综上所述，庄子以水静则平、平则易清、清则明洁这样一种自然现象，喻指"清净、恬淡、无为"的人格修养。以静水如镜，可以照见万物(尤其是自己)的特性，譬喻心静则可以察天地之精微，观万物之玄妙，做到心如明镜止水。以水平静的状态("水停之盛")，来比喻人之内心保持极端平静的状态，不受外物的影响；以平静之水来比喻德不外露。

英译文：

The sage keeps a peaceful mind not because peacefulness is good for him and thus he keeps a peaceful mind. It is because nothing in the world can disturb him that he keeps a peaceful mind. Peaceful waters have a clear and level surface which gives an image of the beards and brows and offers a measure for the master carpenters. If peaceful waters are so clear and transparent, how much so is the spirit of the sage! The peaceful mind of the sage is a mirror that reflects the heaven and the earth, a mirror that reflects everything in the world. Emptiness, peacefulness, quietude and non-action are the yardsticks of the heaven and the earth and also the ultimate criteria of Tao and

---

① 傅佩荣. 傅佩荣解读庄子[M]. 北京：线装书局，2006.

virtue. Therefore, the emperors, the kings and the sages find relaxation in them.

——《大中华文库〈庄子〉》P201

It is the nature of water that it will be clear if it is not polluted and that it will be level if it is not disturbed. The water cannot be clear if it is blocked and is thus unable to flow. This is a natural phenomenon. Therefore, it is said, "purity without foreign substance, concentration without wavering, indifference without action, and movement in accordance with nature—these are the essentials of attaining mental tranquility."

——《大中华文库〈庄子〉》P251

Duke Ai asked, "What do you mean by unmanifested virtue?" Confucius answered, "Levelness is the perfect state of still waters. It can be taken as our model—calm within and not to be disturbed from without. Virtue is the cultivation of perfect harmony. Thus, a person with unmanifested virtue is indispensable to everyone in the world."

——《大中华文库〈庄子〉》P83

译评:

上述三段译文均来自汪译,译文总体上忠实、简洁、流畅,但是也有个别地方值得商榷。具体评述如下:

第一段译文总体上是非常准确、忠实和流畅的。例如,"天地之鉴也,万物之镜也"中的"鉴"和"镜"都是指镜子,故在汪译中都翻译成了"mirror",既保持了忠实,同时又使得译文简洁。而在华兹生译本中,则被分别翻译成"mirror"和"glass",来以示区别;同样,翟理斯译本也被翻译成了两个不同的单词,分别是"mirror"和"speculum",两者不仅略显啰唆,而且"glass"和"speculum"还会引起误解。在彭马田译本中,本句被翻译成"Heaven and Earth are reflected in it, the mirror of all life."不仅逻辑上存在问题,而且意义上与原文也存在较大的差距。由此可见,对比华兹生和彭马田的译法,汪译更加忠实和简洁。

第二段中的"不杂则清"意思是指"水中不含杂质就会清澈",汪译中将其翻译成"it will be clear if it is not polluted",回译成汉语便是"水不被污染就会清澈"。"不杂"与"不被污染"是两个完全不同的概念,所以汪译在这里存在着明显的误译，不过后面的"纯粹而不杂"被翻译成"purity without foreign substance"则是完全合理的、正确的。因此，借鉴华兹生和彭马田的译本，可以将本句的翻译修改为："It is the nature of water that it will be clear if it is not mixed with other things."

第三段中的"德不形"的意思是指"德不外露"或者是"德不表现出外在的形式"。庄子以平静之水来比喻德不外露。汪译将"德不形"翻译为"unmanifested virtue"是颇为准确的，冯家福的译文也是如此，其他的几个译本还有如下几种译法："virtue without outward form""his virtue takes no Form""his Virtue is without shape"。

第 8 章 《列子》中的水文化思想及其英译

8.1 列子及其《列子》简介

列子(约公元前 450 年—前 375 年),名御寇,亦作圄寇,又名寇,字云,郑国圃田(今河南郑州)人,古帝王列山氏之后,战国时期哲学家、思想家、文学家。列子的活动时期应该是战国早中期间,与郑繻公同时,晚于孔子而早于庄子。他是介于老子与庄子之间道家学派承前启后的重要人物,是继老、庄之外的又一位道家学派代表人物。可以说,先秦道家创始于老子,发展于列子,而大成于庄子。列子终生致力于道德学问,曾师从关尹子、壶丘子、老商氏、支伯高子等,隐居郑国四十年,不求名利,清静修道。列子聚徒讲学,弟子甚众,一次列子往谒南郭子时竟挑选"弟子四十人同行",可知列子后学众多。从《庄子》中可以看出列子学派在战国中后期影响很大。《淮南子·缪称训》:"老子学商容,见舌而知守柔矣;列子学壶子,观景柱(测度日影的天文仪器)而知持后矣。"

列子先后著书二十篇,十万多字,在先秦曾有人研习过,但是经过秦祸(指秦始皇焚书事件),刘向整理《列子》时存者仅为八篇,西汉时仍盛行,西晋遭永嘉之乱,渡江后始残缺。其后经由张湛搜罗整理加以补全。今存《天瑞》《仲尼》《汤问》《杨朱》《说符》《黄帝》《周穆王》《力命》等八篇,共成《列子》一书,其余篇章均已失传。其中寓言故事百余篇,如《黄帝神游》《愚公移山》《夸父追日》《杞人忧天》等,都选自此书,篇篇珠玉,读来妙趣横生,隽永味长,发人深思。也有学者经过考证后,认为从思想内容和语言使用上看,今本《列子》八卷或为后人根据古代资料编著。不管怎么样,《列子》一书深刻反映了夏末周初交替与春秋战国社会文化生活的各个方面,可以说是一篇恢宏的史诗,当时的哲学、神话、音乐、军事、文化以及世态人情、民俗风习等，在其中都有形象的表现；《列子》保存了神话传说、音乐史、杂技史等众多珍贵的先秦史料，是先秦散文的代表作之一。

《列子》(又名《冲虚真经》①)的思想与《老子》和《庄子》一脉相承，属于道家的又一部经典著作。《列子》主张"贵虚""无为""空静"，劝说人们要摆脱贵贱、名利思想的束缚。《列子》内容形式多为民间传说、寓言故事和神话等，如《黄帝神游》《愚公移山》《夸父追日》《杞人忧天》等，都带有足以警世的教训，包含深刻的哲学思想，也具有一定的文学价值。

8.2 《列子》中的水文化思想概述

《列子》一书中蕴含着丰富的水文化思想。根据统计，《列子》中"水"字共计出现了 46 次，其他与水有关的字中，"流"字出现了 21 次，"海"字出现了 18 次，"渊"字出现了 17 次，"河"字出现了 17 次，"雨"字出现了 10 次，"江"字出现了 3 次，"源"字出现了 2 次，"冰"字出现了 2 次。《列子》中的水文化思想主要体现在与"水""渊""流""江""河""雨"等有关的论述中。概括起来，《列子》中的水文化思想主要体现在以下七个方面：(1)以"操舟蹈水亦有道"喻道家所遵从的"道法自然"和"天人合一"的境界。列子借孔子之口，指出要学会熟练地操舟，就需要达到"忘水"的境界；要学会游泳，能在水里自由自在、来去自如，就要适应水性，使之成为一种自然习性。"操舟蹈水亦有道"共同体现了道家所遵从的"道法自然"和"天人合一"的境界。(2)以"九渊"喻人生之九种境界与修道方法。列子借壶子之口，以自然界不同的水所形成的九种深潭(即"九渊")为喻，展示了道家学派修道的九种人生境界和修道方法。(3)以"高山流水"喻知音难觅。战国时期的俞伯牙和钟子期是一对名副其实的知音，当俞伯牙弹琴的时候，心里想的无论是高山("志在登高山")，还是流水("志在流水")，钟子期总能意会得到；当钟子期死后，俞伯牙"破琴绝弦谢知音"，终生不再弹琴。列子不仅

① 唐朝天宝四年(公元 745 年)，唐玄宗追封列御寇为冲虚真人，《列子》一书为《冲虚真经》。

用"高山流水"来形容伯牙和子期之间的那种相知相交的知音之情，同时还以此来喻指世上知音难觅。(4)以"水"喻"忠信"。孔子从卫国返回鲁国途中，遇见一奇人能在波涛汹涌的水潭里轻松自如地出入，孔子从奇人的回答中，悟出了"水且犹可以忠信诚身亲之，而况人乎"。由此，列子借孔子之口，以水喻忠信，揭示了人无论是待物、还是待人，都要讲求忠信。(5)以"以水投石"和"以水投水"喻与他人密谋。列子借白公胜和孔子之口，用"以水投石"和"以水投水"来比喻与他人密谋("与人微言")，以"吴之善没者能取之"和"淄、渑之合，易牙尝而知之"为喻，告诫不可与人密谋("不可与人微言")。(6)以"江河之大不过三日"和"漂风暴雨不终朝"喻胜败之变化无常。列子借自然界的变化无常("江河之大不过三日，飘风暴雨不终朝，日中不须臾")，比喻人世间的胜败也是变化无常；并以此来告诫人们，当胜利到来的时候，要谦虚谨慎，时刻要看到危机的存在，加强防备，切勿骄傲轻敌。(7)以"众人学泅水而半数溺亡"等三则寓言故事喻"本同末异"和"回归本同"。列子以三则寓言故事("歧路亡羊""三兄弟同学儒术领会却完全不同"和"众多人学泅水近半数人溺死")来譬喻"本同末异"("学非本不同，非本不一，而末异若是")，即：学的东西不是从根本上不相同、不一致，但结果却是大不相同；同时，以此来告诫人们要"回归本同"("唯归同返一，为亡得丧")，即：只有抓住根本的东西、统一本质的东西不放，才不会误入歧途。

8.3　《列子》在西方世界的英译史

与道家的另外两部经典《老子》和《庄子》在西方世界被广泛地译介和传播相比，《列子》在西方世界的译介与传播则少得可怜。以下笔者将根据现有的研究资料①和已掌握的英译本②，将《列子》在西方世界的英译史做一简单地梳理。

据《大中华文库〈列子〉》中的前言介绍，目前所知，《列子》在西方世界最早的英译是在 1912 年，由英国汉学家翟林奈(Lionel Giles)将《列子》译为英文，书

---

①　关于《列子》英译史的资料非常少，截止目前笔者能收集到的资料主要有入选《大中华文库》的《列子(英汉对照)》中前言和陈枫(2014)的硕士论文。陈枫. 葛瑞汉的《列子》英译本研究[D]. 西南交通大学，2014.

②　笔者目前共收集到《列子》的英译本有 5 部(包含全译和节译)。

名为《〈列子〉中的道教教义》(*Taoist Teachings from the Book of Lieh-Tzu*),由位于英国伦敦的东方智慧出版社(Wisdom of the East)出版。翟林奈是英国维多利亚时代的学者、翻译家、汉学家翟理斯(Herbert Allen Giles)之子,他出生于中国,同时又深受其父亲的影响,对中国哲学文化有颇深的造诣。在其译本的引言中,翟氏将道教思想史划分为三个阶段,他认为《老子》属于原始阶段,《庄子》和《列子》的核心部分则属于发展阶段,而《淮南子》以及《列子》和《庄子》中的伪造篇章等则是道教思想衰退的反映。正是出于这样的考虑,翟氏在翻译《列子》时将《杨朱》篇排除在外,认为《杨朱》篇追求享乐的思想与道教不合。同一年,英国学者安东·福柯(Anton Forke)将《列子·杨朱》以《杨朱的享乐园》(*Young Chu's Garden of Pleasure*)为名译出,同样由东方智慧出版社出版。

1960 年,英国著名汉学家葛瑞汉(Angus Charles Graham)也将《列子》译为英文,该译本书名为《〈列子〉:道的经典》(*The Book of Lie-tzu: A Classic of the Tao*),这是《列子》的第一个完整英文译本,也是西方世界公认的最具学术价值的版本。该译本于 1960 年在英国伦敦出版,后于 1990 年被美国哥伦比亚大学出版社再版。

2005 年,由敦煌学博士、中国海洋大学外国语学院英语教授梁晓鹏先生翻译了《列子(英汉对照)》,这是首位由中国学者翻译的《列子》英译本。该译本入选《大中华文库》,由中华书局出版。据悉该译本译者学识渊博,认真负责,译文通达,为中外读者提供了一个较好的译本。

1995 年,美国的独立学者和道家艺术的实践者——伊娃·王(Eva Wong)将《列子》翻译成英文,书名为《列子:道家的现实生活指南》(*Lieh-tzu: A Taoist Guide to Practical Living*),该译本受到《图书馆杂志》的高度赞扬,被誉为"抓住了《列子》思想精神的成功且生动的翻译"(A bright and lively translation that captures the essential insights of the *Lieh-Tzu.*)。该译本由美国的香巴拉出版社(Shambhala Publications)出版。

本章所引用的《列子》英译本主要来自《大中华文库》中梁晓鹏教授的译本(以下简称梁译),译评中也借鉴和对比了英国汉学家翟林奈的译本(以下简称翟译)、英国汉学家葛瑞汉的译本(以下简称葛译)和美国独立学者伊娃·王的译本(以下简称王译)。

8.4 《列子》中的水文化思想阐释、英译与译评

8.4.1 以"操舟蹈水亦有道"喻"道法自然"和"天人合一"的境界

原文:

> 颜回问乎仲尼曰:"吾尝济乎觞深之渊矣,津人操舟若神。吾问焉,曰:'操舟可学邪?'曰:'可。能游者可教也,善游者数能。乃若夫没人,则未尝见舟而谡操之者也。'吾问焉,而不告。敢问何谓也?"仲尼曰:"噫!吾与若玩其文也久矣,而未达其实,而固且道与。能游者可救也,轻水也;善游者之数能也,忘水也。乃若夫没人之未尝见舟也而谡操之也,彼视渊若陵,视舟之覆犹其车却也。覆却万物方陈乎前而不得入其舍。恶往而不暇?以瓦抠者巧,以钩抠者惮,以黄金钩抠者惛。巧一也,而有所矜,则重外也。凡重外者拙内。"
>
> 孔子观于吕梁,悬水三十仞,流沫三十里,鼋鼍鱼鳖之所不能游也。见一丈夫游之,以为有苦而欲死者也,使弟子并流而承之。数百步而出,被发行歌,而游于棠行。孔子从而问之,曰:"吕梁悬水三十仞,流沫三十里,鼋鼍鱼鳖所不能游,向吾见子道之,以为有苦而欲死者,使弟子并流将承子。子出而被发行歌,吾以子为鬼也。察子,则人也。请问蹈水有道乎?"曰:"亡,吾无道。吾始乎故,长乎性,成乎命,与齐俱入,与汩偕出。从水之道而不为私焉,此吾所以道之也。"孔子曰:"何谓始乎故,长乎性,成乎命也?"曰:"吾生于陵安于陵,故也;长于水而安于水,性也;不知吾所以然而然,命也。"
>
> ——《列子·黄帝》

今译文:

颜回向孔子问道:"我曾经在一个叫觞深的深潭中摆渡,渡口的船夫撑船的技术神妙无比。我问他:'撑船可以学吗?'他答道:'可以。能游水的就可以教,

善于游水的很快就能学会。至于能潜水的人，即使从来没有见过船，但是马上能驾船。'我再问他，他就不说了。冒昧地请教先生，他说的这番话到底是什么意思?"孔子说："唉! 我和你研习道的表象虽然时间很长了，但是还没有探究到道的实质，现在姑且给你说说吧。能游水的可以教，因为他不怕水; 善于游水的很快能学会，因为他忘掉了水。至于会潜水的人从未见过船，却能马上驾船，那是因为他看待深渊如同陆地，看待翻船如同车子倒退。翻船、倒车等一起呈现在眼前，却不能丝毫影响他的心境，那么到哪儿不从容有馀呢? 用瓦器作注来赌博，可以尽情发挥赌技; 用衣带钩作注来赌博，就很怕输掉; 用黄金作注来赌博，紧张得心迷意乱。赌技是一样的，但是用带钩、黄金作赌就有所顾忌，那是因为太看重身外之物。看重身外之物，内心就会变得笨拙。"

孔子到吕梁游览，那里瀑布直下几十丈，湍流飞沫三十里，连鼋鼍鱼鳖都不能游，却看见有个男子在游水。孔子以为他是有痛苦而想寻短见，于是让学生沿着水流去搭救他。不料他游了几百步就上来了，披着头发，边走边唱，在堤下游逛。孔子赶上去问他："吕梁瀑布几十丈，湍流飞沫三十里，连鼋鼍鱼鳖都不能游，刚才我看见你在急流中游水，以为是你有痛苦而想寻短见，于是让学生沿着水流准备搭救你。不料你出水上岸，披着头发，边走边唱，我还以为你是鬼呢，可仔细一看，竟是个人。请问游水有道术吗?"他说："没有，我没有什么道术。我始乎故，长乎性，成乎命，同漩涡一起卷进，跟涌流一起冲出，顺从水的规律而不自作主张，这就是我能在急流中游水的缘故。"孔子又问："什么叫'始乎故''长乎性''成乎命'呢?"他答道："我出生在陆地，就安于陆地生活，这是我本来的素质，所以叫作'始乎故'。后来我在水上长大，就安于水上生活，这是我的习性，所以叫做'长乎性'。我不知道为什么能游水，却自然而然地会游水，这是习故安性而顺天命，所以叫作'成乎命'。"

阐释:

本节关于孔子的两则故事不仅记载于《列子·黄帝篇》中，同样也记载于《庄子·达生篇》中，想必是同为道家学派重要代表的列子和庄子都意识到这两则故事对于悟道参道的重要性，所以才心有灵犀，英雄所见略同吧。本节中，列子以孔子为代言人，给我们讲述了"津人操舟若神"和"蹈水有道"的故事。

第一则故事讲述的是，有一次颜回问摆渡的船夫，"驾船是否可以学会？"而船夫的回答是可以，并且指出善于游泳的人经过数次练习即可掌握驾船的技能，而善于潜水的人则未见到船便会驾船了。颜回不理解其中缘由，便求教于孔子。孔子回答说，是因为善于游泳的人习以为性适应于水而处之自然（"忘水也"），而善于潜水的人把深渊看作陆地上的山丘（"视渊若陵"），把船倾覆看作车子倒退（"视舟之覆犹其车却也"）。善于游泳的人，忘记了水的存在，就会把水中之游当成如履平地一般；善于潜水的人，把深渊看作陆地上的山丘，把船倾覆看作车子倒退，即使没有划过船，也敢于撑船出没于江河湖海，因为他觉得水和陆地没有什么两样。总而言之，在孔子看来，要学会操舟就需要达到"忘水"的境界。对于人生而言，这种境界的取得是需要经历无数生活风浪的考验和历练，有了这种境界，就会坦然地面对人生的潮起潮落，处变不惊、宠辱不惊，胜固可喜、败亦欣然，这才是人生的智慧，而且是大智慧。

第二则故事讲述的是，孔子在吕梁山上观水的时候，遇见一壮年男子在水里自由自在、来去自如，感觉很是诧异，便询问该男子游水有什么特别的门道吗（"蹈水有道乎"）？男子回答说，没有什么门道，是因为他生长在水边，从小就会游泳（"吾始乎故"）；长大了，也就习惯了（"长乎性"）；有这样的本领，他也不知道，大概是命运吧（"成乎命"）。吕梁男子居然能在激流之中像鱼一样悠然自如地游来游去，也就难怪孔夫子要疑惑见到鬼神。可是这样的神技，在吕梁男子自己看起来，却觉得非常平凡，不值得大惊小怪。而且他也不是口若悬河的理论家，所以也说不出个所以然来。他只觉得自己是在瀑水里成长起来的，游泳就如同走路一样成了自己的自然习性。既然是一种习性，也就无法说出个所以然来。不过吕梁丈夫的回答虽然朴实无华，却还是可以给人以许多启示的。这就是人可以通过对自然的适应，培养出适应自然的自然本领——习性。而所谓对自然的适应过程，也就是意识与实践千百次交流以达到顺应自然规律的过程。由此可见，人的许多技能，只有通过这种对自然的适应过程，才能进入神化的境界。如果只是纸上谈兵，或者是按图索骥，长一分太多，短一分太少，那就不可能进入自由王国，有所成就的。

两则故事不仅反映了操舟蹈水亦有道，还共同体现了道家所遵从的道法自然和天人合一的境界。

英译文:

Yan Hui asked Confucius, "Once I crossed a deep pool named Shangshen, I found that the ferryman did his job ingeniously. 'Can boating be learned?' I asked. 'Yes,' he answered. 'Those who swim may learn, those who are good swimmers will master it in no time, and those who can dive may do it immediately even if they never see a boat.' I asked him for the reasons and he made no further reply. Would you please tell me whatever his answers mean?" Confucius said, "Alas! I have discussed the idea of *Tao* with you for a long time but not yet probed into its essence. Now let me tell you. Those who can swim may learn because they are not afraid of water; those who are good swimmers may learn it soon because they forget all about water; and those who can dive may do it immediately even if they never see a boat because they regard deep pool as land and overturning of boat as backing of cart. Nothing that overturns or backs may change his frame of mind and what cannot be taken easy? A person may bring his art of gambling into full play if he uses pebbles as counters; he is afraid of loss if his belt buckles are bet on; and if gold is used as stakes he would be bewildered because of tension. His skills are the same, but he cares about losing his belt buckles or gold because he values highly his worldly possessions. The appreciation of external things makes a dull mind."

Confucius went sightseeing at Lüliang and saw below a huge waterfall a man in the torrents in which even turtles and fish find hard to stay. He thought that the man wanted to drown himself because of certain bitter reasons, therefore sent his disciples to his rescue. Unexpectedly, the man came ashore after swimming a few hundred meters, singing while wandering along the bank. Confucius went up and said, "I saw you in the torrents and I sent my disciples to help you because I thought you wanted to drown yourself. I did not expect that you would come ashore and go around so happily. I thought you were a spirit. Can you tell me if there is any art in swimming?" "There is not," the man replied. "I started as of old, grew up by force of habit, and succeeded in observing the order of nature. I get in with the whirlpools and rush out with the swift flows. I do as the waters do and that is why I can swim in the rapid torrents." "What do you mean by starting as of old, growing up by force of habit, and succeeding in observing the order of nature?" "I was born on land and was satisfied with the life on land," replied the man. "This is my quality of origin, therefore I said I started as of old. Later I grew up on water and was satisfied with the life on water. That was my habit, therefore I said I grew up by force of habit. I can't tell why I can swim although I could do it in due time, therefore I said I succeeded in observing the order of nature."

——《大中华文库〈列子〉》P39-41

译评:

　　本节的译文来自《大中华文库》中梁晓鹏教授的译本(以下简称梁译)。总体而言,梁译忠实于原文,译文简洁流畅。现仅举两例来说明。(1)第一段中有两句"覆却万物方陈乎前而不得入其舍。恶往而不暇?"这里的意思是说,翻船、倒车等一起呈现在眼前,却不能丝毫影响他的心境,那么到哪儿不从容有余呢? 其中包含了一个反义疑问句,在梁译中,译者同样以反问句的形式"and what cannot be taken easy?"翻译,忠实地传达出了原文的意义和语气。在葛译中,译者以陈述句的形式翻译本句,"he is relaxed wherever he goes."虽然意义忠实于原文,但语气远不如原文。而在王译中,本句则被漏译了。(2)第一段中还有一句,"巧一也,而有所矜,则重外也"。这里的"重外者"指的是"看重身外之物"。何谓"身外之物"? 一般指的是个人身体以外的东西,如名誉、地位、权力、金钱等。在梁译中,译者将其翻译为"values highly his worldly possessions",准确地传达出了原文的内涵。在葛译和王译中,"外者"被直译成"give weight to something outside you"和"by things happening outside",只能算勉强传达出了其字面意义。

　　但是,梁译中也有值得商榷的地方。例如。第二段中有一句"吾始乎故,长乎性,成乎命,与齐俱入,与汩偕出。"本句中"始乎故,长乎性,成乎命"到底是何意呢? 结合上下文语境,该句的内涵意思是说:"(我学习游泳)从最初生长的环境条件起步;然后再顺着自己所生长的环境本性慢慢成长;而至于自己最后能否获得成功,则全凭命运的安排了。"在梁译中,该句被翻译成"I started as of old, grew up by force of habit, and succeeded in observing the order of nature."在第一个分句翻译中,译者将"故"直译为"old",与原文内涵差距较大,整句翻译成"I started as of old", 则令人不知其所以然；后两个分句的翻译尚能达意。其他两个译本的翻译稍有进步，但也并不完美，仅供参考。

"You can say that I started my learning with what was given to me at birth, continued with what was natural for me to do, and completed it by trusting what was meant to be."（王译）

"I began in what is native to me, grew up in what is natural to me, matured by trusting destiny."（葛译）

8.4.2 以"九渊"喻人生之九种境界与修道方法

原文：

> 列子入告壶子。壶子曰："向吾示之以太冲莫胜，是殆见吾衡气几也。鲵旋之潘为渊，止水之潘为渊，流水之潘为渊，滥水之潘为渊，沃水之潘为渊，氿水之潘为渊，雍水之潘为渊，汧水之潘为渊，肥水之潘为渊，是为九渊焉。尝又与来！"明日，又与之见壶子。立未定，自失而走。壶子曰："追之！"列子追之而不及，反以报壶子，曰："已灭矣，已失矣，吾不及也。"壶子曰："向吾示之以未始出吾宗。吾与之虚而猗移，不知其谁何。因以为茅靡，因以为波流，故逃也。"然后列子自以为未始学而归，三年不出，为其妻爨，食豕如食人，于事无亲，雕瑑复朴，块然独以其形立，纷然而封戎，壹以是终。
>
> ——《列子·黄帝篇》

今译文：

列子进来告诉了壶子。壶子说："刚才我显示给他看的是太虚无迹象可征，所以他看到了我混沌平衡的生机。雌鲸盘旋的回流为渊，断水之处的回流为渊，流水的回流为渊，涌出的泉回流为渊，往下流的泉水的回流为渊，从旁边流出的泉水的回流为渊，壅塞之水的回流为渊，流水停积集聚之回流为渊，同源异流之水的回流为渊，这就是九渊。再请他来一趟吧！"第二天，列子又带季咸来见壶子。还没有站定，季咸就惊慌失色地逃走了。壶子说："追上他！"列子追赶不上，回来报告壶子，说："已经不见了，已经消失了，我追不上他了。"

壶子说："刚才我显示给他看的并没有离开我的本来面目。我无所执而随着他变化，他便搞不清我是怎么回事。于是我又像草一样跟着他颠倒，像水一样跟着他流动，所以他就逃走了。"列子这时才明白自己还没有学到什么，便返回到家中，三年不出门，替他妻子烧火做饭，喂猪像伺候人一样周到，对任何事物都没有偏爱，不事雕琢而复归真朴，像土块一样独立而不受干扰，在纷繁的琐事中却心神一致，如此直到终身。

阐释：

"九渊之说"原来流传于神话传说之中，后来作为道家人物的列子，他以九渊的寓意说到人生，是人生达到了终极圆满的九种境界，同时也提出了修道的九种境界和方法。本节中故事讲述的是，列子跟随壶子学道多年，开始以为壶子有道，后来遇到精通"相术"的季咸，心就被迷了，这山望着那山高。正如俗话所说，"真人不露相，露相不真人"，壶子是得道真人，深藏不露，季咸之技再神，也莫测其高深。所以，最后季咸被深不可测的壶子所吓跑了。列子这才知道自己没有学到什么，返回家中，三年不出门。为他妻子烧饭，喂猪就如同侍候人一般认真。从此对于事物不再有偏私之见，放弃了浮华而返璞归真，好像是无知无识的土块一般，在纷乱的尘世中一直自守真朴，终身不变。现实中，大多数人的修为和修养不够，都是因为浮躁。

在故事中，壶子以自然界不同的水形成的九种深潭（即九渊）为喻，向列子展示了道家学派修道的九种人生境界和修道方法：

（1）"鲵（ní）旋之潘为渊"。这里的"鲵"指的是娃娃鱼，大鲵体长可达 1.8 米，叫声如婴儿啼哭，故俗称娃娃鱼。古人把雄的称为鲸鱼，雌的称为鲵。鲸鲵喜欢旋转，一转水流就起漩涡，小的生物一进入漩涡就沉下去了。因此，人的第一步修炼就是让自己沉下去，气沉丹田，打通任督二脉。任脉在前，督脉在后，任脉主血，督脉行阳，任督二脉通了。气就成了深渊，第一功夫，沉下去，通气脉。

（2）"止水之潘为渊"。这里的"止水"指的是"滞止不流的水"，即不流动的水。寒潭止水，气脉通了，沉下来。水流慢慢的平静，知止而后有定，当一个人修到念头止了，气脉通了，想象就能感觉到那种空而深的境界。

（3）"流水之潘为渊"。这里的"流水"指的是流动的水。以前总是说"心静如水"，水是静的还是动的，心是静的还是动的，有了第二步的定，才能感受第三步的动，动静一如，让自己的生命之河细水长流。静水流深，平静的水，不知道下面有多深，表面的平静，里面却极有内涵。静水下面的世界，只能自己用心体悟，"如人饮水，冷暖自知"，这里动静一如，深浅自知。

（4）"滥水之潘为渊"。这里的"滥"意为"泛滥、不加选择、不加节制、过度"，泛滥的水就好像水灾。有了前面的沉渊、止渊、动渊做基础，行走天下，溢而成渊，渊远流长，影响也大了起来。一个人从小时候的养成教育，形成习惯，认识规则，建立规则，到适应运用规则，以至于可以随心所欲，无所谓规则，每一步都需要经历和实践的磨砺。

（5）"沃水之潘为渊"。这里的"沃水"泛指丰富的水资源（如瀑布），从上游往下流淌。泛滥的水不加管理，能帮助人也能害人；而沃水是肥美的，可以灌溉的，水从上面浇下来，让流过的地方都很肥美。就好像人的气脉从上向下浇下来很舒服。佛家的"灌顶"水冲下来，冲久了，境界很深沉，你可以自动调节自己的气息，让自己的能量温暖身心。

（6）"氿(guǐ)水之潘为渊"。这里的"氿水"指的是从侧面流过来的泉水，水从旁边流出来，逐渐积聚，也变成深渊了。从个人来讲，这个等于左右的气脉，气脉不但要上下通畅，还要左右也通畅，就好像瑜伽术一样，身体变化，深不可测。

（7）"雍水之潘为渊"。"雍"原意为"和谐、和睦"，这里的"雍水"指的是舒缓从容不迫的水，也有一说，倒转回来。上一个境界说，水从四面八方过来，有吸引力，未必和谐，而这个境界，内外一如，身心通泰。

（8）"汧(qiān)水之潘为渊"。《尔雅》："水决之泽为汧"。这里的"汧水"指的是渗出来、溢出来的水，聚集而成渊。比喻为人的全身气脉温暖流通，还能溢出来，随便一动，处处莲花，境界已经不可测。

（9）"肥水之潘为渊"。《释文》："水所出异为肥也。"这里的"肥水"指的是水出于异地而合流汇归为一。水有肥的，也有瘦的。肥水是春天的水，有生发的气象。春天暖和了，万物复苏。

虽然本节中壶子(列子的老师)表面上是说自然界中九种水形成的深潭(即九渊)，但是本质上却是以九渊寓意达到终极圆满的九种人生境界与修道方法。壶子因季咸而示道于列子，最后以这九渊为喻，说明得道之人应不为外物所动，即

165

使再凶猛的洪水也不足以动摇。列子提出的"九渊之说"的智慧在于：事物的真相往往比你所看到的表象更深、更有内涵，记住永远不要被事物的表象所迷惑。后来所说的九泉，与道家学派所说的九渊还是有一定的历史渊源关系。

英译文：

Liezi told his master about the request and the latter said, "I showed him the state of utter silence and harmony and probably saw the balance of life in me. There are nine deep pools made of whirling water, stagnant water, flowing water, overflowing water, rains, side gushes, back streams, springs, and water branches. Bring him here for one more time." On the fifth day, Liezi brought Ji Xian to Huqiu Zilin for still another time. Hardly had he stepped inside when he lost his mind and ran away as fast as his legs could carry him. "Stop him!" shouted the Master. Liezi failed to catch him and told his master that Ji Xian had already disappeared. The Master said, "I just showed him a state not yet born out of my origin, I treated him with humility and compliance, so that he was uncertain whatever I was. He thought I was unstable as grass in the wind or water in motion and took to his heels out of fear." Liezi realized that he had not yet begun the study of *Tao* and kept himself at home for three years. He cooked meals for his wife, fed pigs as he did people, and treated everything equally. He removed his vulgar habits, returned to the simplicity, kept oneness and lived as a form in ignorance and unadornment the rest of his life.

——《大中华文库〈列子〉》P47

译评：

本节的译文仍来自《大中华文库》中梁晓鹏教授的译本（以下简称梁译）。总体而言，梁译不仅忠实于原文，而且还保持了原文的风格。现仅举两例来说明。(1)文中提到了自然界不同的水形成的九种深潭，即：九渊。这九种水无论是对于原文读者还是译文读者，都是十分陌生的。因此，要准确翻译这九种深潭是非常困难的。在梁译中，译者将其译为"nine deep pools made of whirling water, stagnant water, flowing water, overflowing water, rains, side gushes, back streams, springs, and water branches." 译文不仅与原文保持了忠实，而且十分简洁流畅，保持了原文的风格，这是难能可贵的。相比之下，另外两个译本则逊色许多。例如，在王译中，译者将九渊译为 "Streams, rivers, waterfalls, springs, lakes, rapids, eddies, vortices are all different manifestations of water, but eventually they all flow into deep pools." 虽然译文在形式上保持了与原文的一致，但是在意义上却与原文存在一定差距。在葛译中，译者只译出了其中的三种深渊，"Whirlpools, still waters, currents, all hollow out deep pools; of the nine kinds of deep pool I have shown him three." 不过，译者以注释的形式解释了其原因①，在注释中倒是将九渊完整地翻译出来了。(2) "食豨如食人" 意思是 "喂猪像伺候人一样周到"。在梁译中，本句被翻译成 "(he) fed pigs as he did people"，这是比较准确的。而在王译中，本句被译为 "He took care of the pigs and was kind to everyone and everything." 译文明显偏离了原文的本义。相比之下，葛译要略显忠实一些，"Served food to his pigs as though they were human"。

8.4.3 以"高山流水"喻知音难觅

原文：

> 伯牙善鼓琴，钟子期善听。伯牙鼓琴，志在登高山。钟子期曰："善哉！峨峨兮若泰山！" 志在流水，钟子期曰："善哉洋洋兮若江河！" 伯牙所念，钟子期必得之。伯牙游于泰山之阴，卒逢暴雨，止于岩下；心悲，乃援琴而鼓之。初为霖雨之操，更造崩山之音。曲每奏，钟子期辄穷其趣。伯牙乃舍琴而叹曰："善哉，善哉！子之听夫志想象犹吾心也。吾于何逃声哉？"
>
> ——《列子·汤问》

---

① 葛译的注释如下：I here follow the text of the Chuang-tzu, from which the story of the shaman Chi Hsien is taken. (It is, by the way, full of rare words and textual corruption, so that the translation is often speculative.) The editor of the Lieh-tzu has obscured the point by introducing the full list of the nine pools: Whirlpools, still waters, currents, water bubbling up from the ground, water dripping from above, water slanting from a cave in the side, water dammed and turned back to its source, water which drains away in a marsh, several streams from one source, all hollow out deep pools. These are the nine kinds of deep pool.

今译文：

伯牙擅长弹琴，钟子期善于欣赏。伯牙弹琴，意蕴在登高山，钟子期便赞叹道："好呀！巍巍峨峨就像泰山一样雄伟！"意蕴在流水，钟子期便赞叹道："好呀！浩浩荡荡就像长江黄河一样波澜壮阔！"伯牙心里所想的，钟子期一定能体会得出。有一次伯牙在泰山北麓游览，突然遇上暴雨，便躲在岩崖下面，心里感到很悲切，于是取琴弹了起来。起初，他弹奏的是描写连绵大雨的琴曲，接着又换了一首描写高山崩塌的乐曲。每弹一曲，钟子期立即彻悟其中的旨趣。于是伯牙停止了弹琴，叹道："好呀，好呀！您的音乐鉴赏力真了不起啊！您的志趣和想象如同我心里所想一样，我到何处去藏匿自己的心声呢？"

阐释：

本节中，列子以"高山流水"来比喻伯牙和子期之间的那种相知相交的知音之情，同时还以此来喻指世上知音难觅。俗语说，"千金易得，知音难求"。大概的意思是说，千两黄金容易得到，却很难寻求一个完全了解自己的人。由此看来，知音比黄金更可贵。而《列子》中记载的俞伯牙和钟子期可以算得上是一对名副其实的知音，俞伯牙弹得一手好琴，钟子期有一对善解人意的耳朵。俞伯牙弹琴时，当他的心思在高山时，钟于期便说："太好了，巍峨高耸呀像泰山"；当他的心思在流水时，钟子期便说："好呀，浩浩荡荡好像江河。"不论伯牙心里想着什么，钟子期一定能会意得到。伯牙和子期两相合拍，留下了"高山流水遇知音"的千古佳话。因此，"高山流水"也被用来形容俞伯牙与钟子期之间那种相知相交的知音之情。当钟子期死后，伯牙摔琴断弦，终生不再弹琴，认为世上再没有值得他为之弹琴的人了。(《吕氏春秋》中记载："钟子期死，伯牙破琴绝弦，终身不复鼓琴，以为世无足复为鼓琴者。")伯牙的绝琴明志，一者做为对亡友的纪念，再者为自己的绝学在当世再也无人能洞悉领会而表现出深深的苦闷和无奈。

"高山流水"的故事在春秋战国的诸子典籍和以后的典籍或文学作品中也曾多次被记载或援引，例如战国时期的《吕氏春秋》，西汉的《韩诗外传》《淮南子》《说苑》，东汉的《风俗通义》《琴操》《乐府解题》等均有援引或记载。唐代孟浩然诗云："知音世所稀。"南宋岳飞词云："欲将心事付瑶琴，知音少，弦断有谁听？"明代冯梦龙的《警世通言》开卷第一篇便是《俞伯牙摔琴谢知音》。现今，位于武汉市汉阳区的龟山西麓、月湖东畔，有一座古琴台（又名俞伯牙台），相传春秋时期楚国琴师俞伯牙在此鼓琴抒怀，山上的樵夫钟子期能识其音律，知其志在高山流水，伯牙便视子期为知己。

在中国几千年的历史上，"高山流水"的故事之所以被人们广为传颂，其实是与中国传统的"士文化"背景分不开的。先秦时代百家争鸣，人才鼎盛，很多士人国家观念淡薄，并不忠于所在的诸侯国。这些恃才之士在各国间流动频繁，他们莫不企盼明主知遇。他们希望能遇见像知音一般理解自己的诸侯王公，从而一展胸中所学。此后，贤才遇明主，这几乎成为中国几千年来所有读书人的梦想。然而，能达到此目标的毕竟是少数，更多的人却是一生怀才不遇而汲汲无名，有的或隐身市肆，有的则终老山林。由此可见，千百年来"高山流水"的故事被广为传颂，引起无数人的共鸣，当是因为这个故事背后的寓意是人生遇合的美妙，以及人生不遇的缺憾。

现在，人们经常用"高山流水"来比喻"知音难觅"。事实上，知音难觅，任何一个时代都是如此，即使今天通讯如此发达，人们交往如此方便，然而交流的手段多了，交流时走心的人却少了。

英译文：

Bo Ya was an expert player of zither, and Zhong Ziqi was an expert appreciator. When the former meant the climb of lofty mountains, the latter would exclaim in praise, "Wonderful! It is as imposing as Mount Tai!" And when the rushing of water was implied, the response would be, Superb! It is as grand as the great waves of the Yellow and Yangtze rivers!" Zhong Ziqi would comprehend whatever there was in Bo Ya's mind. On one visit at the northern foot of Mount Tai, there was a sudden rainstorm, and Bo Ya had to take shelter under a rock cliff. He felt rather sad and began to play the zither. He played the tone of continuous big rains followed by abrupt avalanches of high mountains. Zhong Ziqi understood every part of it completely. Bo Ya stopped playing and said with a sigh, "Great! Great! What an outstanding power of appreciation you have! Your interest and imagination are so much like what I think in my mind that none of my aspirations will be hidden from you."

——《大中华文库〈列子〉》P129

译评：

本节的译文来自《大中华文库》中梁晓鹏教授的译本（以下简称梁译）。总体而言，梁译忠实于原文，译文简洁流畅，传达出原文的风格。现仅举两例来说明。(1)"善哉洋洋兮若江河！"本句中的"江河"指的是长江和黄河，而非一般的江河。在梁译中，"江河"被译为"the Yellow and Yangtze rivers"，这是十分贴切的。其他两个译本的翻译也是如此。不过，在王译中，"峨峨兮若泰山！"中的"泰山"（包括后面出现的"泰山"）却被笼统地译为"the Great Mountains"，明显是一种误解和误译。(2)"子之听夫志想象犹吾心也。"其中的"志"指的是"志趣"，整句的意思是"您（钟子期）的志趣和想象如同我（俞伯牙）心里所想一样。"在梁译中，本句被译为"Your interest and imagination are so much like what I think in my mind"，这是十分忠实的。然而，在葛译中，仅仅译出了"想象"而漏掉了"志"，"What you imagine is just what is in my mind."在王译中，本句被笼统地译为"You can read my mind by listening to my music."

不过，梁译中也有不甚准确的地方。例如，"伯牙善鼓琴"中的"琴"在梁译中被译为"zither"（古筝），这是不大准确的。经过笔者查询和考证，这里的"琴"指的是古琴（又称瑶琴等），古筝和古琴是两种不同的乐器。在葛译和王译中，"琴"都被翻译为"lute"（琵琶，大约在中国秦朝出现），这就更加不准确了。因此，笔者建议改译成"peptachord"或者采用音译的方法译为"Guqin"。

8.4.4 以"水"喻"忠信"

原文：

　　孔子自卫反鲁，息驾乎河梁而观焉。有悬水三十仞，圜流九十里，鱼鳖弗能游，鼋鼍弗能居，有一丈夫方将厉之。孔子使人并涯止之，曰："此悬水三十仞，圜流九十里，鱼鳖弗能游，鼋鼍弗能居也。意者难可以济乎？"丈夫不以错意，遂度而出。孔子问之曰："巧乎？有道术乎？所以能入而出者，何也？"丈夫对曰："始吾之入也，先以忠信；及吾之出也，又从以忠信。忠信错吾躯于波流，而吾不敢用私，所以能入而复出者，以此也。"孔子谓弟子曰："二三子识之！水且犹可以忠信诚身亲之，而况人乎？"

——《列子·说符》

今译文：

孔子从卫国返回鲁国，在河梁上停下马车来观赏。只见瀑布直泻几十丈，旋流奔涌九十里，鱼鳖不能游行，鼋鼍不能停留。有一条汉子正要趟水过去，孔子急忙派人沿着岸边去阻止他，说："这瀑布直泻几十丈，旋流奔涌九十里，连鱼鳖都不能游行，鼋鼍都不能停留，想来难以渡过去吧？"那汉子听了毫不在意，就渡过河上了岸。孔子问他："你真巧妙呀！有什么道术吗？你在急流中能入能出，是什么原因呢？"汉子回答："我刚开始下水的时候，凭的是对水的忠诚和深信不疑；到我出水的时候，还是凭着对水的忠诚和深信不疑。这忠和信，把我的身躯托付给了波涛急流，而我不敢存有一点私心。我之所以能入急流又能出急流，就凭的这个啊。"孔子对学生们说："你们记住！这水尚且可以凭忠信亲近它，更何况人呢！"

阐释：

本节中，列子以水喻忠信，"水且犹可以忠信诚身亲之，而况人乎"，揭示了人无论是待物还是待人，都要讲求忠信。故事讲述的是孔子从卫国回到鲁国来，在路途中遇见一个奇人。当孔子看到该奇人能在有着巨大旋涡且十分危险的水潭里轻松自如地出入时，感觉很神奇，便上前请教其原因。该奇人回答说靠的是"忠信"，"始吾之入也，先以忠信；及吾之出也，又从以忠信。忠信错吾躯于波流，而吾不敢用私，所以能入而复出者，以此也。"他并不知道面前的人是大名鼎鼎的孔子，所以开始跟孔夫子谈起了"忠信"二字。他回答说："我刚下水的时候，依靠的是忠信；从水里出来的时候，依靠的也是忠信。"何为"忠信"呢？事实上，"忠信"在古人那里有两层含义：尽心竭力，坚信不疑。具体而言，于一事一物无不尽心谓之"忠"（不要狭义地理解为是对上司的忠诚），坚定的信念谓之"信"，信任自己，信任他人，这就是忠信之道。奇人口中的"忠信"，是对于水，他信任水，不违背水性，能够和水合二为一，在水里他会忘掉自己，也忘掉了水，不抗拒，顺其自然，利用水的力量，一点伤害都没有。"忠信错吾躯于波流"，他忠信待水，水也以忠信待他，忠信让他的躯体安处于波涛激流之中。

"而吾不敢用私"，这中间一点私念都没有，顺水性的圜流而转，自己并没有觉得自己的本事在水流之上。因为不敢用私心，"所以能入而复出者，以此也"。说穿了，其实就是这一点，没有什么别的秘诀，我也不会什么道术。

孔子听后，深有所获，转而对学生说道："二三子识之！水且犹可以忠信诚身亲之，而况人乎？""二三子识之"，古书上孔子讲话经常用"二三子"，用现在通俗话讲，就是"同学们请注意"，其中"识"字应该读"志"（zhì）。孔子告诫学生，"水且犹可以忠信诚身亲之，而况人乎？"你们看"水"只是一种物质，人跟物质相处，只要忠信，就能人跟物质两者合一。只要忠信、诚信处世，物都能够转变，何况是人乎？中国有句话："精诚所至，金石为开"，任何事，只要肯用心，都能做好，做不好，是因为诚信不够，行有不得，反求诸己，这就是中国文化的内涵。如果以这种精神来对人、对社会、对国家、对天下，不论你扮演一个什么样的社会角色，我们都能实现自己的人生目标和价值。

英译文：

On his home journey to Wei from Lu, Confucius stopped his chariot on a bridge to see the water fall nearly a hundred meters down and rush many miles away. Fish, turtles, and alligators could not swim and stay in the water, but a man was about to ford it. Confucius hurriedly sent someone to stop him, saying, "The waterfall is almost a hundred meters high and it rushes many miles away. Since fish, turtles, and alligators could not swim or stay in it, isn't it hard to ford it here?" The man was heedless of what he was told and crossed the river successfully. "You are really clever!" said Confucius to the man. "How could you go in and out of the torrents? Is there any secret in doing so?" "When I began to enter the water," replied the man, "I had the full devotion and firm belief; and when I came out of it, I kept the same state of mind. It is the devotion and belief that committed me to the care of the torrents and I did not venture to cherish any idea of my self. It is because of this that I could go into and come out of the torrents." Confucius told his disciples, "Remember this! Even the water can be trusted, isn't it possible for man to be so treated?"

——《大中华文库〈列子〉》P203

译评：

　　本节的译文仍来自《大中华文库》中梁晓鹏教授的译本（以下简称梁译）。总体而言，梁译忠实于原文，译文简洁流畅，传达出原文的风格。例如，"忠信"是本节中列子重点阐述的关键词，前后共计出现了4次。到底何谓"忠信"呢？事实上，在古代，"忠信"包含了两层含义："忠"意思是做任何事都尽心竭力，并非狭义上地对上司的忠诚；"信"意思是有坚定的信念或对某物坚信不疑，这就是列子所说的"忠信"之道。在梁译中，译者将"始吾之入也，先以忠信；及吾之出也，又从以忠信"译为"When I began to enter the water, I had the full devotion and firm belief; and when I came out of it, I kept the same state of mind."其中，"忠信"被意译成"the full devotion and firm belief"，这是十分贴切的，准确地传达了原文的内涵。而在葛译中，译者将"忠信"直译成"being loyal and true to the water"，虽然表面上看似忠实，但是实际上却偏离了原文内涵；在王译中，译者采用了折中的方式，将"忠信"译为"I trust the waters and I have confidence in myself."虽不完全准确，但是相对葛译要好多了。

8.4.5　以"以水投石"和"以水投水"喻与他人密谋

原文：

　　　　白公问孔子曰："人可与微言乎？"孔子不应。白公问曰："若以石投水，何如？"孔子曰："吴之善没者能取之。"曰："若以水投水，何如？"孔子曰："淄、渑之合，易牙尝而知之。"白公曰："人故不可与微言乎？"孔子曰："何为不可？唯知言之谓者乎！夫知言之谓者，不以言言也。争鱼者濡，逐兽者趋，非乐之也。故至言去言，至为无为。夫浅知之所争者，末矣。"白公不得已，遂死于浴室。

　　　　　　　　　　　　　　　　　　　　——《列子·说符》

今译文：

　　楚国大夫白公胜问孔子道："可以同别人一起密谋吗？"孔子没有吭声。白公又问："如果把石头投进水里，会怎样呢？"孔子说："吴国善于潜水的人能从水底取出来。"白公又问："如果把水倒进水里，怎样呢？"孔子说："淄水和渑水混合在一起，易牙尝一下就能感觉出来。"白公问："那就不能同别人一起密谋了吗？"孔子答道："为什么不可以呢？但只有懂得言语旨趣的人才可以！那懂得言语旨趣的人，是不用言语来表达的。捕鱼的人身上被沾湿，追赶野兽的人要奔跑，并不是高兴要这样。因此，最精深的言论是不用言语，最崇高的行为是无所作为。那些知识浅陋的人所争的只是一些细枝末节的东西。"白公没有领会孔子说话的用意，仍然密谋叛乱，终于吊死在浴室里。

阐释：

本节讲述的是白公胜和孔子关于"人是否可以与他人密谋"（"人可与微言乎？"）的故事。故事中的白公姓芈，名胜，号白公，是楚平王之孙、太子建之子。白公的父亲太子建因遭陷害，携家人出逃，逃到郑国后遭郑国人杀害。太子建死后，白公便从郑国逃到吴国。楚国令尹子西将白公从吴国召回楚国，封为巢邑大夫。白公喜好用兵，礼贤下士，总想攻打郑国替父报仇，但并未得到许可。白公对此很是恼怒，后来借机发动叛乱，杀死子西和子期，囚禁楚惠王，自立为楚王。不久叶公率军勤王，白公兵败，自缢而死。

有一次，白公胜遇见孔子，他早就得知孔子学问渊博，于是便向他请教，"人可与微言乎？"这里的"微言"在古汉语里大概有两种意思：一种就是很轻微的语言，如"微言大义"，说得很少，但是它背后包含了深刻的道理；另一种是阴谋或密谋的意思，白公胜用"微言"，就是指密谋的意思。孔子并没有直接回答白公胜的问题（"不应"）。孔子不回答并不代表他不知道怎么回答。实际上，孔子教书育人始终不肯讲谋略，只讲做人的道理，对就是对，错就是错；其实阴谋、阳谋、用兵之道、政治大原则他全懂，只是他不讲而已。

见到孔子没有回应，白公赶紧换了种隐晦的方式问道："若以石投水，何如？"和"若以水投水，何如？"众所周知，将石头投入水中，石头很快便沉入水底，没了踪迹，很难被找到，故此有成语"石沉大海"来比喻人去不见踪影、杳无音信或事情没有下文；而将一种水倒在另外一种水里，两种水很快就混合在一起，很难分辨出来。在这里，白公胜的本意是将与他人密谋比作"以石投水"和"以水投水"，喻指阴谋极其隐蔽，不为人所知。然而，孔子的回答也是相当隐晦。他指出，善于游泳的人会潜入水底将石头取上来（"吴之善没者能取之"），即便是两条河的水混在一起，懂行的人也能分辨地出来（"淄渑之合，易牙尝而知之"）。孔子的本意是说与他人密谋，无论如何隐秘，想要消灭形迹，终归难办。正如俗语所说，"若要人不知，除非己莫为"，密谋的行为迟早是会被发现的。孔子以这种隐晦的方式劝说白公胜放弃与他人密谋谋反。然而，可惜的是，白公胜并未理解孔子的一片苦心，最后落得兵败自缢而亡的下场。

故事中，列子借白公胜和孔子之口，用"以水投石"和"以水投水"来比喻与他人密谋（"与人微言"），以"吴之善没者能取之"和"淄、渑之合，易牙尝而知之"为喻，告诫白公胜不可与人密谋（"不可与人微言"）。然而，白公胜为父报仇心切，对于微言密谋很感兴趣，一直问隐秘的阴谋是否也能暴露。而孔子认为，所谓微言只能心领神会，不待形之于语言，话一说出口，便谈不上保守住什么秘密了。

英译文：

Baigong Sheng, an official of Chu, asked Confucius, "Is it possible to make a scheme with another person?" Confucius made no answer. "What would happen if I throw a stone into water?" Baigong asked again. "A good swimmer of Wu would take it out from under the water," answered Confucius. "What would happen if I throw water into water?" Baigong went on. "If you should mix the water of Zi with the water of Sheng," replied Confucius, "Yi Ya would be able to feel it." "Isn't it possible to plot with another person then?" Baigong repeated his question. "Why not?" replied Confucius. "However, only he who understands the purport of speech could do it! He who comprehends the purport of speech does not express himself in words. He who goes fishing gets wet, and he who goes hunting must run. However, it is not that they enjoy doing so. Thus, the most profound expression is not made of words, and the noblest actions consist in attempting and accomplishing nothing. He who has superficial knowledge strives for trifles." Baigong did not catch what Confucius had said and still plotted rebellion but ended by hanging himself in the bathroom.

——《大中华文库〈列子〉》P203-205

译评：

本节的译文仍来自《大中华文库》中梁晓鹏教授的译本(以下简称梁译)。总体而言，梁译忠实于原文，译文简洁流畅。例如，本节中的"微言"意思是与人密谋，在梁译中，第一次出现的时候被译为"make a scheme"，第二次出现的时候被译为"plot with"，这是比较贴切的。而在葛译中，"人可与微言乎?"被译为"Is it possible to hint to a man without giving yourself away to others?"其中的"微言"被译为"hint to sb. without giving oneself away"(意为向某人暗示而不暴露自己)，明显与原文本义不符。在王译中，译者将"微言"译为"plot to do"，这是较为合理的。

不过，梁译也存在进一步改进的空间，主要有两个方面。首先，在梁译中，对部分专有名词缺乏解释或介绍，不利于译文读者理解。例如，本节中的主角白公胜，在梁译中未做任何的注释或解释，所以读者对白公胜是何人、他为何要与人密谋都知之甚少。在葛译中，译者对白公胜和易牙进行了注解①，这样就更有利于译文读者理解。因此，笔者建议可以借鉴葛译，对本节中的重要专有名词进行注解。其次，在翻译策略方面，梁译主要采用直译，虽然保证了译文的忠实度，但是译文的风格略显生硬。在这方面，葛译也采用了同样的翻译策略，而王译则采用了意译的翻译策略，将本节完全以讲故事的形式呈现出来，看不到原文中的任何特色了②。因此，笔者建议可以采用直译和意译相结合的策略，既保证译文的忠实度，同时也保证译文的可接受性。

---

① 葛译中的注解：Notes. (1) The Duke of Pai was the grandson of King P'ing of Chu (528-516 B.C.). After the execution of his father in Cheng, he urged the Prime Minister of Ch'u to make war on Cheng. Instead a Ch'u army was sent to help Cheng against an invasion by Chin. The Duke rebelled, killed the Prime Minister, but was himself killed in a bath-house. (2) Yi Ya, the chef of Duke Huan of Ch'i, is the most famous of Chinese cooks.

② 王译：A NOBLEMAN who was plotting to kill two of his rivals wanted to see if people saw his motives. He went to Confucius and said, "Will someone guess your secrets if you leave clues?" Confucius did not answer. "Suppose you throw a stone into the river. Will someone notice it?" "A good diver would" "If you mix the waters of two rivers together, will someone be able to tell them apart?" "I've heard there are some people who have this ability." "In this case, can there be no secrets?" Confucius said, "Why not? Someone who listens and understands well will be able to keep a secret well. This is because you don't have to talk a lot to get him to understand your point. The less you talk, the less you'll reveal. Thus, the best way to keep a secret is not to talk, and the best way to get things done is not to do them." The nobleman did not quite understand what Confucius meant. In the end his plans of treachery and murder were discovered, and he himself was killed.

8.4.6 以"江河之大不过三日"和"漂风暴雨不终朝"喻胜败之变化无常

原文：

> 赵襄子使新稚穆子攻翟，胜之，取左人中人；使遽人来谒之。襄子方食而有忧色。左右曰："一朝而两城下，此人之所喜也；今君有忧色，何也？"襄子曰："夫江河之大也，不过三日；飘风暴雨不终朝，日中不须臾。今赵氏之德行，无所施于积，一朝而两城下，亡其及我哉！"孔子闻之曰："赵氏其昌乎！夫忧者所以为昌也，喜者所以为亡也。胜非其难者也；持之，其难者也。贤主以此持胜，故其福及后世。齐、楚、吴、越皆尝胜矣，然卒取亡焉，不达乎持胜也。唯有道之主为能持胜。"孔子之劲，能拓国门之关，而不肯以力闻。墨子为守攻，公输般服，而不肯以兵知。故善持胜者以强为弱。

> ——《列子·说符》

今译文：

赵襄子派家臣新稚穆子攻打翟人，打了胜仗，夺取了左人、中人两座城邑。新稚穆子派驿卒来报捷。襄子正在吃饭，脸上却显出了忧色。左右侍从说："一个早晨就攻下了两座城邑，这是人们高兴的事情，而现在您却面有忧色，这是为什么呢？"襄子说："江河的大潮不超过三天便退，暴风和骤雨不消一个早上便停，正午的太阳不一会儿便倾斜。如今赵家没有积下什么德行，一个早上却攻下了两座城邑，灭亡恐怕要降临到我头上了！"孔子听到了这件事，说："赵家大概要昌盛啦！忧患是导致昌盛的原因，安乐是导致灭亡的原因。取胜并不是最困难的，保持胜利是最困难的。贤明的君主以忧患来保持胜利，因此福佑延及后代。齐、楚、吴、越等国都曾获胜，但最终得到灭亡的下场，这是因为不通晓保持胜利的缘故。只有掌握道的君主才能保持胜利。"孔子的力气能够托起城门的门关，但他不愿以力气来闻名。墨子制订了防御策略来对付进攻，使公输般折服，但他不愿以善于打仗而知名。所以，善于保持胜利的人以强为弱。

阐释：

本节讲述的是赵襄子的故事。赵襄子当时是晋国的一个很有权势的大臣，他派人去攻打另一个小国家，结果打胜了。手下人回来报告说，我们打胜了，得到了两座城池：一个叫左人城，一个叫中人城。古代诸侯是以城池为财富的，然而赵襄子却不喜反忧。这是为何呢？赵襄子随后解释道："江河之大也，不过三日。飘风暴雨，日中不须臾。"意思是说，江河发大水，不过三天就退了；狂风、暴雨、当顶的太阳，都只是一会儿的事情。赵襄子之所以忧虑的原因是：世事变化无常，而赵家祖上积累的德行，包括他自己积累的德行是不够的；而今拿下两座城池，等于是德不配位，我们赵氏离灭亡就不远了，所以他为此忧虑。孔子听了这个故事以后，给出了极高的评价，预言今后赵氏子孙一定更加昌盛。孔子还据此总结出"故善持胜者以强为弱"的道理。

在此，列子借自然界的变化无常（江河之大不过三日，飘风暴雨不终朝，日中不须臾），比喻人世间的胜败也是变化无常。所以，当胜利到来的时候，要谦虚谨慎，时刻要看到危机的存在，加强防备，切勿骄傲轻敌，这样才能确保以前的既得利益。吴王夫差在取得胜利以后，整日沉醉在酒色之中，不修边防，很快就国灭身亡。历史事实提供了很好的教育素材，我们要从中汲取经验教训，无论处于顺境还是逆境，都要谦虚谨慎，都要保持忧患意识，切勿骄傲自满。

英译文：

Zhaoxiangzi sent his retainer Xinzhi Muzi against the Di clan and following his victory he seized the two towns of Zuoren and Zhongren. When a post-corvee arrived to report the victory, Zhao Xiangzi was taking his meal and looked unhappy." It's a joyful news, said his attendants, "that two towns were captured in one morning, Your Majesty, but you look sad. Why?" Zhaoxiangzi said, "The spring tide of rivers recedes in three days at most, windstorm or rainstorm won't last a whole morning, and the noontide sun will soon slant to the west. Now we Zhaos have not accumulated merits and virtues but occupied two towns in one morning, I'm afraid destruction is going to befall us!" Confucius heard of it and said, "The Zhao clan is going to flourish! Misery leads to flourishing while ease leads to destruction. It is not the hardest to win victories; the most difficult thing is to keep them. Wise kings keep them with misery, therefore their bliss extends to their later generations. The states of Qi, Chu, Wu, and Yue used to be victorious, but they were ruined in the end because they did not know how to keep their victories. Only those kings who have a mastery of the *Tao* are able to do so." Confucius could open the gate bolt of his town, but he was unwilling to be known for his strength. Mozi made defensive strategy against attacks to subdue Gongshu Ban, but he was reluctant to be known as a good fighter. Thus, he who keeps victories well considers strength as weakness.

——《大中华文库〈列子〉》P205

译评：

本节的译文仍来自《大中华文库》中梁晓鹏教授的译本（以下简称梁译）。总体而言，梁译忠实于原文，译文简洁流畅，传达出原文的风格。现仅举两例来证明。(1)"夫江河之大也，不过三日；飘风暴雨不终朝，日中不须臾。"本句中，列子以自然界中的三种变化无常的现象，来比喻人世间的胜败也是变化无常。其中，"江河之大，不过三日"意思是说"江河的大潮不超过三天便退"，在梁译中被译为"The spring tide of rivers recedes in three days at most"，这是比较贴切的。在葛译中，原本用作泛指的"江河"被译为"The Yangtse and the Yellow River"，与原文的本义存在一定的差距；而在王译中，"江河之大"则被翻译为"a great flood"(a great flood will not last more than three days.)，意为大洪水，这明显是对原文的误解和误译。

(2)"墨子为守攻，公输般服，而不肯以兵知。"本句中的墨子是春秋战国时期墨家代表，主张兼爱、非攻，据说他制作守城器械的本领比公输班还要高明；公输班(鲁班)则是中国建筑和木匠的鼻祖，擅长制作各种工具器械(如墨斗、斧子、锯子、刨子、凿子等)和各种攻城器械(如钩镶、云梯等)。本句的意思是"墨子制订了防御策略来对付进攻，使公输般折服，但他不愿以善于打仗而知名"。在梁译中，译者将其翻译成"Mozi made defensive strategy against attacks to subdue Gongshu Ban, but he was reluctant to be known as a good fighter."译文不仅忠实于原文，而且传达了原文的风格。然而，在王译中，译者却将其译为"When

179

Mo-tzu and a famous military strategist played a war game on a chess board, Mo-tzu won easily. And yet, Mo-tzu was never known as an expert in the military arts."王译存在两个严重的问题：一是译文中漏掉了"公输班"这样一个重要信息，只是笼统地用"a famous military strategist"（一个著名的军事战略家）；二是译文中存在着误解和误译，将墨子和公输班之间的攻防博弈①误解为一般意义上的"下棋"（played a war game on a chess board），因此产生了明显的误译。相比之下，葛译要略显忠实一些，如"Mo-tzu made plans for defence which Kung-shu Pan could not beat, but he did not wish to be known as a warrior."

8.4.7 以"众人学泅水而半数溺亡"喻"本同末异"和"回归本同"

原文：

> 心都子他日与孟孙阳偕入，而问曰："昔有昆弟三人，游齐鲁之间，同师而学，进仁义之道而归。其父曰：'仁义之道若何？'伯曰：'仁义使我爱身而后名。'仲曰：'仁义使我杀身以成名。'叔曰：'仁义使我身名并全。'彼三术相反，而同出于儒。孰是孰非邪？"杨子曰："人有滨河而居者，习于水，勇于泅，操舟鬻渡，利供百口。裹粮就学者成徒，而溺死者几半。本学泅，不学溺，而利害如此。若以为孰是孰非？"心都子嘿然而出。孟孙阳让之曰："何吾子问之迂，夫子答之僻？吾惑愈甚。"心都子曰："大道以多歧亡羊，学者以多方丧生。学非本不同，非本不一，而末异若是。唯归同反一，为亡得丧。子长先生之门，习先生之道，而不达先生之况也，哀哉！"

> ——《列子·说符》

---

① 据称，公输班曾帮助楚国制造兵器，创制攻城的云梯，准备攻打宋国；墨子得知后，不远千里，从鲁国行走十日十夜至楚国都城郢，试图劝说楚王，阻止战争。然而，楚王不答应，他让墨子与鲁班当场演练，比试攻防技术。于是，墨子解下身上的腰带，在地上围成一圈当城墙。鲁班则找来几根竹签当作攻城的云梯。双方开始了对阵。鲁班先后使用了九种方法攻城，都被墨子一一破解了。最后，鲁班的攻城器械已用尽，墨子的守城办法还绰绰有余。楚王见始终无法取胜，最后只得同意停止攻打宋国。

今译文：

有一天，心都子和孟孙阳一同去谒见杨子，心都子问杨子说："从前有兄弟三人，在齐国和鲁国一带求学，向同一位老师学习，把关于仁义的道理都学通了才回家。他们的父亲问他们说：'仁义的道理是怎样的呢？'老大说：'仁义使我爱惜自己的生命，而把名声放在生命之后'。老二说：'仁义使我为了名声不惜牺牲自己的生命。'老三说：'仁义使我的生命和名声都能够保全。'这三兄弟的回答各不相同甚至是相反的，而同出自儒家，您认为他们三兄弟到底谁是正确谁是错误的呢？"杨子回答说："有一个人住在河边上，他熟知水性，敢于泅渡，以划船摆渡为生，摆渡的赢利，可供一百口人生活。自带粮食向他学泅渡的人成群结队，这些人中溺水而死的几乎达到半数，他们本来是学泅水的，而不是来学溺死的，而获利与受害这样截然相反，你认为谁是正确谁是错误的呢？"心都子听了杨子的话，默默地同孟孙阳一起走了出来。出来后，孟孙阳责备心都子说："为什么你向老师提问这样迂回，老师又回答得这样怪僻呢？我越听越糊了。"心都子说："大道因为岔路太多而丢失了羊，求学的人因为方法太多而丧失了生命。学的东西不是从根本上不相同，从根本上不一致，但结果却有这样大的差异。只有归到相同的根本上，回到一致的本质上，才会没有得失的感觉，而不迷失方向。你长期在老师的门下，是老师的大弟子，学习老师的学说，却不懂得老师说的譬喻的寓意，可悲呀！"

阐释：

列子善于用寓言来讲述道理，本段虽然只节选了"三兄弟同学儒术领会却完全不同"和"众多人学泅水近半数人溺死"两则寓言，但其实在此之前还有一个"歧路亡羊"的寓言，这三则寓言一起共同组成了一个寓言复合体。"歧路亡羊"这则寓言故事讲的是，杨子邻居的羊逃跑了，已经有家属亲友等人去追寻，还觉得人不够，又来请求杨子的童仆帮助去追，结果还是没有追到。为什么呢？因为岔路太多，岔路中间又有岔路，不知道该从哪条岔路去追，所以这么多人去追，还是追不到。杨子对这件事感触很深，很长时间不言不笑，他的学生问他为什么这样，杨子竟然没回答。接下来，列子以"歧路亡羊"的寓言故事本身引出另外两则寓言：一则是心都子讲的三兄弟同学儒术领会却完全不同的寓言，另一则是杨子讲的众多人学泅水近半数人溺死的寓言。最后，列子通过心都子的总结和感悟，揭示了三则寓言故事的深刻寓意。

三则寓言归纳起来就是"大道以多歧亡羊，学者以多方丧生"。其中，"大道以多歧亡羊"是对"歧路亡羊"故事本身的概括；而"学者以多方丧生"既是对三兄弟同学儒术却领会完全不同故事的概括，又是对众多人学泅水近半数人溺死故事的概括(这里"丧生"的"生"字，不能够机械地只理解为"生命"，而还要理解为"性"字，当"本性"讲，"丧"生也应当作"丧失本性")。三则寓言故事的深刻寓意主要体现在"学非本不同，非本不一，而末异若是，唯归同返一，为亡得丧"。在此，列子以"岔路太多则会丢失掉羊，求学的人经常改变学习内容、学习方法，就会丧失本性，迷失方向，甚至丧失生命"，来譬喻"只有抓住根本的、统一的、本质的东西不放，才不会误入歧途"的道理。寓言中心都子的话"学非本不同，非本不一，而末异若是"，曾被西晋人卢谌用为典故，写在他的《给司空刘琨书》中："盖本同末异，杨失兴哀。"这两句话中"本同末异"就是心都子的话"学非本不同，非本不一，而末异若是"的浓缩。

这三则寓言告诫我们，不仅学习上要紧紧抓住根本的、一致的、本质的东西，观察和处理一切事物都应该这样。客观事物错综复杂，干什么事情都必须专一，不能三心二意，见异思迁。如果毫无主见，见到岔路就想另走，那就会导致"本同异末"的结果，到头来不仅会一无所获，甚至还会有丧失本性、丧失生命的危险。

英译文：

A few days later, Xinduzi came with Mengsun Yang to see Yang Zhu. "Once there were three brothers traveling between Qi and Lu," he told Yang Zhu, "and learning from a master. When they learned the *Tao* of justice and virtue, they went home. 'What is the Tao of justice and virtue?' their father asked. 'With justice and virtue, I have placed life before fame', said the eldest son. 'With justice and virtue, I choose fame before life,' said the second son. 'With justice and virtue, I keep life and fame at the same time,' said the youngest. They were all disciples of Confucianism, but contradicted with one another. Now who was right and who was wrong?" Yang Zhu replied, "A man living by the river and good at swimming made a living on his ferryboat and his earnings might support over a hundred people. Large groups came with solid food to learn the skill but almost a half were drowned. They came to learn the skill of swimming, not drowning, but their rewards were so widely different. Now who were right and who were wrong?" Without a word, Xinduzi came out of the house. "Why did you ask him in such a roundabout manner?" Mengsun Yang blamed, "and why did our master answer with such strange obscurity? I am more and more confused." As a reply, Xinduzi said, "The sheep is lost because there are too many forked roads; swimming learners are drowned because there are too many skills. The process of learning is basically the same, but the results may be sharply different. The state of non-gain and non-loss may be achieved only with the return to the sameness and oneness. You are the first disciple of our master, but it is a pity that you do not understand the metaphor he has made!"

——《大中华文库·列子》P216-219

译评:

本节的译文仍来自《大中华文库》中梁晓鹏教授的译本(以下简称梁译)。总体而言,梁译忠实于原文,译文简洁流畅,传达出原文的风格。现仅举三例来证明。(1)"仁义之道"中的"仁义"是儒家的重要伦理范畴,其本意为"仁爱"与"正义",在梁译中,译者将其翻译为"the *Tao* of justice and virtue",这是比较贴切的。但是,在葛译和王译中,"仁义"被分别翻译成"the principles of moral duty"和"virtue",两者都未能完整准确地传达"仁义"的真正内涵。(2)"子长先生之门"中的"长"用作动词,意为"居先、居首、排行最大",整句的意思是说"你(指孟孙阳)长期在老师的门下,是老师的大弟子"。在梁译中,本句被译为"You are the first disciple of our master",译文忠实于原文。相比之下,在其他两个译本中,由于译者误解了"长"的真实意义,出现了不同程度上误译或偏差。例如,在葛译中("How sad that you, who have grown old as his disciple..."),由于"长"被理解为"年长、年龄大"而产生了误译;在王译中("I am surprised that you have been with your teacher for a long time..."),由于"长"被理解为"时间长久"而使译文与原文本义产生了偏差。(3)"学非本不同，非本不一，而末异若是。唯归同反一，为亡得丧。"这两句是本节的思想精髓，告诫人们学习上要紧紧抓住根本的、一致的、本质的东西。在梁译中，译者将其翻译成"The process of learning is basically the same, but the results may be sharply different. The state of non-gain and non-loss may be achieved only with the return to the sameness and oneness."从译文表达的意义来看，梁译的理解和翻译都十分准确，传达出了原文的内涵。相比之下，另外两个译本则要逊色一些。例如，葛译的译文如下：

The root of what they were learning was one and the same, but you can see how far the tips of the branches had diverged. Only return to where they are one, go back to where they are the same, restore the missing and find the lost.

仔细对比原文和译文之后，可以发现，前一句的译文翻译的还是比较忠实的，而且还将原文的比喻也传达出来了，即："本"(指树的根)和"末"(指树的枝叶)。但是，后一句的翻译却存在较大问题，尤其是"为亡得丧"，本义为"才会没有得失的感觉，而不迷失方向"，而译文"restore the missing and find the lost"的意思却变成了"恢复失去的和迷失的东西"。在王译①中，译者采用意译的策略，虽然译文十分流畅且容易理解，但是过度的意译导致译文中译者发挥的成分较大，与原文出现一定程度上的偏离。

当然，梁译中也存在值得商榷的地方。例如，"裹粮就学者成徒"中的"裹粮"指的是学泅渡的人"自带粮食"，而在梁译中却变成了"with solid food"(带了固体食物)，偏离了原文的本义。在此，葛译则较为准确忠实，"A crowd of people came with their bundles of provisions to learn from him…"。

---

① 王译如下：Our friends couldn't find the lost sheep because they were confused by too many paths. The apprentice swimmers drowned because they were too eager to try different methods. There is only one principle in learning the Tao. Don't get swamped by too many choices. By the time you try all the alternatives, you will be totally confused and you will have learned nothing. The only way to learn, then, is to focus on one technique, get to the source of it, and do not abandon it until you've completed your learning.

第9章 《管子》中的水文化思想及其英译

9.1 管仲及其《管子》简介

管仲(公元前723年—前645年),名夷吾,字仲,谥敬,颍上(今安徽省颍上县)人。中国古代著名经济学家、哲学家、政治家、军事家。春秋时期法家代表人物,周穆王的后代。齐僖公三十三年(公元前698年),开始辅佐公子纠。齐桓公元年(公元前685年),得到鲍叔牙推荐,担任国相,辅佐齐桓公成为春秋五霸之首。对内大兴改革,富国强兵;对外尊王攘夷,九合诸侯,一匡天下,被尊称为"仲父"。齐桓公四十一年(公元前645年)病逝。后人尊称为"管子",誉为"法家先驱""圣人之师""华夏文明保护者""华夏第一相"。

《管子》一书虽然与管仲有关,但是同先秦许多典籍一样,它既非一人之著,亦非一时之书。《管子》是管仲学派从春秋到战国乃至秦汉逐渐积累的"集体智慧的结晶",既包含了管仲思想的记录和发挥,也包含了后人的创造和发展。现在所谓的《管子》86篇,是经过西汉末年的学者刘向整理编辑的。刘向为汉成帝时人,他整理校订"中书"(相当于"国家图书馆"收藏的有关管子的典籍),总共获得564篇,除掉重复,定为86篇。在这86篇中,后来又有10篇散佚。现在流传的76篇,大约就是经过刘向整理过的。这些篇章共分为"经言""外言""内言""短语""区言""杂篇""管子解""管子轻重"八个部分。

9.2 《管子》中的水文化思想概述

《管子》中蕴含着丰富的水文化思想,既有"形而上"的,涉及哲学、人性、治国理政等方面的水文化思想，也有"形而下"的，具体而实用的水文化思想。根据统计，《管子》中"水"字出现了 217 次，其他与水有关的字中，"流"字出现了 92 次，"海"和"泉"字都出现了 62 次，"雨"字出现了 59 次，"河"字出现了 19 次，"湖"字出现了 2 次，"冰"字出现了 2 次，等等。《管子》中的水文化思想主要集中在《水地》和《度地》两篇中，其中仅"水"字就出现了 76 次之多。如果说《水地》论述的是"形而上"的水文化思想，包含"哲学之水""人性之水"和"治国理政之水"；那么，《度地》论述的则是"形而下"的水文化思想，即"实用之水"。此外，《管子》中的水文化思想还散见于《形势解》《七法》《君臣卜》《牧民》等篇章中。

　　概括起来，《管子》中的水文化思想主要体现在以下八个方面：(1)水是万物之本原。管子认为，水是"万物之本原，诸生之宗室也"，是造物主赐予我们这个星球最宝贵的物质。没有水就没有生命，就没有世间万物生机勃发的景象。(2)水是万物之准、诸生之淡、是非得失之素。管子认为，一切量具都是以水的量具(准，即水平仪)为依据的，一切味道都是以水的味道(淡)为基础的，一切颜色都是以水的颜色(素)为背景的。(3)水性决定人性与依水性而治世。管仲通过列举各诸侯国的水质对当地百姓品性特征的影响，阐明了水性决定人性，一方水土养一方人的道理，进而提出了"依水性而治世"的治国思想。(4)以水喻人之德性。管子以自然之水的特性和功用来喻指人之德性，认为水具有仁、精、正、义、卑的品格，与君子、王者类似，希望人们能取法于水。(5)以水喻臣民百姓。管子还以蛟龙喻君主，以水喻民，从蛟龙"得水则神立，失水则神废"来喻指君主只有得到臣民的拥护才有权威，否则他的权威就会消失。(6)以风雨来喻公正无私。管子认为，风雨是自然界公正无私的化身，无论对象贵贱、美丑，风都会一样地吹拂万物；无论对象大小、强弱，雨都会公平地洒落在万物身上。(7)以水喻政。管子以水为师，提出治人如治水患，采用"迁流"和"决塞"之法治理民众，如同水自源头顺流而下使政令顺应民心，以及治国之道如水波浮动等治国理民思想。(8)水利是治国安邦之要务。管子认为，"善为国者，必先除其五害"，他将水害视为"五害"之首，要清除五害，首当其冲要从治理水患做起。

9.3 《管子》在西方世界的英译史

相对于《老子》《孟子》《论语》等诸子典籍较早在西方世界被广泛地译介和传播，《管子》在西方世界的译介与传播可以说不仅时间较晚而且范围也较小。根据冯禹(1988)①、顾冬建(2016)②、李宗政(2014)③等学者的梳理和研究，《管子》在西方世界的译介始于 19 世纪末。1886 年，德国人甘贝伦茨(Gabelentz)在《日本研究学会论文》杂志上发表了 *L'oeuvre du philosophe Kuan-tse*(《管子哲学著作》)，对《管子》一书作了简要介绍，原文为法文。1896 年，法国人哈勒次(Harlez)在《亚洲杂志》上发表了 *Un ministre chinois au We siecle avant J.-C., Kuan-tze et le Kuan-tze-shu* (《公元前七世纪的一位中国宰相，齐国的管子与〈管子〉书》)，介绍了管仲事迹与《管子》一书，其中包括《管子》前十篇的译文，多有删节，原文为法文。1902 年德国人格鲁布(Grube)出版了 *Geschichte der chinesischen Literatur* (《中国文学史》)，书中简要介绍了《管子》一书，原文为德文。

而对《管子》一书的英译和介绍最早可以追溯至英国汉学家爱德华·哈珀·帕克(Parker Edward Harper, 1849—1926 年)，他于 1918 年在《亚洲观察》杂志上发表 *Prussian Kultur 2500 Years Ago* (《两千五百年前的普鲁士式文化》)，1921—1922 年在《新中国观察》杂志上发表了 *Kuan-tzu* (《管子》)，介绍了管仲的事迹和思想。此后，英国人古斯塔夫(Haloun Gustav, 1933/1951)、休斯(Hughes, 1942)、李约瑟(Joseph Needham, 1954)、美国人马弗里克(Maverick, 1954)、荷兰人罗恩(Van der Loon, 1952)等也相继英译和介绍了《管子》的部分篇章和思想。尤其值得一提的是，英国著名学者李约瑟在他的多卷本《中国科学技术史》(*Science and Civilization in China*)中介绍了《管子》中《水地》和《度地》等涉及自然科学方面的篇章。

到了 20 世纪 50 年代，西方出现了第一部研究《管子》的专著《古代中国的经

① 冯禹. 欧美国家有关《管子》研究的主要论著[J]. 管子学刊, 1988(2)：93-95, 11.
② 顾冬建.《管子》的英译及其在英语世界的传播[J]. 校园英语, 2016(11)：222-223.
③ 李宗政.《管子》外译研究概述[J]. 管子学刊, 2014(2)：111-115.

济对话：〈管子〉选集》(1954 年)，该书由谭伯甫、温公文翻译出版，主要为节译与选译，但文中有不少误译。1985 年，普林斯顿大学出版社出版了美国汉学家艾伦·李克(W. Allyn Rickett)翻译的《管子》第一卷，并于 1998 年出版了第二卷。这是西方世界第一部完整的《管子》英文全译本，为西方读者和汉学家了解和研究《管子》及中国古代思想文化打下了良好的基础。国内学者对于《管子》的英译颇为罕见，主要有大中华文库出版的翟江月版本和李学俊在"新法家网站"上刊载的部分篇章的翻译。2005 年，《大中华文库》系列丛书中的《管子》一书由鲁东大学的翟江月教授翻译完成，并由广西师范大学出版社首次出版，该书是目前国内《管子》的首个英文全译本。此外，从 2008 年 9 月开始，"新法家"网站①连载了李学俊翻译的"Guanzi：Earliest Masterpiece on Political Economy in Human History"，这一系列文章主要节译了《管子》中具有代表性的政治以及经济观点，先后连载发表了 20 篇。

综上所述，无论是在国内还是在国外，对《管子》的译介都还是比较薄弱的。美国著名汉学家葛瑞汉(Graham)认为，严格说来西方的《管子》专家只有李克一人；而国内《管子》的权威译介也仅有翟江月的译本。不过，我们相信，随着中外文化交流的加强，随着国内学术界对《管子》的重视，随着国外一些专家的努力，《管子》的译介与传播将会出现新的发展。

本章所引用的《管子》英译文主要来自《大中华文库》中翟江月教授的译本(以下简称翟译)，译评中也借鉴和对比了美国汉学家艾伦·李克译本(以下简称李译)。

9.4 《管子》中的水文化思想阐释、英译与译评

9.4.1 水是万物之本原

原文：

> 是故具者何也？水是也。万物莫不以生，唯知其托者，能为之正。具

---

① http：//english. xinfajia. net/content/esearch/10/Guanzi. page.

者，水是也。故曰：水者何也。万物之本原也，诸生之宗室也，美、恶、贤、不肖、愚、俊之所产也。

——《管子·水地篇》

今译文：

所以，什么是世上最具有决定性的因素？那就是水。万物没有不依靠水生存的，只有真正了解了水的重要性才能掌握它的价值与仁德。什么东西是万能的？那就是水。所以说：水是什么？水是万物的本原，是一切生命的根基，而且，人的美与丑、贤与不肖、愚蠢无知与才华出众等个体差异，都是受水的影响而产生的。

阐释：

世界万物的本原是古代哲学家们热衷探究的重要命题之一。在管子看来，水是"万物之本原，诸生之宗室也"。水是造物主赐予我们这个星球最宝贵的物质，没有水就没有生命，就没有世间万物生机勃发的景象。

在本段中，管仲提出了一个问题，即：天地万物谁是具备一切、包罗万象的呢？管仲的答案是非水莫属。因为万物没有一个不是依靠水的滋养而生存的，如果不信，万物都能为此作证。接下来，他又提出另外一个问题，水是什么呢？答案是：水是万物的始祖、根本和源头，是各种生命的根蒂——这就明确提出了水是"万物的本原""诸生之宗室"的命题，从而使"水"成为形而上之"道"的物化形式，承担起"万物本原"的职责。这样，自然之水经过人的理性过滤便上升为"哲学之水"。

英译文：

So, what is the decisive factor in the world? It is water. Everything in the world is dependent on it. However, only those who know the importance of it can really master its virtue and benevolence. What is versatile? Water is. So, what is water? Water is the foundation of everything in the world. All kinds of lives depend on it to survive. And the quality of all people, kind or devilish, sensible or unworthy, is affected by it.

——《大中华文库〈管子〉》P875

译评:

本段的译文来自《大中华文库》中翟江月的译本(以下简称翟译)。本段前部分翻译的较为完整、通顺和流畅,但是最后一句有两处翻译值得商榷。首先,"贤"与"不肖"分别被翻译成"sensible"和"unworthy"值得商榷。原文中提及人的六种品性,分别为"美、恶、贤、不肖、愚、俊",它们构成了三对反义词,即:美与丑、贤与不肖、愚蠢无知与才华出众。在这里,"贤"与"不肖"分别指的是人的两种截然不同的品性;其中,"贤"的意思是有道德的、有才能的,而"不肖"的意思是不贤、无才能,多指后代子孙品性不良、没有出息(如"不肖子弟""不肖子孙"等)。例如,三皇五帝中的帝尧就曾认为自己的儿子朱丹"不肖",不足以授天下,于是便将帝位禅让给了帝舜。("尧知子丹朱之不肖,不足授天下。")从英文的角度来看,很明显"sensible"和"unworthy"不能构成一对反义词,其中 sensible 意为理智的、合理的,而 unworthy 原意为无价值的、不相称的,引申义也可以用来指品行不好、没有出息。由此看来,用 unworthy 来翻译"不肖"是合理的,而用 sensible 来翻译"贤"则并不恰当,美国汉学家艾伦·李克(Allyn Rickett)的译本将其翻译成"worthiness and unworthiness"。因此,笔者建议将"贤与不肖"改译成"worthy or unworthy"(用形容词与前面保持一致)。

其次,最后一句的翻译存在漏译的现象,"愚"和"俊"没有翻译出来。"愚"和"俊"互为反义词,意思是愚蠢无知与才华出众。在李克的译本中,"愚"和"俊"被翻译成"stupidity and giftedness"。因此,本句应该加入这一翻译"intelligent or unintelligent"或者"intelligent or stupid"。

9.4.2 水是"万物之准、诸生之淡、是非得失之质"

原文:

> 准也者,五量之宗也。素也者,五色之质也。淡也者,五味之中也。是以水者,万物之准也,诸生之淡也,龊(wěi)非得失之质也。是以无不满、无不居也,集于天地而藏于万物,产于金石,集于诸生。故曰水神。集于草木,根得其度,华得其数,实得其量,鸟兽得之,形体肥大,羽毛丰茂,文

理明著。万物莫不尽其几，反其常者，水之内度适也。

——《管子·水地篇》

今译文：

准是五种量器的根本，素是五种颜色的基调，淡是五种味道的中心。所以，水是万物的标准，是生命的核心要素，是判断是非得失的尺度。所以，没有不可以被水充满的东西，也没水不可以停留的地方。它聚集在天空和大地，包藏在万物之中，包含在金石内部，又集合于任何生命形式当中。所以水被神化了。水聚集在草木当中，根就能延伸到相当的深度，就能开出相当数目的花朵，结出相当数量的果实。水聚集在鸟兽体内，它们的形体就肥大，羽毛就丰满，毛色花纹就鲜明。万物都生机勃勃而且正常地生长发育，因为它们内部都包含着适度的水分。

阐释：

在管仲看来，水不仅是万物之本原，还是万物之准、诸生之淡、是非得失之素。"准"，为"五量（权、衡、规、矩、准）之宗"，一切量具都是以水的量具（准，即水平仪）为依据的；"淡"，为"五味（酸、甜、苦、辣、咸）之中"，一切味道都是以水的味道（淡）为基础的；"素"为"五色（青、赤、黄、白、黑）之质"，一切颜色都是以水的颜色（素）为背景的。可见，《水地》对水的推崇已达到了无以复加的程度。

为了进一步说明"水是万物之本原，诸生之宗室"，管仲举例说明了水居于万物之中，无处不在；水的历程造就了生命的历程，却又隐身于生命体内。管仲认为，水，浮天载地，无处不在，世间没有什么东西不能被它充满，没有什么地方不能让它留居。它可以聚集在天空地上，可以藏于万物的内部，可以生存在金石之中，可以留于各种生命体内，如此"无孔不入"的水，简直如神了。在管仲看来，万物之所以繁衍生息，充满生机与活力，靠的是水的滋养哺育。水聚集在草木之内，根就能得到充分生长，花就能开得繁茂，果子就能结得很多。飞鸟走兽得到水的滋润，形体就能长得肥硕，羽毛就能长得丰茂，纹理就能长得鲜亮。万物之所以获得生机，充分发展其本性，就是因为水在万物内部充足适度。

英译文:

Level is the foundation of all the five measures. White is the foundation of all the five colors. Wateriness is the neutral taste of all the five kinds of savor. So, water is the standard of everything in the world. It is both the central factor of life and the criterion of telling right from wrong. So, it is prevailing everywhere. It is accumulated in the sky and earth and contained inside everything in the world. It is included in stone and all kinds of life as well. As a result, it is consecrated. When water is accumulated in plants, their roots will stretch to the right depths in the soil, suitable quantity of flowers will be developed and reasonable amount of seeds will be produced. When water is accumulated in birds and animals, their bodies will develop well, their feathers and furs will be flourishing, and the patterns of the feathers or the furs will be clear and inviting. Every function of everything can develop fully and exactly in accordance with the nature of life, because the right amount of water is contained inside.

——《大中华文库〈管子〉》P867

译评:

本段的译文仍然是来自《大中华文库》中翟江月的译本(以下简称翟译)。译文的后半部分较为忠实、流畅,但前半部分的译文还存在值得商榷的地方。具体如下:(1)"素也者,五色之质也。"其中的"五色"指的是我国古代传统的五种颜色:青色、黄色、赤色、黑色和白色,而"素"在色彩分类中指的是"无色",人们习惯于称之为"素色"。在翟译中,"素"被翻译成了"white"有失准确;而在李克的译本中,"素"被翻译成"neutral color"。因此,笔者建议"素"可以翻译成"plain color"或"neutral color"或"the color of pure water"。(2)"淡也者,五味之中也。"其中的"五味"指的是我国传统中医里的五种味道:酸、苦、甘、辛、咸,而"淡"指的是无盐或少盐(跟"咸"相对),就像纯净水的味道。在翟译中,"淡"①被翻译成了"wateriness",意为"平淡、多水、稀薄",多用于引申义,这

---

① 根据中华书局出版的《管子校注》里的注解:"无味谓之淡水,虽无味,五味不得不平也,故为五味中也。"(2004:814)黎翔凤. 管子校注[M]. 北京:中华书局,2004.

与原文的意思有所背离；而在李克的译本中，"淡"被翻译成"neutral taste"，不失为一种权宜之计的翻译。因此，笔者建议可以借鉴李克的译法，也可以直接翻译成"the taste of pure water"。(3)"诸生之淡也"。本句中的"淡"并非指的是前句的味道，这里的"淡"通"澹"，本意是指水波摇动的样子，也指恬静、安然的样子。在翟译中，本句被翻译成"It is the central factor of life."意思是："水是生活的中心因素"，有误译之嫌。可以借鉴李克的译法，将其改译成"It is the quality of tranquility in all life."(4)"韪(wěi)非得失之质也。"本句的意思是说水是判断是非得失的尺度。在翟译中，本句被翻译成"(It is) the criterion of telling right from wrong."译文中只翻译出了"是非"之意，而"得失"之意则漏掉了。为了完整准确地传达原文的意义，建议改译成：(It is) the criterion of telling right from wrong, distinguishing between gain and loss.

9.4.3 水性决定人性与依水性而治世

原文：

> 夫齐之水，道躁而复，故其民贪粗而好勇。楚之水，淖弱而清，故其民轻果而贼，越之水，浊重而洎，故其民愚疾而垢。秦之水，泔最而稽，淤滞而杂，故其民贪戾罔而好事。齐晋之水，枯旱而运，淤滞而杂，故其民谄谀葆诈，巧佞而好利。燕之水，萃下而弱，沉滞而杂，故其民愚戆而好贞，轻疾而易死。宋之水，轻劲而清，故其民间易而好正。是以圣人之化世也，其解在水。故水一则人心正，水清则民心易，一则欲不污，民心易则行无邪。是以圣人之治于世也，不人告也，不户说也，其枢在水。
>
> ——《管子·水地篇》

今译文：

试看齐国的水迫急而流盛，所以齐国人就贪婪，粗暴而好勇。楚国的水柔弱而清白，所以楚国人就轻捷、果断而敢为。越国的水浊重而浸蚀土壤，所以越国人就愚蠢、妒忌而污秽。秦国的水浓聚而迟滞，淤浊而混杂，所以秦国人就贪婪、残暴、狡猾而好杀伐。晋国的水苦涩而浑浊，淤滞而混杂，所以晋国人就谄谀而包藏伪诈，巧佞而好财利。燕国的水深聚而柔弱，沉滞而混杂，所以燕国人就愚憨而好讲坚贞，轻急而不怕死。宋国的水轻强而清明，所以宋国人就纯朴平易喜欢公正。因此，圣人根据水的情况来教化人民。水若纯洁则人心正，水若清明则人心平易。人心正就没有污浊的欲望，人心平易就没有邪恶的行为。所以，圣人治世，不去告诫每个人，不去劝说每一户，关键只在于掌握着水的性质。

阐释：

本节包含了两层水文化思想，这两层是紧密相连的。首先，水性决定人性，一方水土养一方人。管仲不仅认为水是万物之本源，他还认为水决定和影响人的外貌、人性、品德、习俗等特征（"美、恶、贤、不肖、愚、俊"）。为了证明这一点，管仲举了当时各诸侯国（如齐国、楚国、秦国、燕国、宋国等）的水质情况与当地百姓的品性特征相关联的例子。管仲通过论述当时各诸侯国的水质对当地百姓品性特征的影响，阐明了水性决定人性，即"一方水土养一方人"的道理。虽然管仲这段关于水性决定人性的论述有一定的道理，但是影响人性的因素有很多，并非只有水土一种。很显然，管仲夸大了水性对人性的影响，而且与事实未必完全相符，带有一定的个人情感色彩。

其次，依水性而治世。正是因为水性决定人性，所以接下来管仲提出了"依水性而治世"的治国思想，认为圣人君子想要治理好国家和臣民，一定要先了解这个地区的水性；只有了解该地区的水性，才能了解该地区的人性，这样才能因地制宜，对症下药，制定和施行相应的策略措施，达到治世化民的效果。

英译文：

Waters of the state of Qi are turbulent, so people of that state are rapacious, impertinent and intrepid. Waters of the state of Chu are soft and clear, so people of that state are nimble and decisive. Waters of the state of Yue are turbid and heavy, so people of that state are foolish, stubborn and dirty. Waters of the state of Qin are dense, stagnant, thick and motley, so people of that state are almost dried up, turbid, silted and motley, so people of that state are all deceitful, shrewd and covetous. Waters of the state of Yan are deep, weak, stagnant and motley, so people of that state are foolish, chaste, hot-tempered and not afraid of death. Waters of the state of Song are light, but powerful and clear, so people of that state are simple, easy-going and disinterested. So, sages edify people of the world according to the conditions of the water. If the water is put in order, the people will be upright and honest. If the water is clear, the people will be peaceful and easy-going. If the people are upright and honest, they will not have any dirty lusts. If the people are peaceful and easy-going, they will not commit any corruption or other devilish deeds. So, when sages are governing the world, they will not persuade or edify people one by one, from door to door, while they will pay attention to the most crucial factor—water.

——《大中华文库〈管子〉》P875-877

译评：

在本节中，为了论证水性决定人性，管仲列举了当时各诸侯国的水质与当地百姓的性格之间的关联与对应。在阐述水质和百姓性格的时候，管仲运用了大量的形容词，有褒义的，有贬义的，也有中性的。总体而言，翟译比较忠实、准确地传达了原文的意义。例如，"故水一则人心正"中的"正"，意为"公正、正直、坦率"，翟译将其翻译成"upright and honest"，意为"正直的、诚实的"，这是比较准确的；然而，在李克的译本中，"正"却被翻译成了"correct"(people's hearts will be correct.)，这明显是一种误译。不过，翟译中也存在值得商榷的地方，同样是这一句中的"一"，意为"纯洁"，全句的意思是"水若纯洁则人心正"，翟译将其翻译成"If the water is put in order, the people will be upright and honest."其中，"put in order"意为"使有条理、使有序"，与"纯洁"之意没有任何关系。因此，本句建议改译成"If the water is pure (or unadulterated), the people will be upright and honest."

9.4.4　以水喻人之德性

(1) 材美兼备——水具材也

原文:

> 地者，万物之本原，诸生之根菀也，美、恶、贤、不肖、愚、俊之所生
> 也。水者，地之血气，如筋脉之通流者也。故曰水具材也。何以知其然也。
> 曰：夫水淳弱以清，而好洒人之恶，仁也。视之黑而白，精也。量之不可使
> 概，至满而止，正也。唯无不流，至平而止，义也。人皆赴高，己独赴下，
> 卑也。卑也者，道之室，王者之器也。而水以为都居。
>
> ——《管子·水地篇》

今译文:

地是万物的本原，一切生命都植根其上，所有的人，无论美还是丑，贤还是
不肖，愚蠢无知，还是才华出众，都在大地上生活。水是大地的血气，它如同人
的血液在筋脉中流贯全身一样，在大地里流淌着。所以说，水是具备一切材美的
东西。怎样了解水是这样的呢？回答说：水柔弱而且清白，善于洗涤人的秽恶，
这是它的仁。看水的颜色虽黑，但本质则是白的，这是它的诚实。计量水不必使
用平斗斜的概，满了就自动停止，这是它的正。不论什么地方，它都可以流去，
一直到流布平衡而止，这是它的义。人皆攀高，水独就下，这是它的谦卑。谦卑
是"道"的所在，是帝王的气度，而水就是以"卑"作为聚积的地方。

阐释:

和先秦时期的许多思想家一样，管仲也喜欢用自然之水的特性和功用来喻指
人生之道或君子之德。在管仲看来，遍观世间万物，只有水才是材美兼备的，水
身上具备了仁德、诚实、公正、道义、谦卑(仁、精、正、义、卑)等五种优良
品德，而这正是君子和圣明的君主所应该具备的品德。由此可见，管仲的观点与
道家的"上善若水"和儒家"水者，君子比德焉"的观点可谓是一脉相承。通过盛

赞水的这些品德，管仲旨在规劝人们向水学习，效法于水，从而达到善美兼备的境界。

英译文：

Earth is the foundation of everything in the world. Things are all dependent on it. All people, kind or devilish, sensible or unworthy, foolish or talented, are living on it. And water is both the flood and energy of the earth just like blood circulating through blood vessels all across the body. So it is said that water is nurturing everything of the world. How can I know that? Well, water is soft and clear, and is always ready to get rid of the filth of human beings. That is the benevolence of it. It seems to be black but white in deed. That is the faithfulness of it. The *gai* is not necessary in measuring it, because it will be naturally level when the vessel is full. That is the uprightness of it. Wherever it flows, the surface will be even. That is the righteousness of it. Everyone wants to achieve a higher position, but water is the only thing that flows to lower-lying places spontaneously. That is the humbleness of it. Humbleness is the residence of *Tao* and is also the most powerful weapon of a sovereign. And that is the main character of water.

——《大中华文库〈管子〉》P867

译评：

本节的译文来自《大中华文库》中翟江月的译本（以下简称翟译）。总体而言，译文较为忠实、完整、通顺和流畅，但是也有几处值得商榷的地方。（1）"水者，地之血气，如筋脉之通流者也。"本句中包含了两个隐喻，管仲将大地比喻为人的身体，将水比喻为人身体上的血液和气息。对大地来说，水就像人身体上的血液和气息；水顺着大地上的河流小溪流动，就像血液和气息顺着人体的经脉流动。在翟译中，本句被翻译成"And water is both the flood and energy of the earth just like blood circulating through blood vessels all across the body."其中的"血气"被翻译成"flood and energy"，明显有失准确。在这一点上，李克的译文明显更胜一筹，"Water is the blood and breath of Earth, functioning in similar fashion to the circulation of blood and breath in the sinews and veins."（2）"故曰水具材也。"本句的意思是，水是具备一切材美的东西。在翟译中，本句被翻译成"So it is said that water is nurturing everything of the world."意思变成了"水滋养着世间万物"，这与原句的意思相差甚远。结合本节的后半部分主要阐述水所具备的美德，本句的引申义是指"水具备了所有的美德"。相较于翟译，李译则更加贴近原文意义，"Water is complete in its virtue."因此，笔者建议本句改译为：Water includes all virtues.

（2）宽容大度——海不辞水，故能成其大

原文：

> 海不辞水，故能成其大；山不辞土石，故能成其高；明主不厌人，故能成其众；士不厌学，故能成其圣。
>
> ——《管子·形势解》

今译文：

海不排斥水，所以能够成就自己的大；山不排斥土石，所以能够成就自己的高；英明的君主不排斥人民，所以能拥有众多的人口；士人不厌学，所以能成为圣人。

阐释：

在管仲看来，水还具有宽容大度、兼容并包的优良品德。在本段中，管仲首先指出，大海不拒绝各种各样的水，因此能成就它的大；高山不拒绝任何泥土石块，因此能成就它的高。管仲通过这两个比喻人之德性：一方面，喻指君主在治国的时候，要拥有像大海一样的胸怀和高山一样的气度，吸纳和爱惜各种人才，才能成就一番大事业；另一方面，他还喻指读书人在治学的时候也要像大海和高山一样，拥有兼容并包的胸怀气度，注重点滴的积累，不满足于对学问的一知半解，才能达到圣人的境界。

英译文：

Oceans do not reject any water, so that they can become extremely large. Mountains do not reject any earth or stone, so that they can become extremely high. Sage sovereigns do not reject any person, so that there will be a huge population supporting him. Some intellectuals do not stop learning, so that they can become sages.

——《大中华文库〈管子〉》P1213-1215

译评：

本节的译文仍然来自《大中华文库》中翟江月的译本(以下简称翟译)。总体而言，译文较为忠实、完整、通顺和流畅，将水的宽容大度、兼容并包的优良品德很好地再现出来。但是，译文中仍有一处值得商榷。"明主不厌人，故能成其众；士不厌学，故能成其圣。"其中，"厌"本义为"失去兴趣、不喜欢、憎恶、嫌弃"。但是，本句中的两个"厌"字的意义是不一样的，第一句"明主不厌人，故能成其众"中的"厌"与前一句的"辞"意思相近，意为"排斥、拒绝"，翟译将其翻译成"Sage sovereigns do not reject any person, so that there will be a huge population supporting him."这是较为合适、恰当的。但是，第二句"士不厌学，故能成其圣"中的"厌"意思是"厌倦、厌烦"，翟译将其翻译成"stop learning"(停止学习)似有不妥。因此，建议改译成："Some intellectuals do not grow tired of learning, so that they can become sages."

9.4.5 以水喻臣民百姓

原文：

蛟龙，水虫之神者也。乘于水则神立，失于水则神废。人主，天下之有威者也。得民则威立，失民则威废。蛟龙待得水而后立其神，人主待得民而后成其威。故曰："蛟龙得水而神可立也。"

——《管子·形势解》

199

今译文：

蛟龙，是水生物中的神灵。有水，神威就存在；没有水，就会失去神威。君主，是天下最有权威的人。能得到人民的拥护，就有权威；失去人民的拥护，权威就消失。蛟龙得水后才有神灵，君主得到人民拥护后才有权威。所以说："蛟龙得水而神可立也。"

阐释：

本节中，管仲以蛟龙喻君主，以水喻人民，从蛟龙"得水则神立，失水则神废"，来喻指君主只有得到人民的拥护才有权威，否则他的权威就会消失。

英译文：

The dragon is the most intelligent and holy being among all aquatic creatures. It is infinitely resourceful when it is in water. But it will lose its magical powers when there is no water at all. A sovereign is the most powerful person in the world. His power can be consolidated if he can win over his people. But his power will be lost when he loses the support of his people. The magical power of the dragon can be established if it gains the support of water. The authority of the sovereign can be established if he gains the support of the common people. So, it is said, "The invincible might of the dragon can only be realized with the support of water."

——《大中华文库〈管子〉》P1187

译评：

本节中包含了一个具有丰富内涵的文化意象词"龙"。中华民族是一个以龙为图腾的民族，龙在中国传说中是一种善变化、能兴云雨、利万物的神异动物，为众鳞虫之长，四灵（龙、凤、麒麟、龟）之首。在古代，龙代表着神圣皇权，统治四海之力。而蛟龙即蛟，是古代神话中的神兽，拥有龙族血脉的水兽（包括鱼蛇等水族）在朝龙进化时的其中一个物种，只要再渡过难劫就可以化为真龙，都有强大的力量。然而，在西方神话传说中，"龙"（dragon）则是一种长着翅膀、身上有磷，拖着一条长长的蛇尾，能够从嘴中喷火的动物，是邪恶的象征。如此巨大的文化差异给"龙"的翻译带来了一定的困扰。近些年来，有学者(如华东师范大学的黄佶)认为，把"龙"译为"dragon"是非常错误的，是中国形象对外传播的一个败笔，并建议将"龙"改译成"Loong"①。

本节中的"蛟龙"在翟译中被直接译成了"dragon"，在李克译本中则翻译成了"flood dragon"。虽然两种译法有些许差别，但是本质都是一样的，都是译"龙"为"dragon"。事实上，目前国内对译"龙"为"dragon"确实存在很大的争议，而且很多官方的译文中也在悄悄地改变，例如"翼龙"多用途侦察攻击无人机的官方译名为"Wing Loong"，电影《龙之战》的海报公布，其英文片名是 *The War of Loong*，中国科学院计算所自主研发的通用 CPU "龙芯"的官方译名为"Loongson"，我国目前研制的深海潜水器"蛟龙号"在官方报道中使用的是音译"Jiaolong"。因此，本节中的"蛟龙"建议改译成"Jiaolong"。

其次，翟译中的部分地方还值得商榷。例如，"蛟龙，水虫之神者也。"在翟译中，本句被翻译成"The dragon is the most intelligent and holy being among all aquatic creatures."译文中的"the most intelligent"属于译者增加的，而原文中并无此义。而且"holy"一词也属误用，"holy"意为"与上帝(或宗教)有关的；神圣的"(connected with God or a particular religion)，具有"神圣的，不容亵渎"之义，也指被普遍视为神圣不可侵犯的东西。而本句中"蛟龙"是中国古代神话中的一种神兽，翻译成"divine"较为合适，指来源于神或与神有关，侧重神性。在李克译本中，本句被翻译为"The flood dragon is the divine spirit among water creatures."

最后，"乘于水则神立，失于水则神废。"本句的意思是说，"有水，蛟龙的神威就存在；没有水，蛟龙就会失去神威。"在翟译中，本句被翻译成"It is infinitely resourceful when it is in water. But it will lose its magical powers when there is no water at all."前后两个分句出现了不一致，前一句中"神立"译为"be infinitely resourceful"，而后一句中"神立"则译为"magical powers"。因此，本句建议改译成"It will gain magical powers when it is in water. But it will lose its magical powers when there is no water at all."

---

① 黄佶. dragon 还是 loong："龙"的翻译与国家形象传播[J]. 秘书，2018(2)：4-12.

9.4.6 以风雨喻公正无私

原文:

> 风,漂物者也。风之所漂,不避贵贱美恶。雨,濡物者也。雨之所堕,不避小大强弱。风雨至公而无私,所行无常乡,人虽遇漂濡而莫之怨也。故曰:"风雨无乡而怨怒不及也。"
>
> ——《管子·形势解》

今译文:

风,吹拂万物。风对万物的吹拂都是一样的,无论吹的对象是贵还是贱,是美还是丑。雨,淋湿万物。雨公平地洒落到万物上,不管它们是大还是小、强还是弱。风雨至为公正而没有任何私心,刮风下雨,没有既定方向,人们虽然遇到风吹雨打也没有怨言。所以说:"风雨无乡而怨怒不及也。"

阐释:

管仲还以风雨来喻公正无私。风和雨是大自然的两种常见现象,无论对象贵贱、美丑,风都会一样地吹拂万物;无论对象大小、强弱,雨都会公平地洒落在万物身上。在自然界,风雨就是公正无私的化身。

英译文:

The wind can blow things. And everything, powerful or powerless, beautiful or ugly, is equally blown by the wind. The rain can saturate things. And it rains equally upon everything, big or small, strong or weak. The wind and the rain are equal and fair and selfless. They do not show any partiality, so that people do not complain about them even though they might be disturbed or soaked by them. So, it is said, "Winds and rains do not give unjustified protection to anything in the world, so that no one will resent them."

——《大中华文库〈管子〉》P1189

译评：

本节的译文仍然来自《大中华文库》中翟江月的译本(以下简称翟译)。总体而言，译文较为忠实、完整、通顺和流畅，将"风雨"的公正无私较好地传达出来。但是，本节中的最后一句却存在误译。"风雨无乡而怨怒不及也。"可以看作对本段的一个总结。其中，句子的"乡"意为"方向"，"无乡"意为没有固定的方向，对谁都不偏无私；而"怨怒不及"意为不会遭到怨恨。整句的意思是"风雨是没有固定的方向的，正因为如此，也就不会遭到怨恨。"但是，在翟译中，本句却被翻译为"Winds and rains do not give unjustified protection to anything in the world, so that no one will resent them."译文的前半句意思是"风雨并不能给世界上任何东西提供不合理的保护"，这与原文意义差距较大。在李克的译本中，这一句则被完全漏掉了，不知是译者有意为之？还是无心之举？鉴于此，笔者建议本句改译为：Wind blows equally and rain falls equally to everything in the world, so that no one will resent them.

9.4.7　以水喻政

原文：

(1)故曰：治人如治水潦，养人如养六畜，用人如用草木。居身论道行理，则群臣服教，百吏严断，莫敢开私焉。

——《管子·七法》

(2)故民迁则流之，民流通则迁之。决之则行，塞之则止。虽有明君，能决之，又能塞之。决之则君子行于礼，塞之则小人笃于农。

——《管子·君臣下》

(3)不明于决塞，而欲驱众移民，犹使水逆流。

——《管子·七法》

(4)下令于流水之原，使民于不争之官……下令于流水之原者，令顺民心也……令顺民心，则威令行。

——《管子·牧民》

(5) 民用，则天下可致也。天下道其道则至，不道其道则不至也。夫水波而上，尽其摇而复下，其势固然也。

——《管子·君臣下》

今译文：

(1) 所以说：治理臣民就像治水一样，抚育人就像饲养六畜一样，用人就像用草木一样。君主注重自我修养、行止有度，群臣就会服从政令，百官就会断事严明，没有人敢徇私枉法。

(2) 所以，人民偏于保守，就要使他们开通一些；人民偏于开通，就要使他们保守一些。疏浚可以使他们行动，堵塞可以使他们停止。只有圣明的君主能做到既有开放又有堵塞。开放，能使君子遵从礼制；堵塞，能使百姓专心务农。

(3) 一个君主不了解决塞而试图驱遣人民，就好比让水倒流一样。

(4) 政令下达后如有源之水毫不滞碍，把民众安置在互不争夺的职业……政令下达后如有源之水毫不滞碍，是指顺应民心……政令顺应民心，君主的权威就能够落实。

(5) 君主可以调遣使用他的人民，天下就会归心。君主行道，天下就来归附；君主不行君道，天下就不会归附。这好比涌起的浪头到达顶峰后就会跌落，这是很自然的。

阐释：

治理国家看似与水无关，但是我国古代思想家往往从水的自然属性和人类的治水活动中得到某种启发，从中得出治理国家的思想。在本节中，管仲提出了如下以水喻政的精辟观点：

首先，治人如治水潦。管仲提出治理民众要像治理洪水一样，因为民众的力量巨大，有时候胜过洪水猛兽，正如荀子所说"水能载舟，亦能覆舟"。因此，治理民众需要遵循"水之就下"的自然规律，如同疏导洪水一样，顺水性而为，按规律办事，顺乎民意。通过这个比喻，管仲指出君主需要效法水，用治水的方法来治理臣民，"不若因水所趋，增堤峻防，疏其下流，纵使入海，此数十年之利也。"（《宋史·欧阳修传》）

其次，以"迁流"和"决塞"之法治理民众。管仲认为，治理民众之法与治理水患之法是一样的道理，民"迁"则"流之"，民"流通"则"迁之"，正如治理水患时，水"迁"则"流"，水"流"则"迁"，其道理都是一样的。在处理好统治者与民众的关系方面，管仲提倡"决塞"之法，开塞使之流通，堵塞使之止滞，认为其法甚为重要。如果不用此法，则国家治理不当，统治便不会长久。在管仲看来，如果君主不明白"决塞"的道理，胡乱驱使驾驭百姓，就好像一个人在水中逆流而上一样，是费力而无功的。君主"决塞"之法还体现在国家立法与政策制定、推行的过程中。颁布实施法律政令，应该顺应民心，符合民意，就如同流水自源头顺流而下，呈现出一种自然而然的状态。

最后，管仲还直言治国之道好似水波的上下摇动，这是水势的必然，也是治理民众的必然。综上所述，《管子》中的治国理民思想多以水为师，无论是治人如治水患，还是采用"迁流"和"决塞"之法治理民众；无论是使政令如同水自源头顺流而下(顺应民心)，还是直言治国之道如水波浮动，无不蕴含着丰富的水文化思想。

英译文：

（1）So, it is said that administering the people is somewhat the same as administering waters; fostering human beings is somewhat the same as raising livestock; and operating the people is somewhat the same as using wood. If the sovereign cultivates his mind and behaves decently and reasonably, all officials will be obedient, hundreds of officers in charge of justice and executions will be strict and impartial, and no one will dare to act selfishly.

——《大中华文库〈管子〉》P117-119

（2）So, enlighten the common people if they are too conservative, and make them conservative if they are too open. Arrange an opening to make them active, and block them to stop their action. A sage sovereign is capable of both opening and blocking them. When they are open, gentlemen will comply with the rules of propriety. When they are blocked, petty men will be engaged in farming assiduously.

——《大中华文库〈管子〉》P719

(3) If a sovereign who is not familiar with Jue Sai wishes to manipulate common people effectively, it is somewhat the same as trying to make water flow backwardly.

——《大中华文库〈管子〉》P111

(4) Make sure that orders issued by the sovereign are like water flowing from a fountain (the orders will be carried out just like the water will get its supply from the fountain forever). Appoint people to indisputable position…Make sure that orders issued by the sovereign are like water flowing from a fountain means to act in accordance with the will of the people…Authority of the throne will be established if all orders issued are in accordance with the will of the people.

——《大中华文库〈管子〉》P9

(5) If the sovereign can operate the common people of his state, people all over the world will submit to his authority. They will come to support him if only he takes right methods to govern them. If he misses right methods, he cannot win over people of the whole world. That is somewhat like waves falling down naturally after they have reached the zenith.

——《大中华文库〈管子〉》P701

译评：

　　本节的译文仍然是来自《大中华文库》中翟江月的译本（以下简称翟译）。总体上看，五段译文较为忠实、完整、通顺和流畅。例如，第四段的"下令于流水之原"，此句用水自源头顺流而下比喻政令顺应民心、易于推行，即：政令顺应民心，民则顺从如流水。翟译将其翻译为"Make sure that orders issued by the sovereign are like water flowing from a fountain (the orders will be carried out just like the water will get its supply from the fountain forever)."这 不仅翻译出了原文的字面意义，还通过释义法（Explanation Translation）忠实地传达出原文的隐含意义。但是，有些译文仍然存在问题或可以改进之处，具体如下：

　　第一段的翻译有两处存在问题：(1)"治人如治水潦"中的"水潦"指的是洪水或水患，在翟译中，"水潦"被翻译成"waters"显然是一种误译。同样，"治水潦"意思就是"治理水患"，就应该翻译"controlling a flood"。因此，本句建议改译成：

governing the people is like controlling a flood. (2)"用人如用草木"的意思是指任用人才如同利用草木，用其可用之处，需扬其长，避其短，恰如其分。这里的"草木"并非泛指的树木，而是管子借"草木"来喻指人才之"长短"，翟译将其简单地翻译成"wood"确有不妥。因此，本句建议改译成：employing them is like making use of grass and trees.

第二段的翻译有一处存在问题："决之则君子行于礼，塞之则小人笃于农。"在这一句中，虽然后一分句的"小人"与前一分句的"君子"相对应，但是这里的"小人"并非指"卑鄙的人"，而是指"小民"（即百姓）。这一点在接下来的一句中可以得到证实，"君子行于礼，则上尊而民顺；小民笃于农，则财厚而备足。"因此，翟译将其翻译成"petty men"明显是一种误译，应该翻译为：common or ordinary people。

第三段的翻译有一处值得商榷。"犹使水逆流"本意是指好比使水倒流，所谓的"逆流"是指"指水向相反的方向流，或者从下游流向上游"，这显然是违背自然规律的。翟译将其翻译成"trying to make water flow backwardly"，其中"backwardly"仅仅是一个表明方向的副词，在这里只能表明让水向后流动，这样的译法不够准确。因此，笔者建议改译为：trying to make water flow against the current /flow upstream.

9.4.8 水利是治国安邦之要务

原文：

善为国者，必先除其五害。人乃终身无患害而孝慈焉。桓公曰："愿闻五害之说。"管仲对曰："水，一害也。旱，一害也。风雾雹霜，一害也。厉，一害也。虫，一害也。此谓五害。五害之属，水最为大。五害已除，人乃可治。桓公曰：愿闻水害。管仲对曰：水有大小，又有远近，水之出于山而流入于海者，命曰经水。水别于他水，入于大水及海者，命曰枝水。山之沟，一有水，一毋水者，命曰谷水。水之出于他水，沟流于大水及海者，命曰川水。出地而不流者，命曰渊水。此五水者，因其利而往之可也，因而扼之可也。而不久常有危殆矣。"桓公曰："水可扼而使东西南北及高乎。"管仲

207

对曰："可。夫水之性，以高走下，则疾，至于石。而下向高，即留而不行；故高其上领，领之尺有十分之三，里满四十九者，水可走也。乃迁其道而远之，以势行之。水之性，行至曲，必留退，满则后推前。地下则平行，地高即控。杜曲则捣毁，杜曲激则跃。跃则倚，倚则环，环则中，中则涵，涵则塞，塞则移，移则控，控则水妄行。水妄行则伤人，伤人则困，困则轻法，轻法则难治，难治则不孝，不孝则不臣矣。故五害之属，伤杀之类，祸福同矣。知备此五者，人君天地矣。"

——《管子·度地篇》

今译文：

善于治理国家的君主还必须首先除掉"五害"，人民就可以终身没有祸患并且做到父慈子孝。桓公说："请给我讲讲五害，好吗？"管仲回答说："水灾是一害，旱灾是一害，风、雾、雹、霜带来的损害是一害，瘟疫是一害，虫灾是一害。这叫'五害'。五害之中，水害最为严重。清除了这五害，人民就可以治理好。"桓公说："那就请您先给我讲讲水害，好吗？"管仲回答说："水有的大、有的小，有的远、有的近。从山里发源，流入大海的，叫'经水'；从其它河流中分流出来，流入大河或大海的，叫'枝水'；在山谷中，时有时无的水，叫'谷水'；从地下发源，流入大河或大海的，叫'川水'；从地下涌出而不外流的，叫'渊水'。这五种水，都可以顺着地势来引导，也可以拦截控制，但时隔不久就会发生灾害。"桓公说："谈到水，可以拦截控制并使它往东、西、南、北四个方向，甚至往高处流吗？"管仲回答说："可以。按照水的本性，如果从高处往下流，就流得飞快，以至于能把石头冲走；而从下面往上流，就停止不前。所以，如果把上游接近水源地区的水位提高，用瓦器引导下来，使瓦器每尺有十分之三的部分向下倾斜，水就可以急行四十九里。然后使水迂回流到更远的地方，顺应流势使它往高处流。根据水的本性，流经曲折的地方时，就停下来而且会后退；一个地方的水满了，后面的水就会向前推进，然后将蜿蜒前进；流经低地时，就会流得很平稳；遇到高地时，就发生激荡；在地势曲折的地方，就会冲毁土地；如果地势过于曲折，水流就会跳跃；跳跃就会溢出；溢出就形成漩涡；形成漩涡，水就会集中在那里；如果水集中在某些地方，水中携带的泥沙就会沉淀下来；泥沙沉淀后，河道就会淤积；河道淤积了，河流就会改道；如果河流改道，水流就会激荡；水流激荡，河水就会妄行；妄行就会伤人；伤人就会导致贫困；人们贫困了，就将轻慢法度；如果人民轻慢法度，就难于治理；难于治理，他们的行为就会不善；如果行为不善，就会不服从统治。所以，这五种灾害与杀人、伤人所带来的祸患是相同的。懂得防备五害，就可以主宰天地了。"

阐释：

本节来自《度地篇》，土地是人类生存的根基，而水利又是农耕的命脉。此篇虽言"度地"，其核心却是"水"的问题。水可利农，也可成害，所以文章说"五害之属，水最为大"。当齐桓公向管仲请教治理国家的方略时，君臣相谈甚欢。在请教完勘察地形建设都城（"度地形而为国者"）之后，齐桓公又向管仲请教治国安邦过程中要应对的"五害"（"故善为国者，必先除其五害"），管仲将水害视为"五害"之首。他认为，水害是最凶恶的自然灾害，要清除五害，首当其冲要从治理水患做起。接下来，管仲便向齐桓公详细地阐述了关于河流的分类、水性以及泥沙对河道的影响问题，指出如果不对江河进行有效治理，就会导致"水妄行"的严重后果。此外，管仲还在《度地篇》中向齐桓公详细阐述了治水的方略和措施，堪称我国古代一篇科技含量极高的治水专论。

英译文：

Hence a sovereign who is good at governing the state will get rid of the five great natural disasters first. Thus trouble and ill-fortune can be avoided during the lifetime of people all over the state; moreover, all fathers will be kind and all children will be dutiful.

Duke Huan said, "Would you please tell me something about the five natural disasters?" Guan Zhong replied, "Flood is one among them. Drought is another. Damage caused by wind, fog, hail and frost is another. Epidemic disease is another. And damage caused by harmful insects is the last. These are the so-called five disasters. And among all these five disasters, flood is the most severe. If only the five disasters can be avoided, the people of the state can be well managed." Duke Huan said,

"Please tell me something about the damage caused by flood." Guan Zhong replied, "Some waters are big and others are small. Some are nearby and others are far away from us. Waters originating from mountains and pouring into the sea are addressed as Jing Shui. Those originating from other rivers and pouring either into big ones or into the sea are addressed as Zhi Shui. In the valleys among mountains, some parts have water but other parts do not and this kind of waters is addressed as Gu Shui. Waters originating from underground and pouring into big rivers or seas are addressed as Chuan Shui. Those originating from the underground and becoming stagnant are addressed as Yuan Shui. As for these five kinds of waters, they can be guided according to geographical conditions and can also be intercepted or blocked as well. Nevertheless, you cannot prevent them from bringing about disasters from time to time. Duke Huan asked, "Talking about waters, can they be blocked and led to flow in all four directions and even into high places?" Guan Zhong replied, "Yes, they can. Following its nature, when water comes from high up and heads for lower-lying places, it flows so rapidly that it can sweep away stones on the way. And when it comes from a lower-lying place and heads for a higher one, it will be held up. So, if the water level near a fountain is raised, and it is led with joined ceramic channels linked up with one third of each *chi* leading downward, it can flow forty-nine *li* extremely swiftly. And then it can be led to distant places circuitously and can also be led to higher places as well. According to the nature of water, it will stop flowing and recede when it reaches extremely steep places. If a place is full of water, the water behind will drive the water in front of it and advance meanderingly. It will progress smoothly when it encounters lower-lying places. And it will splash about when a higher place is encountered. If the surface of the ground is winding, it will cause a landslide. And if the surface is too rough, it will skip over some places. When it skips over some places, it will swirl. When it swirls, there will be whirlpools. Where there are whirlpools, it will accumulate at some places. Where it accumulates, mud and sand it carried will deposit. When mud and sand deposits, the watercourse will be silted. Where it is silted, it will change its original course. When it changes course, it will surge. When it surges, it will flow unrestrained. When it is unrestrained, it will harm people. When the people are harmed by flood, they will be impoverished. When they are impoverished, they will not attach importance to the law. If they do not attach importance to the law, it will be difficult to govern them. If they cannot be governed there will be no filial piety. If they have no filial piety, they will not obey the sovereign. Hence these five disasters are as harmful as hurting or murdering people. Knowing how to prevent these disasters, you will be capable of governing both Heaven and Earth."

——《大中华文库〈管子〉》P1111-1115

译评：

本节的译文仍然来自《大中华文库》中翟江月的译本(以下简称翟译)。通过对比翟译和李克的译本(以下简称李译)，发现两者的译文都比较忠实、完整、通顺和流畅。但是，在忠实度上，前者译文似乎更胜一筹；而在部分词和细节的翻译处理上，李译也有可圈可点之处。例如，"故五害之属，伤杀之类，祸福同矣。"本句的意思是说上述提到的五种水害与杀人伤人一样，都会导致灾祸。翟译将其翻译为"Hence these five disasters are as harmful as hurting or murdering people."不仅忠实于原文，而且句子简洁明了。然而，李译将其翻译为"Therefore the five types of destructive forces are like injury and death, and the disastrous consequences are the same."显然译者误解了原文作者的真实意图，即："五种水害与杀人伤人一样有害"，误将"杀人与伤人"这样两种带有动词属性的短语翻译成两个名词"injury and death"，实属误译。

当然，李译也有可圈可点之处。例如，李译在翻译处理原文中的五种水("五水")时，采用了意译加注(音译+原文)的形式，例如 arterial water(*jing shui* 经水)、tributary water(*zhi shui* 枝水)、ravine water(*gu shui* 谷水)、river water (*chuan shui* 川水)、deep pool water (*yuan shui* 渊水)。这样翻译不仅较为忠实、形象地翻译出了五种水的特征，同时也通过加注(音译+原文)的形式保留了一定的异域特色。而在翟译中，这五种水一律采用音译的方式来翻译。虽无可厚非，但总是感觉好像缺少了一点什么东西似的。

最后，翟译中有一处翻译值得商榷。"山之沟，一有水，一毋水者，命曰谷水。"这一句描述的是五种水之中的"谷水"。何谓"谷水"呢？管仲认为，山间沟谷，有时有水，有时没水的，称为"谷水"。而在翟译中，本句被翻译成"In the valleys among mountains, some parts have water but other parts do not and this kind of waters is addressed as Gu Shui."回译过来意思就是"在山谷中，有些部分有水，有些部分没有水，这就是谷水"，有误译之嫌。而在李译中，这句的翻译是比较贴切的：That found in mountain streambeds, which sometimes have water and sometimes not, is called ravine water (*gu shui* 谷水)。因此，笔者建议本句可以借用李译的译文。

第10章 《韩非子》中的水文化思想及其英译

10.1 韩非及其《韩非子》简介

韩非(约公元前280年—前233年),又称韩非子,战国末期韩国新郑(今属河南)人,中国古代思想家、哲学家和散文家,法家学派代表人物。根据《史记·老子韩非列传》中的记载,韩非出生于战国末期韩国的都城新郑的一个贵族之家。小时候,韩非便开始阅读"家有之"的商、管之书和孙、吴之书,以及各类杂书。青年时候,韩非看到韩国渐渐衰弱下去,便屡次上书规劝韩王,但韩王没有采纳他的意见。韩非痛恨治理国家不能寻访任用贤明的人才,反而提拔浮夸之人在有实际功绩的人之上,于是便开始埋头著书。公元前253年前后,韩非投奔到荀子门下,"学帝王之术",同学者有李斯等人。据司马迁记载,韩非虽然患有口吃的毛病,不善言辞,但是却长于写作,他的许多文章在各国流传。当秦王嬴政读了韩非的《孤愤》《五蠹》之后,非常赞赏他的才华,说道:"寡人得见此人与之游,死不恨矣!"(我要是能见到此人,与他交游,便是死也没遗憾了!)公元前234年,秦国出兵进攻韩国,形势危急,韩王不得已,派遣韩非出使秦国,以图保全韩国。韩非也的确想利用秦王嬴政的关系,施展说术,拯救自己的国家。由于韩非急于求成,贸然发表意见,批评秦的国策,触怒了当地政要,受到李斯、姚贾等人的诋毁和陷害,秦王听信谗言,将韩非投入监狱。公元前233年,韩非在狱中服毒自杀身亡。

韩非是法家思想之集大成者,集商鞅的"法"、申不害的"术"和慎到的"势"于一身,形成了以法为中心,法、术、势三位一体的政治思想体系——"帝王之学",其学说一直是中国封建社会时期统治阶级治国的思想基础。韩非著有《孤愤》《五蠹》《内储说》《外储说》《说林》《说难》等文章，后人收集整理编纂成《韩非子》一书，十二万九千余字。全书由五十五篇独立的文章集辑而成，里面的大部分篇章均出自韩非，除个别文章外，篇名均表示该文主旨。其学说的核心是以君主专制为基础的法、术、势结合思想，秉持进化论的历史观，主张极端的功利主义，认为人与人之间主要是利害关系，而仁爱教化辅之，强调以法治国，以利用人，对秦汉以后中国封建社会制度的建立产生了重大影响。该书在先秦诸子中具有独特的风格，思想犀利，文字峭刻，议论透辟，逻辑严密，善用寓言，书中出现的很多寓言故事，因其丰富的内涵，生动的故事，成为脍炙人口的成语典故，至今被人们广泛运用。

10.2 《韩非子》中的水文化思想概述

虽然韩非的法治思想看似有点冷峻、严酷，但是观其行文，在犀利缜密、峭拔透辟之中，却也蕴含着精辟的水文化思想，他譬道若水，以水为喻生动而形象地阐述他的法治思想(如"法如朝露"等)和君王权术思想(如"鱼不可脱于渊""明君行赏如时雨"等)。根据统计，《韩非子》中"水"字共计出现了 59 次，其他与水有关的字中，"海"和"河"字分别出现了 28 次，"雨"字出现了 14 次，"江"字出现了 11 次，"渊"字出现了 9 次，"露"字出现了 6 次。《韩非子》中的水文化思想主要体现在与"水""海""河""雨""江""渊""露"等有关的论述中。概括起来，《韩非子》中的水文化思想主要体现在以下六个方面：(1)以水譬道。韩非以水来比喻道，认为道就像水一样，掉进水里的人因为过多地喝了它会导致死亡，而快要渴死的人适量饮用却能得以存活，"道，譬诸若水，溺者多饮之即死，渴者适饮之即生"。(2)以水喻君主之格局气度。韩非以"江海不择小助，故成其富有"为喻，指出君主要像宽广浩瀚的江河、大海一样，拥有海纳百川的胸襟气度。(3)法如朝露般纯洁质朴。韩非用"法如朝露"作喻，来说明制定法律，要简朴、实在、通俗、好懂、易于操作。(4)以"渊"喻权势。韩非把君主的权势比喻为深潭，"势重者，人主/人君之渊也"，认为权势对于君主来说，犹如水对于鱼一样重要，"鱼不可脱于渊"。(5)以时雨喻明君行赏。韩非认为赏赐与刑罚是贤明的君主治理国家的重要手段和策略，他以及时雨来比喻明君行赏，使百姓都能得到他的恩泽，"是故明君之行赏也，暖乎如时雨，百姓利其泽"。(6)远水不救近火。韩非还以远水不救近火，"失火而取水于海，海水虽多，火必不灭矣，远水不救近火也"，来比喻费时的方法解决不了当前急迫的问题，告诫人们面对紧急的问题时，应该采用立竿见影的手段，争取吹糠见米的效果。

10.3 《韩非子》在西方世界的英译史

作为法家学派的代表作，《韩非子》在西方世界的英译本远不如道家的《老子》和儒家的《论语》那么多。根据彭鸿程(2012)①的统计，截至目前《韩非子》的全译本只有华裔汉学家廖文奎(W. K. Liao)的译本，名为 *The Complete Works of Han Fei Tzu*，该译本分为上、下两卷，由位于英国伦敦的亚瑟·普罗布斯坦书店(Arthur Probsthain)出版，其中上卷出版于 1939 年，下卷出版于 1959 年。根据大英百科全书网站称，该译本是目前《韩非子》的唯一一部英文全译本。该译本所依据的中文版是王先慎的《韩非子集解》。2015 年，该译本入选《大中华文库》，由商务印书馆出版，出版前根据要求对书中的人名、地名和国名的老式拼音，明显误译的人名，容易造成外国人误解的重音地名或国名等做了修订。

节译本有美国汉学家华兹生(Burton Watson)依据上海中华书局 1958 年版陈奇猷先生《韩非子集释》所作的译本 *Han Feizi: Basic Writings*，包含了 12 篇的英译(分别为《主道》《有度》《二柄》《扬权》《八奸》《十过》《说难》《和氏》《备内》《南面》《五蠹》《显学》)。其他的都是零散的翻译，根据余金航(2020)②的统计，《韩非子》的零散英译包括：胡适曾于 1917 年在其著作《先秦名学史》(*The Development of the Logical Method in Ancient China*)中英译过《韩非子》中的部分篇目，吴国桢曾于 1928 年在其著作《古代中国的政治理论》(*Ancient Chinese Political Theories*)中英译过《韩非子》中一个篇目内的数篇文章，荷兰汉学家戴闻达(J. J. L. Duyvendak)曾于 1928 年在其对于《商君书》的英文译注本 *The Book of Lord Shang* 中英译过《韩非子》中的零碎文段，译者 L. T. Chen 曾于 1930 年在其对于

---

① 彭鸿程. 近百年韩非研究综述[J]. 古籍整理研究学刊, 2012(2)：94-98.
② 余金航.《韩非子》华兹生和廖文奎英译本对比研究[D]. 北京外国语大学, 2021.

梁启超著作《先秦政治思想史》(*History of Chinese Political Thought during the Early Tsin Period*)的英译本中翻译过《韩非子》中的些许文章，美国汉学家卜德(Derk Bodde)曾于 1936 年在其对于冯友兰著作《中国哲学史》(*History of Chinese Philosophy：The Period of the Philosophers*)的英译本中翻译过《韩非子》的个别篇目，著名汉学家亚瑟·韦利(Arthur Waley)曾于 1939 年在其著作《古代中国思维的三种方式》(*Three Ways of Thought in Ancient China*)中英译了《韩非子·说难》一篇的部分行文。美籍华人学者陈荣捷(Wing-tist Chan)曾于 1963 年在其著作《中国哲学文献选编》(*A Source Book in Chinese Philosophy*)中英译了《韩非子》的部分选文，在该书中，陈荣捷也提到，在美国著名汉学家狄百瑞(William Theodore de Bary)的著作《中国传统资料选编》(*Sources of Chinese Tradition*)中收录了译者梅贻宝(Y. P. Mei)对于《韩非子》的第四十九与五十篇的英文翻译。

本章所引用的《韩非子》英译本主要来自入选了《大中华文库》华裔汉学家廖文奎的译本(以下简称廖译)，译评中也借鉴和对比了美国汉学家华兹生的节译本(以下简称华译)。

10.4 《韩非子》中的水文化思想阐释、英译与译评

10.4.1 以水譬道

原文：

> 道，譬诸若水，溺者多饮之即死，渴者适饮之即生；譬之若剑戟，愚人以行忿则祸生，圣人以诛暴则福成。故得之以死，得之以生，得之以败，得之以成。
>
> ——《韩非子·解老》

今译文：

道，把它来作比方就好像水，沉没在水中的人因为过多地喝了它就死了，快渴死的人适量地喝了它就活了；把它来作比方又好像是剑和戟，愚蠢的人拿它来

行凶泄怒，那么祸就发生了，圣人用它来除暴去害，那么幸福就造成了。所以各种东西得到了它可以因此而死亡，得到了它也可以因此而生存；各种事情得到了它可以因此而失败，得到了它也可以因此而成功。

阐释：

韩非的很多思想是从老子那里来的，例如《解老》和《喻老》两篇内容专门解释阐发老子的哲学思想，其他如《主道》《扬权》《大体》等篇则继承了老子关于"道"的基本观点，认为"道"是万物生成发展的根源，是使天地万物成为这个样子的总规律，是与各种事理相当的总法则，"道者，万物之所然也，万理之所稽也"。道本身是无形无象的，却能够统摄具体有形的万物。虽然韩非继承了老子的道本体论，但是却对道进行了一定程度上的延伸，将其延伸至社会政治层面，取法于道。他认为，道是万事万物的运行法则，人道运行法则就是人应该遵守的行为准则，具体体现出来就是法，即："道法"，并由此提出"因道全法""以道为常，以法为本"的观点。在此，韩非借鉴道家的外壳，旧瓶装新酒，巧妙地表达法家的哲学与政治思想。

如何去理解法家的道呢？韩非以水来比喻道，认为道就像水一样，掉进水里的人因为过多地喝了它会导致死亡，而快要渴死的人适量饮用却能得以存活。韩非正是以水譬道，将他对道的观点呈现给读者。而通过"因道"，韩非为法家"以法治国"找到坚实的哲学基础。道在天，是宇宙的运行规律；在地，是万物生息的法则；在人，是人与人之间相处的基本规矩。顺应天理天道，就必须遵道、顺道、守道。而法家的法是由道转化而来的。只有符合天道、地道、人道的法才是好的法，才可顺利实施。

英译文：

Dao can be compared to water. Who is drowning, dies as he drinks too much of it. Who is thirsty lives on as he drinks a proper amount of it. Again, it can be compared to a sword or a spear. If the stupid man uses it for wreaking his grudge upon others, calamities will happen. If the saintly man uses it for punishing the outrageous, good luck will ensue. Thus, people die of it, live owing to it, fail because of it, and succeed on account of it.

——《大中华文库〈韩非子〉》P433

译评：

本节的译文选自华裔汉学家廖文奎的《韩非子》全译本（以下简称廖译）。从整体上看，本节的译文不仅忠实于原文，而且译文语言流畅明晰、通俗易懂。尤其是前两句，韩非以水来譬道，廖译将其翻译为"*Dao* can be compared to water."，语言简洁、通俗易懂；随后的一句，廖译将其翻译成"Who is drowning, dies as he drinks too much of it. Who is thirsty lives on as he drinks a proper amount of it."这不仅忠实于原文的意义，同时还保留了原文的风格，将原文中的对偶修辞（antithesis）完美地再现出来了。总而言之，本节中廖译将韩非对"道法"的观点用当代英语流畅明晰地传达出来。

10.4.2 以水喻君主之格局气度

原文：

> 上不天则下不遍覆，心不地则物不毕载。太山不立好恶，故能成其高；江海不择小助，故能成其富。故大人寄形于天地而万物备，历心于山海而国家富。上无忿怒之毒，下无伏怨之患，上下交顺，以道为舍。故长利积，大功立，名成于前，德垂于后，治之至也。

——《韩非子·大体》

今译文：

上面如果不是有辽阔的天，就不能覆盖整个世界；心胸如果没有大地那样宽广，就不能负载万物。泰山对土石没有好恶之心，所以能够形成它的高大；江海对细流不加选择，所以能够形成它的富有。所以君子要像天地那样遍覆毕载而使万物齐备，要像山海那样不立好恶、不择小助而使国家富强。君主没有忿怒引起的毒害，臣民没有因积怨造成的祸患，君主和臣下都归真返璞，把道作为归宿。所以长远的利益积聚了，巨大的功业建立了，名望树立于生前，恩德流传于后世，从而达到治理国家的最高境界。

阐释：

韩非在《大体》篇中论述了持"大体"或者圣明的君主应该具备的素养或品质。为了更好地阐述这种素养和品质，韩非分别以泰山和江海为喻，"太山不立好恶，故能成其高；江海不择小助，故能成其富"，指出君主要有像高耸巍峨的泰山和宽广浩瀚的江河大海一样，拥有山不拒土石、海不拒百川的胸襟气度，才能使万物齐备，使国家变得富强。无独有偶，管仲也有类似的论述，"海不辞水，故能成其大；山不辞土石，故能成其高；明主不厌人，故能成其众；士不厌学，故能成其圣"（《管子·形势解》），看来真是英雄所见略同。

英译文：

If the superior is not as great as heaven, he never will be able to protect all inferiors; if his mind is not as firm as earth, he never will be able to support all objects. Mountain Tai, seeing no difference between desirable and undesirable clouds, can maintain its height; rivers and oceans, making no discrimination against small tributaries, can accomplish their abundance. Likewise, great men, patterning after the features of heaven and earth, find the myriad things well provided, and, applying their mind to the observation of mountains and oceans, find the country rich. The superior shows no harm from anger to anybody, the inferior throws no calamity of hidden resentment at anybody. Thus, high and low both live on friendly terms and take *Dao* as the standard of value. Consequently, permanent advantages are piled up and great merits accomplished. So is a name made in a lifetime. So is the benefaction left to posterity. Such is the height of order.

——《大中华文库〈韩非子〉》P727

译评：

本段的中心思想是表达圣明的君主应该拥有像天地一般宏大的气魄和山海一般宽广的胸襟，这样才能使得万物齐备、国家富强；君主拥有了这样的品质，才能建立伟大功业、流芳百世，才能达到国家治理的最高境界，即"治之至也"。在廖译中，译者整体采用的是意译的翻译策略，在部分句子的翻译中采用了直译，译文整体流畅通顺。但是，或许由于译者的理解偏差，在部分句子的翻译处理上出现了一些误译。首先，"太山不立好恶，故能成其高；江海不择小助，故能成其富"，本句的后半句翻译的完全正确，但是与之对应的前半句则译得有失偏颇。"太山（泰山）不立好恶"意思是说泰山不以自己的好恶来选择土石，并非如译文所说的"泰山不区分好恶之云"（seeing no difference between desirable and undesirable clouds）。因此，本句建议改译为：Mountain Tai, not rejecting any earth or stone, can maintain its height; rivers and oceans, not rejecting any small tributaries, can accomplish their abundance. 其次，本段中的人称主语（如"上""大人"）的翻译值得商榷，译文中"上"翻译成"the superior"（上级），"大人"翻译成"great man"（伟人或巨人）。实际上，本段主要是论述圣明的君主应该具备的品质，无论是"上"还是"大人"都指的是君主。因此，建议"大人"翻译为"sage sovereign or lord"（圣明的君主），"上"翻译成"the sovereign or lord"，相对于的"下"则翻译成"the ordinary people"。

10.4.3　法如朝露般纯洁质朴

原文：

> 故至安之世，法如朝露，纯朴不散，心无结怨，口无烦言。故车马不疲弊于远路，旌旗不乱乎大泽，万民不失命于寇戎，雄骏不创寿于旗幢；豪杰不著名于图书，不录功于盘盂，记年之牒空虚。
>
> ——《韩非子·大体》

今译文：

所以，治理得最好的社会，法制好比早晨的露水那样纯洁质朴而不散漫，人们的心里没有积聚难解的怨恨，人们的口中没有愤愤不平的言论。所以，车马没有远途奔跑的劳累，旌旗没有兵败大泽的纷乱，民众不会因为外敌侵犯而丧命，勇士不夭折在将军的战旗之下；英雄豪杰不把名字记录在图书上，不把战功铭刻在盘盂上，国家编年的史册无事可记。

阐释：

韩非把法家治理国家的理想归纳为三个阶段，分别称为"明主之国""至治之国"和"至安之世"。其中，"至安之世"被韩非认为是治理国家的最高境界，同时也是韩非所勾画出的理想社会蓝图，类似古人说的"大同社会"或今天的"和谐社会"。在"至安之世"中，法像朝露一样，纯朴不散；民众心无结怨，口无烦言。车马没有远途奔跑的劳累，旌旗没有兵败大泽的纷乱，民众不会因为外敌侵犯而丧命，勇士不失折在将军的战旗之下，豪杰也不名垂史册，战功也不著刻于盘盂，国家编年的史册也是一片空白。由此，韩非为我们描述一幅"至安之世"的美好图景，即：一切国家强力机器都应该停下，马放南山，刀枪入库。车和马是古代军事力量的重要表现，车马远途奔跑说明战事吃紧，战乱不断，旌旗纷乱说明仗打败了而且败得很惨烈，民众丧命，勇士早亡，国家战乱有亡国之危，这是至安之世的反面，也正好说明依法治国的好处。至安之世，车马运粪浇田地，旌旗入库落尘埃，百姓安居乐业，勇士卸甲归田，没有战争，没有纷争，世界大同。当然，这只是理想的至安之世，韩非和所有的圣贤一样，都是理想主义者，身在现实心在梦想。

那么如何才能实现"至安之世"呢？在韩非看来，"至安之世"必须通过依法治国来实现。而依法治国的前提是必须制定相应的律法，没有完美的律法就不会有至安之世。什么样的律法才能实现依法治国呢？韩非的答案是，"法如朝露，纯朴不散"，意思是说国家律法就像清晨的露水一样，纯朴不散，能量永恒，力量不散。在此，韩非用"法如朝露"作喻，来说明在治理国家的时候，制订法律和发布政令要简朴、实在、通俗、好懂、易于操作。这就好比当年汉高祖刘邦率军攻下咸阳，与关中百姓约法三章，即：杀人者处死，伤人者抵罪，盗窃者判罪。（"与父老约，法三章耳；杀人者死，伤人及盗抵罪。余悉除去秦法。"）法令简明易懂，不仅易于快速推行，而且便于百姓理解和遵守，一下子便赢得了民心。所以，法令简朴、天下太平才是最大的福分。

英译文：

Therefore, in the age at the height of safety law is like the morning dew, pure and simple but not yet dispersed. There is no resentment in the mind nor is there any quarrelsome word from the mouth. Carriages and horses, accordingly, are not worn out on the road; flags and banners are never confused on the big swamps; the myriad people do not lose lives among bandits and weapons; courageous warriors do not see their longevities determined by flags and streamers; excellent men are not reputed in pictures and books nor are their merits recorded on plates and vases; and documents of annals are left empty. Hence the saying: "No benefit is more permanent than simplicity, no fortune is more perpetual than security."

——《大中华文库〈韩非子〉》P721

译评：

本段的翻译中有多处值得商榷。首先，"至安之世"指的是韩非心目中法家治理国家的最高境界和向往的理想社会，大致相当于今天所说的"和谐社会"，该句后面的一系列描述也印证了这一点，而并非如译文中所理解为"在安全的高度"（the height of safety）。因此，建议"至安之世"改译成"in a harmonious society"或者"in a society of great harmony"。其次，"车马"并非指的是一般用于交通工具的车和马，而是指战车与战马，因此应该改译成"chariot and horse"。第三，"寇戎"的翻译也不准确。这里的"寇戎"指的是"敌军来犯或敌军"，并非是指译文中所说的"匪徒和武器"（bandits and weapons），因此建议改译成"foreign invasion"或者"enemy"。最后，"雄骏不创寿于旗幢"的翻译也不准确。本句中的"雄骏"和"旗幢"均为借代，"雄骏"原意为气势雄伟、不同凡响，这里代指战争中的勇士，而"旗幢"原意为旌旗，这里借指战阵，"创寿"的意思是丧生或死去。因此，本句应该改译成：courageous warriors do not lose their lives in the battle。

10.4.4 以"渊"喻权势——鱼不可脱于渊

原文：

> 势重者，人主之渊也；臣者，势重之鱼也。鱼失于渊而不可复得也，人主失其势重于臣而不可复收也。古之人难正言，故托之于鱼。

——《韩非子·内储说下六微》

势重者，人君之渊也。君人者，势重于人臣之间，失则不可复得也。简公失之于田成，晋公失之于六卿，而邦亡身死。故曰："鱼不可脱于深渊。"

——《韩非子·喻老》

今译文：

权势好比是君主的深渊，臣子好比是君主权势这一深渊里的鱼，鱼离开深渊，就不能再得到它了；君主把权势失落给臣子，就不能再收回来。古人难以直陈事理，所以把事理假托成鱼来作比喻。

权势是君主这条鱼儿的深潭。做君主的，一旦权势落到了臣子的手中，失去了就不可能再得到了。齐简公在田成子手中丢失了权势，晋国的君主在六卿那里丢失了权势，结果国破身死。所以说："鱼儿不可以离开深潭。"

阐释：

韩非不但十分注重法的重要性，而且认为法治必须以君主的"势"，即最高权力为基础，与驾驭臣下之"术"相配合，才能达到理想的效果。因而，君主"持柄以处势"，避免大权旁落，始终是韩非关注的焦点问题之一。在第一段中，韩非把君主的权势比喻为深潭，把臣子比喻为鱼，他以鱼一旦离开了深潭便无法再得到为喻，指出君主如果大权旁落，那就如同脱渊之鱼，很难收回。在第二段中，韩非仍旧将权势比喻为深潭，而将君主比喻为鱼，认为权势对于君主来说，犹如水对于鱼一样重要，君主的权势如果落到了臣下手中，那么就将是失而不能复得。为了阐明这个道理，韩非还以春秋末期齐简公、晋平公失去权势而国破身死（"邦亡身死"）为例，指出君主大权重势丧失的极端危险性。

两段的一个共同点就是将权势比作深潭，无论是将君主比作鱼，还是将臣子比作鱼，韩非都认为"鱼不可脱于渊"，就像鱼离开水一样，绝不会有好的结果。臣子之鱼一旦离开了水，就像脱渊之鱼，不受君主的控制，便会以下凌上，犯上作乱；而君主之鱼一旦离开水，就失去自己的权势，不仅会一事无成，甚至还会面临失去生命的危险。总而言之，韩非用《老子》书上的"鱼不脱于深渊"为喻，以此来告诫君主须臾不可失掉自己的权势，否则就会因"失势"而一事无成，甚至是一命呜呼。

英译文：

High authority is the pool of the lord of men. Ministers are the fish swimming in high authority. Just as the fish once lost outside the pool cannot be recovered, so can the high authority of the lord of men once lost to the ministers not be recovered. The ancient found it difficult to say explicitly, and therefore used the metaphor of the fish swimming in the pool.

——《大中华文库〈韩非子〉》P889

The position that is influential is the deep to the ruler of men. Who rules men, his position must be more influential than the ministers' position. Once lost, it would not be recovered. After Duke Jian lost it to Tian Cheng and the Duke of Jin lost it to the Six Nobles, their states went to ruin and they were put to death. Hence the saying："The fish should not escape from the deep."

——《大中华文库〈韩非子〉》P477

译评：

上面两段虽然出自于《韩非子》中的不同篇章，但是其中所表达的意思大致相同，都表达了君主须臾不可失掉自己的权势。然而，这两段的译文却存在诸多的不一致，例如"人主"和"人君"分别被翻译成"the lord of men"和"the ruler of men"，同样的一个"渊"字却被分别翻译成"the pool"和"the deep"。此外，"势重者"在两段中也有不同的译法，分别为"high authority"和"the position"。很显然，译者并未注意到两段内容上的相关性，同时也没有考虑到相同术语译法的前后一致性。为了保持前后的一致性，建议"人主"和"人君"应该译为"the ruler of men"。虽然"渊"（意为"深渊"或者"深潭"）在英语中对应的词为"abyss"，但是abyss多指深不见底的洞（bottomless hole or space）或者峡谷（chasm），不一定有水和鱼，且该词引申义多为"危险的局面或绝境"；而原文中的"渊"①指的是水深不

---

① 根据《说文解字》，"渊"的古文是象形字，外部像岸，中间像水的样子，合起来像一个中间有水洄流的深潭，本义指回旋的水，引申指深潭、深水，又引申指深、深厚。

见底的深潭，因此建议"渊"译为"the deep pool"。另外，"势重者"建议统一译为"power"，因为"high authority"现在多意指"最高权力机构"或"高权威"，"position"多意指"地位"或"职位"等。

除此之外，两段中部分句子的翻译处理也值得商榷。例如，"势重者，人君之渊也。"建议改译为：The power is the deep pool of the ruler of men who is compared to fish. "君人者，势重于人臣之间，失则不可复得也。"一句的译文"Who rules men, his position must be more influential than the ministers' position."不仅存在明显的语法错误，而且与原文的意思也存在很大的偏差，原文的意思是说"君主的权势一旦落到了臣子的手中，失去了就不可能再得到了。"因此，建议本句改译成：Once the power of the ruler has fallen into the hands of his ministers, it would not be recovered.

10.4.5 以"时雨"喻明君行赏——行赏如时雨

原文：

> 明君之道，臣不得陈言而不当。是故明君之行赏也，暖乎如时雨，百姓利其泽；其行罚也，畏乎如雷霆，神圣不能解也。故明君无偷赏，无赦罚。赏偷，则功臣惰其业；赦罚，则奸臣易为非。是故诚有功，则虽疏贱必赏；诚有过，则虽近爱必诛。疏贱必赏，近爱必诛，则疏贱者不怠，而近爱者不骄也。
>
> ——《韩非子·主道》

今译文：

圣明君主的行事原则，就是规定臣下不能说话不算数。所以圣明的君主施行赏赐，就像及时雨那样温润，百姓都蒙受他的恩泽；君主施行刑罚，就像雷霆那样威严，就是神圣也不可能解脱。因此圣明的君主不会随便给予赏赐，不会赦免应该给予的刑罚。随便给予奖赏，那么功臣就会懈怠他们的功业；赦免应有的刑罚，那么奸臣就会轻易地为非作歹。所以确实有功，即使是与自己关系疏远而卑贱的人也一定要奖赏；确实有错，那么就算是自己亲近喜爱的人也一定要严惩。疏远卑贱的人一定奖赏，亲近喜爱的人一定惩罚，那么疏远卑贱的人就会兢兢业业，而亲近喜爱的人也不会骄横了。

阐释：

韩非的政治理想是：拥有无上权力的统治者，不仅需要创制完备的法律制度，同时还要掌握一套驾驭臣民的"御下之术"（即：君主统治臣民的手段和策略），从而达到"智虑不用而国治"的效果。韩非在谈到明君之道时，多次强调"术治"的重要性，认为圣明的君主必须善于"操术以御下"。其中，赏赐与刑罚便是一种有效的"操术"，"赏罚者，邦之利器也，在君则制臣，在臣则制君"（《韩非子·喻老》）。韩非强调，赏赐和刑罚，作为君王"术治"的重要手段，只能由君主一人掌握，而且要"藏之于胸中"，暗箱操作，秘密进行，即所谓"法莫如显，而术欲不见"（《韩非子·难三》）。

明君应该如何行赏与行罚呢？为了阐明清楚，韩非以"时雨"喻明君行赏，指出明君行赏时，应该像及时雨一样温润，使百姓都能感受到他的恩泽；以"雷霆"喻明君行罚，指出君主行罚时，应该像雷霆一样恐怖，就连神明也不能逃脱。不仅如此，韩非还进一步提出了赏罚的原则，即：赏罚分明。有功必赏，不论疏贱；有过必罚，不赦近爱。韩非的这种赏罚分明的思想，直到今天对领导者而言仍有重要的启迪和借鉴意义。韩非以"时雨"和"雷霆"比喻明君赏罚，不仅形象生动，而且增强了文章的感染力和说服力。

英译文：

It is in accordance with the *Dao* of the intelligent ruler that every minister should utter no word that corresponds not with its proper task. For this reason, the intelligent ruler, in bestowing rewards, is as benign as the seasonable rain that the masses profit by his graces; in inflicting punishments, he is so terrific like the loud thunder that even divines and sages cannot atone for their crimes. Thus the intelligent ruler neglects no reward and remits no punishment. For, if reward is neglected, ministers of merit will relax their duties; if punishment is remitted, villainous ministers will become liable to misconduct. Therefore, men of real merit, however distant and humble, must be rewarded; those of real demerit, however near and dear, must be censured. If both the reward of the distant and humble and the censure of the near and dear are infallible, the distant and humble will not go idle while the near and dear will not turn arrogant.

——《大中华文库〈韩非子〉》P69

译评：

总体而言，本段的翻译通顺、达意。例如，在"是故明君之行赏也，暖乎如时雨，百姓利其泽"一句中，韩非将明君的赏赐比喻为"时雨"，而所谓"时雨"指的是"应时的雨水"，有及时雨之意，廖译将其翻译成"seasonable rain"，这是非常贴切的；同时，百姓利其泽"中的"泽"原义为"水汇聚之处"或"雨露"，引申义为"恩泽、恩惠"，廖译以动词"profit"来翻译，较好地传达出了原文的意义。不过，在华兹生的译文中，"泽"被直译为"dew"，"the dew of his bounty profits all men."在传达原文意义的同时，还保留了原文中的意象，不失为一种好的译法。

但是，廖译中个别地方的翻译还是值得商榷。例如，第一句"明君之道，臣不得陈言而不当"的译文并未能真实有效地传达原文所表达的含义。在此，韩非想表达的意思是：明君的原则，要求臣下说话要得当，实事求是，能就是能，不能就是不能，不能说话不算数；而不是如译文中所说"every minister should utter no word that corresponds not with its proper task."（每个大臣都应该说与自己职位相关联的话。）在这一句的翻译处理上，华兹生的译文就显得更忠实一些，如"It is the way of the enlightened ruler never to allow his ministers to speak words that cannot be matched by results."因此，笔者建议将本句改译成：It is in accordance with the *Dao* of the intelligent ruler that every minister should keep to their word.

10.4.6 远水不救近火

原文：

鲁穆公使众公子或宦于晋，或宦于荆。犁鉏曰："假人于越而救溺子，越人虽善游，子必不生矣。失火而取水于海，海水虽多，火必不灭矣，远水不救近火也。今晋与荆虽强，而齐近，鲁患其不救乎！"

——《韩非子·说林上》

今译文：

　　鲁穆公让自己的儿子们有的去晋国做官，有的去楚国做官。犁鉏说："从越国借人来救溺水的孩子，越国人虽然善于游泳，但孩子一定救活不了。失火而从海里取水来救，海水虽然很多，但火一定扑不灭了，因为远水救不了近火。现在晋国和楚国虽然强大，但齐国离鲁国近，如果受到齐国攻击，鲁国的祸患恐怕难救了。"

阐释：

　　本节中，韩非以"远水不救近火"来比喻费时的方法解决不了当前急迫的问题，告诫人们面对紧急的问题时，应该采用立竿见影的手段。春秋时期，鲁国分别与强大的齐国、晋国、楚国相邻，鲁国国君鲁穆公担心齐国侵犯鲁国，便想尽各种办法结交晋、楚两大强国，希望齐国犯鲁时能得到晋、楚的援手。为了达到结交的目的，鲁穆公派自己的儿子们有的到晋国做官，有的到楚国做官。鲁国大夫犁组对穆公的做法不以为然，他以远水救不了近火为喻，指出晋国和楚国虽然很强大，但毕竟离鲁国较远，而齐国离鲁国较近，一旦受到齐国进攻，鲁国的祸患恐怕难救了，因为即便晋国和楚国伸出援手，但是短时间内也是鞭长莫及。这则历史故事，就是后来大家耳熟能详的成语——"远水不救近火"的来历。它告诫我们，舍近求远，缓不济急，是解决不了紧迫问题的。在面对火烧眉毛的问题，不能运用所谓的长远之策来处理，必须急切应对，用立竿见影的手段，争取吹糠见米的效果。远处的救世主或缓慢的方法即使再有效也会由于时间、空间的阻碍，而无法解决迫在眉睫的紧急问题。

英译文：

Duke Mu of Lu sent out the various princes to take up office at the court of Jin and the court of Jing. Thereupon Li Chu said："Suppose we employ men from Yue to rescue our drowning sons. Then though the Yue are good swimmers, our sons' lives would not be saved. Suppose a fire burst out and we fetch water from the sea. Then though the water of the sea is abundant, the fire would not go into extinction. Thus, distant water cannot put out a fire at hand. Now, though Jin and Jing are strong, Qi is a close neighbour. Should Lu worry that Jin and Jing might not come in time to rescue Lu in case of conflict with Qi?"

——《大中华文库〈韩非子〉》P549

译评:

　　本段的翻译整体来说是比较忠实、通顺,部分句子的翻译做了变通,较好地再现了原文所表达的内涵。例如,最后一句"鲁患其不救乎!"原本为一个感叹句,表达作者的严重担忧。译文将其翻译成一个反问句,"Should Lu worry that Jin and Jing might not come in time to rescue Lu in case of conflict with Qi?"忠实地表达了原文作者的担忧之情。但是,译文也有一点值得改进的地方,原文中有两处"晋"和"荆",采用音译法翻译成"Jin"和"Jing",二者读音比较接近,对译文读者容易造成混淆。由于其中的"荆"指的是当时的楚国,因此建议"荆"改译成"Chu"。

第 11 章 《墨子》中的水文化思想及其英译

11.1 墨子及其《墨子》简介

墨子(公元前 476 或 480 年—前 390 年或前 420 年),名翟,春秋末期战国初期宋国人,一说鲁阳人,一说滕国人。中国古代思想家、教育家、科学家、军事家,墨家学派创始人和主要代表人物。墨子先祖是殷商王室,是宋国君主宋襄公的哥哥目夷的后代,目夷生前是宋襄公的大司马,后来他的后代因故从贵族降为平民,后简略为墨姓。虽然其先祖是贵族,但墨子却是中国历史上唯一的平民出身的哲学家。作为一个平民,墨子在少年时代做过牧童,学过木工。据说他制作守城器械的本领比公输班(鲁班)还要高明。他自称是"鄙人",被人称为"布衣之士"。作为没落的贵族后裔,墨子自然也受到必不可少的文化教育,《史记》记载墨子曾做过宋国大夫。

墨子是一个有相当文化知识,又比较接近工农小生产者的士人,他自诩"上无君上之事,下无耕农之难",是一个同情"农与工肆之人"的士人。在他的家乡,滔滔的黄河奔流东去,墨子决心出去拜访天下名师,学习治国之道,恢复自己先祖曾经有过的荣光。墨子穿着草鞋,步行天下,开始在各地游学。据《淮南子·要略》之说,墨子原为儒门弟子。墨子曾从师于儒者,学习孔子的儒学,称道尧舜禹,学习《诗》《书》《春秋》等儒家典籍。但是,后来墨子逐渐不满儒家的一套学说,他批评儒家对待天帝、鬼神和命运的态度,以及厚葬久丧和奢靡礼乐,认为儒家所讲的都是些华而不实的废话,"故背周道而行夏政"。最终,墨子舍掉了儒学,另立新说,在各地聚众讲学,以激烈的言辞抨击儒家和各诸侯国的暴政。大批的手工业者和下层士人开始追随墨子,逐步形成了自己的墨家学派，成为儒家的主要反对派。墨家是一个宣扬仁政的学派，在代表新型地主阶级利益的法家崛起以前，墨家是先秦时期与儒家相对立的最大的一个学派，并列为"显学"。在当时的百家争鸣中，有"非儒即墨"之称。墨子积极宣传自己的学说，为宣传自己的主张，墨子广收门徒，一般的亲信弟子达到数百人之多，形成了声势浩大的墨家学派。

墨子在宋昭公时曾做过宋国大夫，但以后地位下降，接近劳动者。墨子的行迹很广，东到齐，北到郑、卫，并打算到越国，但终未成行。墨子曾阻止鲁阳文君攻打郑国，说服鲁班而止楚攻宋。墨子多次访问楚国，献书给楚惠王。楚惠王打算以书社封墨子，但墨子最终没有接受。后来他又拒绝了楚王赐给他的封地，离开了楚国。越王邀请墨子作官，并许给他以五百里的封地。墨子以"听我的劝告，按我讲的道理办事"作为前往条件，而不计较封地与爵禄，目的是为了实现自己的政治抱负和思想主张，遭到越王拒绝。墨子晚年来到齐国，企图劝止项子牛讨伐鲁国，但没有成功。在墨子晚年，儒墨齐名。墨子死后，墨家弟子仍"充满天下""不可胜数"，故战国时期虽有诸子百家，但"儒墨显学"则是百家之首。墨子死后，墨家分裂为相里氏之墨（秦墨）、邓陵氏之墨（楚墨）、相夫氏之墨（齐墨）三个学派①。

《墨子》是墨子及其弟子以及后学的著述总编，成书大约在战国后期，在西汉时由刘向整理成集，后经东汉史学家班固重新加以编辑，定为71篇。但六朝以后逐渐流失，到宋代就只剩下62篇，到清代编辑《四库全书》时，已仅存53篇，且不少篇章文字颠倒错误，不可卒读。现在所传的《道藏》本共有15卷，53篇，有的是墨子所著，也有的是墨子弟子以及后期墨家的著述资料。《墨子》一书内容广博，包括了政治、军事、哲学、伦理、经济、逻辑、科技等方面，是现

---

① 这三派分别以墨子的三个弟子命名，即：楚墨的邓陵子、齐墨的相夫子、秦墨的相里勤，因其主张又被称之为"游侠派""论辩派"和"游仕派"。楚墨的邓陵子，此派更多的是以侠客的身份，到处行义。他们反对各国的战争，认为这些战争都是权贵们为了自己利益发动的，不利于百姓，他们以自己的价值观来衡量这个世界。齐墨的相夫子，此派是一个以学者辩论为主的门派，他们游历各国，讲授墨家的兼爱思想，他们反对用暴力去解决问题（甚至包括起义），希望能用柔和的方式去获得和平，也是思想上最幻想的一派。秦墨的相里勤，此派注重科技研究，非常务实。帮助秦国的原因，也是因为看见只有秦国当时的制度，是最接近他们墨家的最终设想的，所以他们愿意帮助秦国完成统一战争。

在研究墨子及其后学的重要史料。《墨子》现存的 53 篇大体可以分为五组。第一组，《亲士》《修身》《所染》《法仪》《七患》《辞过》《三辩》，共 7 篇，内容是尚贤、节用、非乐等主张之发挥。第二组，《尚贤》《尚同》《兼爱》《非攻》《节用》《节葬》《天志》《明鬼》《非乐》《非命》《非儒》等 24 篇，是墨家学派的主要代表作。第三组，《经(上)》《经(下)》《经说(上)》《经说(下)》《大取》《小取》，共 6 篇，后人合称《墨经》或《墨辩》，内容主要是逻辑学和自然科学。第四组，《耕柱》《贵义》《公孟》《鲁问》《公输》5 篇，前四篇是语录体，每篇集合数十则语录或问答，《公输》是一个完整的故事。第五组，《备城门》《备高临》《备梯》《备水》《备突》《备穴》《备蛾傅》《迎敌祠》《旗帜》《号令》《杂守》，共 11 篇，专讲防御和守城的技术及具体措施，属于军事著作。

《墨子》一书思想非常丰富，包含政治思想、伦理思想、哲学思想、逻辑思想和军事思想等。主要体现在墨子提出的十项主张之中，即：兼爱、非攻、尚贤、尚同、节用、节葬、非乐、天志、明鬼、非命，其中以"兼爱"为核心，以"尚贤"为基本点。"尚贤"和"尚同"是《墨了》一书提出的基本治国纲领，墨子认为"尚贤"(任人唯贤)是为政之本，这种平等思想直接冲击宗法世袭制。"兼爱"(爱所有的人)是墨子的主要思想观点，是对孔子思想体系的基本概念"仁"的改造，提倡无差别地爱社会上的一切人，他的其他主张(如"非攻""节用""节葬""非乐"等)都是由此派生出来的。

11.2 《墨子》中的水文化思想概述

同先秦时期的其他诸子一样，务实的墨子有时候也会跑到水边思考问题，也善于用水来做譬喻，阐明事理，论证观点。从水文化的视角去《墨子》中探宝寻珍，可以发现，在墨子质朴明白、条理严谨的言论中，蕴含着丰富的水文化元素。根据统计，《墨子》全书十万余字，其中"水"字出现了 65 次，其他与水有关的字中，"流"字出现了 22 次，"河"字出现了 11 次，"江"字出现了 9 次，等等。概括起来，《墨子》中的水文化思想主要体现在以下五个方面：(1)以大禹治水为例论兼爱之可行。墨子极其推崇和盛赞大禹治水的伟大功绩，他大量征引大禹治水的事迹，以此来说明"兼爱"的主张取法于大禹等古代圣王的主张和实践，是完全可行的。(2)兼爱犹水之就下不可止。"兼爱"是墨子的核心思想,墨子以"火之就上、水之就下"为喻,指出倘若执政者大力倡导推行"兼爱"之道,就如同火向上窜、水往低处流一样,会在天下形成一种不可遏止的态势。(3)以水譬喻君子德性修养。墨子十分重视执政者的德性问题,他以"原(源)浊者流不清"来作比,指出如果水的源头污浊,整条河流也必将浑浊,形象地说明了君子不注意德性修养的危害。(4)君子不镜于水而镜于人。墨子认为,君子要提高自身的道德修养,仅靠提升外表(即:镜于水)是不够的,还要以他人为镜(即:镜于人)来对照检查自己。(5)以江河溪流来譬喻君主广揽人才,兼听并蓄。"亲士"是墨子的重要政治主张之一,为了阐明这一道理,墨子分别以"江河不恶小谷之满己也,故能大""江河之水,非一源之水也""溪陕(狭)者速涸,逝浅者速竭"为喻,来说明君主要广纳贤才,兼听并蓄,方能治理好国家。

11.3 《墨子》在西方世界的英译史

根据学者刘松①(2020)的统计,《墨子》在西方英语世界的英译已有一百多年了,其间共有 16 部《墨子》英译本(包含节译、全译和重译本)。本节将根据现有学者的研究资料②和笔者掌握的资料,以时间为线索,详细梳理《墨子》在西方世界的英译史。

《墨子》在西方世界的英译最早要追溯到英国传教士艾约瑟(Joseph Edkins)。1858 年,艾约瑟在《皇家亚洲学会北中国支会》(*Journal of the North China Branch of the Royal Asiatic Society*)杂志上发表了论文《墨翟之人格及其作品评介》(Notices of the Character and Writings of Meh Tsi)。该文首次介绍了墨子的兼爱思想,将其译为"The Doctrine of Equal and Universal Love"。

---

① 刘松. 从儒家异端到世界经典——《墨子》在英语世界的经典化研究[D]. 湖南大学,2022.

② 本节中有关《墨子》的英译史资料主要来自刘松的博士论文《从儒家异端到世界经典——《墨子》在英语世界的经典化研究》和戴俊霞的研究论文"《墨子》的海外流传及其英译"。

戴俊霞.《墨子》的海外流传及其英译[J]. 安徽工业大学学报(社会科学版),2013,30(1):56-58.

1861 年，英国传教士和汉学家理雅各（James Legge）在香港出版的《中国经典》（The Chinese Classics）第二卷《孟子》（The Life and Teachings of Mencius）中，完整译介了《墨子》中的《兼爱》（上、中、下）三篇，这是《墨子》在西方英语世界的首个英文节译本。1892 年，荷兰传教士高延（J. J. M. de Groot）在出版的《中国的宗教体制》（The Religious System of China）一书中，翻译了《墨子·天志》三篇。

20 世纪上半叶，随着西方英语世界对中国文化的持续关注，出现了两部有关《墨子》宗教思想的研究著作，其中不可避免地涉及《墨子》的译介。1924 年，美国传教士何乐益（Lewis Hodous）出版了《墨翟与基督教》（Mo-Ti and Christianity）。1928 年，韦伯斯特（James Webster）出版了《海外基督教思想研究：中国哲学家墨翟简介》（Christian Ideas Outside of Christendom：An Introduction to the Chinese Philosopher，Moh Dz）。

在这期间，西方英语世界也出现了一些有关《墨子》实践价值以及哲学思想的研究专著，其中同样不可避免地涉及《墨子》的译介。例如，1927 年，英国人莱纳德（Tomkinson Leonard）在《日本亚洲学会丛刊》（The Transactions of Asiatic Society of Japan）发表了论文"墨子的社会学说"（The Social Teachings of Meh Tse）。1927 年，英国传教士威廉姆森（Henry Williamson）在山东济南出版了《墨翟，一位中国的异端：墨翟生平及其论著简介》（Mo Ti，a Chinese Heretic：A Short Sketch of His Life and Works）一书，据称是目前所见英语世界第一部《墨子》研究专著。

1929 年，中国学者梅贻宝（Y. P. Mei）推出了《墨子》英译本——《墨子的伦理和政治学说》（The Ethical and Political Works of Motse），该译本由位于英国伦敦的亚瑟·普罗布斯坦书店（Arthur Probsthain）出版。他选译了《墨子》中的 36 篇（《墨辩》与《城守》部分未译）。该译本以晚清经学大师孙诒让校勘的《墨子间诂》为底本，忠实流畅，问世以来备受好评，时至今日仍是西方研究者开展墨学研究的必读书目。梅贻宝译本后来入选《联合国教科文组织中国系列丛书》，成为英语世界的翻译经典。除此之外，梅贻宝还出版了研究《墨子》思想的专著《墨子：与孔子齐名的隐圣人》（Motse，the Neglected Rival of Confucius，1934）和《杨朱和墨翟：中国的利己主义者和利他主义者》（Yangchu and Moti：Chinese Egoist and Altruis，1935）。

1937 年，中国学者冯友兰（Fung Yu-lan）在美国纽约 Kegan Paul Trench

Trubner & Company 出版了《中国哲学史》(*History of Chinese Philosophy*)一书,书中节译了《墨子》的《兼爱》《天志》《明鬼》等部分篇章,并阐释了儒墨关于宗教、礼仪等方面的异同。

1942年,中国学者林语堂(Lin Yu-Tang)在位于美国纽约的兰登书屋(Random House)出版了《中国人的智慧》(*The Wisdom of Chinese*)一书,该书选译了《墨子》中的《兼爱》《非攻》《天志》《非儒》等篇章。

20世纪50年代,英国学者李约瑟(Joseph Needham)在其著作《中国科学技术史》第二卷(*Science and Civilization in China Volume II*)中,翻译了《墨子》中《经(上)》和《经(下)》的部分片段。为辨别《墨子》中的科学命题,李约瑟用数十页的篇幅,引用福尔克、冯友兰、休斯(Hughes)、马伯乐(Maspero)等人论述《墨子》的译文,进行对比,并在此基础上结合对原文的理解,创制了他自己的译本。

1963年,美籍华人学者陈荣捷(Wing-tsit Chan)在《中国哲学资料书》(*A Source Book in Chinese Philosophy*)中全译了《墨子》中的《兼爱(中)》《天志(上)》《非命(上)》三篇,并以"功利主义""非攻""非乐""节葬""尚贤""尚同"为主题节译了墨学《十论》相关内容。

1963年,美国汉学家华兹生(Burton Watson)翻译出版了《墨子入门》(*Basic Writings of Mozi*),选译了《墨子·十论》的大部分著作及《非儒(下)》。该译本由美国哥伦比亚大学出版社(Columbia University Press)出版,后于2003年再版。

1978年,英国汉学家葛瑞汉(A. C. Graham)出版了《后期墨家的逻辑、伦理和科学》(*Later Mohist Logic, Ethics, and Science*),该书附有《墨经》四篇的翻译,作为其研究成果的一部分,由香港中文大学出版社(The Chinese University Press)出版。

2001年,美国汉学家艾文贺(Philip J. Ivanhoe)和万白安(Bryan W. Van Norden)合编出版了《中国古典哲学读本》,该书介绍了《墨子》一书,并选译了《尚贤》《尚同》《兼爱》《非攻》《节用》《节葬》《天志》《明鬼》《非乐》《非攻》等10篇内容。

2006年,我国著名翻译家汪榕培教授和王宏教授合作,翻译出版了汉英对照版《墨子》(*The English Version of the Complete Works of Mozi*),这是历史上第一部《墨子》的英文全译本。该译本以孙诒让的《墨子间诂》为底本,共耗时两年半完成。该书充分吸收了近几十年来墨子研究的最新成果，在此基础上指出并修改了梅贻宝、华兹生等人译文的不足和漏译。此外，在翻译过程中，两位译者参阅了十余种《墨子》的不同版本和今译本，参考了西方学者关于墨子的著作和论文，并结合自身对墨子研究、考证和理解，完成了这项翻译工作。

2009 年，美国宾夕法尼亚州爱丁堡大学教授李绍崑翻译了第二部《墨子》英文全译本（*The Complete Works of Motzu in English*），该译本由北京商务印书馆（Commercial Press）出版。该书翻译了《墨子》中的所有篇章，计 71 篇，译本最后附有相应的中文版本，全面系统地展示了墨子在军事、政治、哲学、机械制造、物理、数学、宇宙论等方面的思想与成就，对于促进墨学走向世界，发挥了积极而重要的作用。值得一提的是，在众多《墨子》译者中，李绍崑是研究《墨子》时间较长且较为系统的一位。他以墨学的不同领域为研究方向，分别完成了硕士和博士学位论文，并出版了著作《墨子：伟大的教育家》。多年学习和研究墨子其人其书为李绍昆完成《英译墨子全书》奠定了坚实的基础。

2010 年，澳大利亚汉学家艾乔恩（Ian Johnston）翻译出版了《墨子全译》（*The Mozi：A Complete Translation*），该译本由香港中文大学出版社出版，是首部由西方译者独立翻译完成的《墨子》英文全译本，刚一问世便赢得广泛盛赞，香港中文大学出版社专家评审委员会称其"界定了当代中国典籍翻译的标准"。很快，英国"企鹅经典"（Penguin Classics）又在 2013 年推出艾乔恩《墨子》重译本（*The Book of Master Mo*）。这是继《道德经》（1964）、《孟子》（1970）、《论语》（1979）、《大学与中庸》（2003）、《庄子》（2006）后第六部入选"企鹅经典"的中国哲学典籍译本。

2013 年，由美国著名哲学家、汉学家约翰·诺布洛克（John Knoblock）和他的学生王安国（Jeffrey K. Riegel）教授合作翻译的《墨子》（*Mozi：A Study and Translation of the Ethical and Political Writings*）在美国加州大学伯克利分校东亚研究所出版（Institute of East Asian Studies），该译本为《墨子》的节译本，选译了全书的前 50 篇。

2020 年，加拿大籍哲学教授方克涛（Christopher Fraser）翻译出版了《墨子精髓：墨子的伦理、政治、辩证的文章》（*The Essential Mòzǐ：Ethical，Political，and Dialectical Writings*），该译本同样选译了《墨子》全书的前 50 章，由英国牛津大学出版社出版。

2022 年，马克斯·普朗克科学史研究所的希梅尔博士（Matthias Schemmel）和美国汉学家鲍则岳教授（William G. Boltz）合作推出了《墨家经典中的理论知识》（*Theoretical Knowledge in the Mohist Canon*），该书选译了《墨子》全书的前 34 章，由斯普林格出版社（Springer）出版，这是目前《墨子》的最新英文节译本。

综上所述，《墨子》的英译及其传播推动了英语世界人们对《墨子》及墨学的认识，扩大了《墨子》在英语世界的影响。然而，纵观《墨子》在西方英语世界一百多年的英译史，可以发现《墨子》的英译者主要是外国译者，国内译者相对较少；其中，外国译者的身份多为西方的传教士、汉学家、哲学家，也有少量的华裔学者。虽然《墨子》的英译本众多，但是节译本偏多，全译本偏少（仅有 3 本）。上述这些都有待于国内外学者继续努力，共同推动中国传统文化的对外传播。

本章所引用的《墨子》英译本主要来自《大中华文库》中汪榕培教授和王宏教授合作翻译的译本（以下简称汪译），译评中也借鉴和对比了"企鹅版"的艾乔恩译本（以下简称艾译），诺布洛克和王安国的译本（以下简称诺译）。

11.4　《墨子》中的水文化思想阐释、英译与译评

11.4.1　以禹之治水为例论兼爱之可行

原文：

> 然而今天下之士君子曰："然！乃若兼则善矣；虽然，不可行之物也。譬若挈太山越河、济也。"子墨子言："是非其譬也。夫挈太山而越河、济，可谓毕劫有力矣。自古及今，未有能行之者也；况乎兼相爱、交相利，则与此异，古者圣王行之。"何以知其然？古者禹治天下，西为西河渔窦，以泄渠、孙、皇之水。北为防、原、派、注后之邸，嘑池之窦洒为底柱，凿为龙门，以利燕代胡貉与西河之民。东为漏大陆，防孟诸之泽，洒为九浍，以楗东土之水，以利冀州之民。南为江、汉、淮、汝，东流之注五湖之处，以利荆楚、干、越与南夷之民。此言禹之事，吾今行兼矣。
>
> ——《墨子·兼爱中》

今译文：

然而现在天下的士人君子们说："对！兼爱固然是好的。即使如此，也不可能行之于事，就像要举起泰山越过黄河、济水一样。"墨子说道："这比方不对。举起泰山而越过黄河、济水，可以说是强劲有力的了，但自古及今，没有人能做得到。而兼相爱，交相利与此相比则是完全不同的（可行之事）。古时的圣王曾做到过。"怎么知道是这样呢？古时大禹治理天下，西边疏通了西河、渔窦，用来排泄渠水、孙水和皇水；北边疏通防水、原水、泒水，使之注入召之邸和滹沱河，在黄河中的砥柱山分流，凿开龙门以有利于燕、代、胡、貉与西河地区的人民。东边穿泄大陆的迂水，拦入孟诸泽，分为九条河，以此限制东土的洪水，用来利于冀州的人民。南边疏通长江、汉水、淮河、汝水，使之东流入海，以此灌注五湖之地，以利于荆楚、吴越和南夷的人民。这是说的夏禹所实行的兼爱之事，我们现在也应该实行这种兼爱了。

阐释：

本节中，墨子以大禹治水的事迹为例来证明施行"兼爱"主张的可行性。墨子对于治水英雄大禹可谓是极为佩服和推崇，他在《墨子》一书中提及大禹的次数多达 65 次，由此可见一斑。墨家的理论和实践都是以大禹治水的精神为依归的。甚至有学者说，"如果说墨家学派带有某种宗教神秘性，那么他们所信奉的最高精神教主，就是大禹。"[①]（王树人）因此，当墨子论述他的核心思想主张"兼相爱、交相利"的时候，就以大禹治水的伟大功绩为例，来说明他的"兼爱"主张是完全可行的。

虽然墨子的"兼爱"思想主张得到了当时士人君子们的认可，但是他们却质疑该主张能否施行。"然！乃若兼则善矣；虽然，不可行之物也。譬若挈太山越河、济也。"意思是说，兼爱固然是好，但即使如此，也不可能行之于事，就好像要举起泰山越过黄河、济水一样。墨子认为这一类比是不恰当的，他指出，兼相

---

① 参见：王树人的文章"最早的先秦思想史——《庄子·天下》精评先秦道术"。https://zhexue.httpcn.com/info/html/2009629/CQMEUYAZME.shtml.

爱、交相利，古代圣王如大禹就实行过了。由此，他大量征引大禹治水的事迹，说明"兼爱"的主张取法于大禹等古代圣王的主张和实践，是完全可行的。墨子之所以不厌其烦地记述大禹不辞劳苦，四处奔波，疏导九州各河，消除各地水患，惠及人民的"兼爱"事迹，旨在说明大禹是"兼爱"各方百姓的榜样，从而批驳了兼爱行不通的滥言，增强了论证的说服力。

英译文：

However, the elite gentlemen in the world would say: "It is surely a good thing if universal love is practiced by everybody. But to bring it into reality is just as impossible as to carry Mount Tai across the Yellow River and the Ji River." Master Mozi said: "No, the simile you just cited is not at all proper. Carrying Mount Tai across the Yellow River and the Ji River requires mighty strength. Nobody from the ancient times to the present day has been able to do so. What is more, universal love and mutual benefit are totally different in that they have been put into practice by the ancient sage kings. How do we know that they have been put into practice? When Dayu, the ancient tribe leader, undertook the mission to control the flood in the area of today's central plain of China, he first dredged the Xihe River and the Yudou River in the west to drain off the water from the Qu River, the Sun River and the Huang River. Then, he dredged the Fang River, the Yuan River and the Gu River to drain the waters from the Zhaoyuqi River and the Hutuo River, both of which are to be found in today's Shanxi Province in China; he also made use of Mount Dizhu as the watershed to divert the water from the Yellow River and tunneled through Mount Longmen to bring benefits to the people living around the Yellow River in the west and various tribes of Yan, Dai, Hu, Mo in the north. Next, he drained the great plain in the east and diverted the water into the Mengzhu Marsh. The watercourse was divided into nine canals to control the water coming from the east and to benefit the people living in the middle and lower reaches of the Yellow River. He also dredged the Yangtze River, the Han River, the Huai River and Ru River in the south and diverted the water in these four rivers to the east into the Five Lakes to benefit the people living in the states of Jing, Chu, Wu, Yue and the minority nationalities in the south. What Dayu did was completely in keeping with the universal love we are advocating.

——《大中华文库〈墨子〉》P121-124

译评：

本节译文来自《大中华文库》中汪榕培教授和王宏教授合作翻译的译本(以下简称汪译)。总体而言，汪译忠实于原文，用词准确，较好地传达出原文的内涵，译文简洁流畅。现仅举两例为证：(1)"古者禹治天下"，其中的"天下"并非现代意义中的全世界。作为一个地域空间概念，"天下"①是中国古人对于当时世界的一种笼统说法，囿于当时人们的见识和认知条件，不同时代所指代的地理范围也不同。一般而言，在先秦时期，"天下"指的是华夏与四夷所居之地，即中原及其周边的地区。在汪译中，"天下"被意译为"the area of today's central plain of China"，这是较为准确的。而在诺译和艾译中，"天下"都被直译为"the world"，很显然有误译之嫌，这主要是源于国外译者对"天下"一词的丰富内涵缺乏了解所导致。(2)"此言禹之事，吾今行兼矣。"本句是对前面所讲述的"大禹治水"事迹的总结，在墨子看来，大禹的所作所为实际上就是在行兼爱之事，因此我们现在也应该实行这种兼爱了。在汪译中，本句被翻译为"What Dayu did was completely in keeping with the universal love we are advocating."译文不仅忠实于原文，而且还传达出了原文的内涵。其他两个译本的翻译虽不如汪译，但是也是各有千秋：

"The deeds of Yu described here are examples of the impartial concern for others that we today ought to put into practice."(诺译)

"This tells us of the affairs of Yu [and shows] that now we could practise universal [love]."(艾译)

---

① 事实上，在中国古代，"天下"一词还具有深邃的文化内涵(跟华夏、九州、四海等词一样)。不同时代、不同语境中，"天下"可以作为方位概念、疆土概念、国家概念、世界概念、政权概念等形形色色的语义变化，体现了中华文化丰富的内涵和多彩魅力。具体参见：https：//www.sohu.com/a/293892315_99953642。

11.4.2 兼爱犹水之就下不可止

原文：

> 今若夫兼相爱、交相利，此其有利，且易为也，不可胜计也，我以为则无有上说之者而已矣。苟有上说之者，劝之以赏誉，威之以刑罚，我以为人之于就兼相爱、交相利也，譬之犹火之就上、水之就下也，不可防止于。
>
> ——《墨子·兼爱下》

今译文：

现在至于兼相爱、交相利，这是有利而容易做到，例子不可胜数。我认为只是没有君上的喜欢罢了。只要有君上喜欢的，用奖赏称赞来勉励大众，用刑罚来威慑大众，我认为众人对于兼相爱、交相利，会像火一样的向上，水一样的向下，在天下是不能防止得住的。

阐释：

本节中，墨子认为人们对于"兼相爱、交相利"的向往就像"火之就上、水之就下"一样不可阻挡。"兼爱"是墨子的社会伦理思想的核心，其实质是"爱利百姓"，施惠天下。墨子认为造成家、国、天下动荡不安的根源，是人人不相爱，彼此冷漠、憎恶，甚至不惜刀光剑影，用血腥的战争来满足一己之私利。因此，他提倡"兼相爱、交相利"，认为如果整个社会都处于爱意融融的互利关系中，天下一定会和谐美满。

墨子认为，"兼爱"这种做法，不但有利于天下，而且容易做到，之所以不能施行，是因为执政者对此不感兴趣。倘若执政者大力倡导推行"兼爱"之道，就如同火向上蹿、水往低处流一样，会在天下形成一种不可遏止的态势。墨子希望通过提倡兼爱解决问题，这当然只是一种理想，那些热衷于逞强争霸的诸侯们，哪里会听得进墨子的这套"乌托邦"主张。就连提倡仁爱的儒家（他们主张的爱是有差等的）也对墨子的"兼相爱"（爱无差等）诟病不已，孟子甚至破口大骂："墨氏兼爱，是无父也。无父无君，是禽兽也！"（《孟子·滕文公下》）仅就此点而言，儒家的境界远不如墨家。

英译文：

Now that universal love and mutual benefit are beneficial and easy to be implemented, it seems to me that the only difficulty is that at present there is no superior who admires it. If there is a superior who admires it, encourages people with rewards, and deters them with punishments, I believe that people will soon tend toward universal love and mutual benefit like fire rising upward and water flowing downward. It is impossible to hold back this trend.

——《大中华文库〈墨子〉》P139

译评：

　　本节译文仍来自《大中华文库》中汪榕培教授和王宏教授合作翻译的译本（以下简称汪译）。总体而言，汪译忠实于原文，译文简洁流畅，但是仍有值得商榷的地方。例如，在"今若夫兼相爱、交相利，此其有利，且易为也，不可胜计也"一句的翻译中，译者漏译了"不可胜计也"。对于"不可胜计也"，不同的学者有不同的解释。在商务印书馆版《墨子今注今译》①（谭家健、孙中原）中，"不可胜计也"解释为"例子不可胜数"；在中华书局版《墨子》②（方勇译注）中，"不可胜计也"解释为"好处不可胜数"；而在《大中华文库》版的《墨子》（周才珠、齐瑞端今译）中，该句并未做任何解释（或许今译者认为此句是多余的）。到底哪种解释正确呢？且看笔者细细分析。

　　事实上，在原文中这句话并非多余的，要准确理解这句话，必须结合上文语境。在本段之前，墨子先后列举了三个因君主喜好而改变民俗（"上说之，民可移"）的例子，即：因楚王好细腰导致楚国人人节食（"约食"），因越王勾践好勇导致士卒遇难（"焚舟"），因晋文公好粗布衣服导致群臣效仿（"苴服"）。因此，结合上文语境，可以得出墨子在此想表达的是："兼相爱、交相利"有很多好处，

---

①　谭家健，孙中原. 墨子今注今译[M]. 北京：商务印书馆，2009.
②　方勇. 墨子[M]. 北京：中华书局，2011.

且容易做到，这样的例子数不胜数。

在汪译中，本句被翻译为"Now that universal love and mutual benefit are beneficial and easy to be implemented"，很明显"不可胜计也"被漏译了。而在其他两个译本中，"不可胜计也"也出现了不同程度的漏译或误译。例如：

"Now impartially loving others and reciprocally benefiting others are both incalculably more beneficial and easier to do."（诺译）

"Now things like universal mutual love and the exchange of mutual benefit are both beneficial and easy to practise in very many ways."（艾译）

鉴于此，笔者建议本句改译为：Now universal love and mutual benefit are beneficial to people and easy to practise with so many examples before.

11.4.3　以水譬喻君子德性修养

原文：

> 志不强者智不达，言不信者行不果。据财不能以分人者，不足与友；守道不笃、遍物不博、辩是非不察者，不足与游。本不固者末必几，雄而不修者其后必惰，原浊者流不清，行不信者名必耗。
>
> ——《墨子·修身》

今译文：

意志不坚强的人，他的智慧就不能充分发挥；讲话不守信用的人，他的行动也难有结果；拥有财富而不能与别人分享，不值得与他交朋友。守道不专一，阅历不广博，是非不能明察的人，不值得与他交游。树木的根基不牢固必然会危及它的枝叶，一个人只有勇气而不注重品德的修养，后来肯定会堕落。源头浑浊的水流不会清澈，行为不守信用的人名声必然会败坏。

阐释：

本节中，墨子以"本不固者末必几"和"原浊者流不清"为喻，来强调君子必须修养身心品德，认为这才是为人的根本，也是治理好国家的根本。本节出自

《墨子·修身篇》，其主题就是论述君子自我修养的重要性，墨子认为这是一个人安身立命的根本，待人处世的原则。这个根本树立得不牢固，就不能成就功业。随后，墨子明确提出了君子道德修养的原则——"君子之道"，即："贫则见廉，富则见义，生则见爱，死则见哀。"由此可见，墨子十分重视执政者（君子）的德行问题，强调道德修养是立身和治国的根本，要求君子要加强自身个人品德的修养，他以"原（源）浊者流不清"来作比喻，指出如果水的源头污浊，整条河流也必将浑浊，形象地说明了君子不注意德行修养的危害。

英译文：

He who does not have a strong will can hardly have high intelligence; he who does not keep his promise can hardly act resolutely. He who owns wealth but is not willing to distribute it to others does not deserve to be a friend; he who does not stick to morality and is neither well-read nor capable of distinguishing between right and wrong does not deserve to be a companion. As a tree that does not have deep roots cannot have big branches, so a man who is brave but neglects his moral cultivation is bound to fail. As a river that has a dirty source cannot have a clear flow, so a man who always breaks his promise is bound to lose his reputation.

——《大中华文库〈墨子〉》P9-11

译评：

本节译文仍来自《大中华文库》中汪榕培教授和王宏教授合作翻译的译本（以下简称汪译）。总体而言，汪译忠实于原文，译文简洁流畅，不失为好的译文。现仅举三例来说明：（1）"守道不笃、遍物不博、辩是非不察者，不足与游。"其中，"守道不笃"意为遵守道义不专一，这里的"道"到底指什么呢？结合上下文语境，"道"应该指的是墨子提出的与儒家观点类似的"君子之道"。这是因为，本节出自《修身篇》，其主要内容是论述君子修养身心品德的重要性，而且在前文中墨子明确提出了"君子之道"，即："贫则见廉，富则见义，生则见爱，死则见哀。"在汪译中，"道"被意译为"morality"，这是符合原文语境和内涵的；而在诺译和艾译中，"道"都被直译为"the Way"，不仅未能揭示出其中的内涵，而且与老子和庄子的"道"有混淆之嫌。(2)"本不固者末必几"的本意是指"树木的根基不牢固必然会危及它的枝叶"。在诺译和艾译中，本句都采用了直译的方法，分别翻译成："When the root is not firmly planted, the branches are certain to be threatened."和"When the root is not secure, the branches are inevitably endangered."在汪译中，译者则采用意译的方法，将其翻译为"a tree that does not have deep roots cannot have big branches"，意思是"根不深就叶不茂"。从忠实的角度来看，诺译和艾译明显要优于汪译，但是从传达中国文化的角度来看，汪译则要更胜一筹。(3)在本节最后四个分句的处理上，汪译要明显优于诺译和艾译。"本不固者末必几，雄而不修者其后必惰，原浊者流不清，行不信者名必耗。"这四个分句构成了两组对偶句，而且包含了两个比喻。在汪译中，译者用了两个"As"引导的分句和两个与之对应的主句，不仅使得译文简洁流畅，而且十分准确地传达了原文的比喻意义和内涵。而在艾译中，译者分别用了四个"when"引导的从句，虽然原文意思是传达出来了，但是比喻之意和前后的逻辑性却淡化了。"When the root is not secure, the branches are inevitably endangered. When there is bravery without cultivation, there is inevitably indolence. When the source is turbid, what flows is not clear. When conduct is not trustworthy, reputation is inevitably damaged."

相比之下，诺译则要处理得稍好一些，但是仍不如汪译。"When the root is not firmly planted, the branches are certain to be threatened. A person who is brave but does not cultivate himself is certain to place his posterity in jeopardy. When the wellspring is muddy, the outflow will not be clear. One whose conduct is unreliable is certain to squander his reputation."

11.4.4　君子不镜于水而镜于人

原文：

> 是故子墨子言曰："古者有语曰：'君子不镜于水而镜于人。镜于水见面之容，镜于人则知吉与凶。'"
>
> ——《墨子·非攻》

今译文：

所以墨子说："古人曾说，'君子不用水来当镜子，而是拿别人来当镜子。用水当镜子可以看到的是容貌，而用人当镜子则可以知道对错。'"

阐释：

本节中，墨子提出"君子不镜于水而镜于人"，并指出了"镜于人"的好处是可以"知凶吉"。墨子认为，君子要提高自身的道德修养，仅靠提升外表（即：镜于水）是不够的，还要以他人为镜（即：镜于人）来对照检查自己。因为，以水为镜，只能照见自己的外表长相；而以人为镜，才能知道自己心灵的善与恶、行为的吉与凶。因此，墨子告诫人们"不镜于水而镜于人"，以他人为参照，可以照出一个真实的自我，可以洞悉自己精神境界的高低、学识能力的优劣、为人处事的对错，进而见贤思齐、择善而从、修身养性。

墨子的这种"不镜于水而镜于人"也得到后世君主唐太宗李世民的认同。一千多年后，唐朝贞观十七年（643 年），当以直言敢谏著称的一代名臣魏征逝世的时候，唐太宗李世民十分难过，流着眼泪对身边的侍臣说："夫以铜为镜，可以正衣冠；以史为镜，可以知兴替；以人为镜，可以明得失。朕常保此三镜，以防己过。魏征没，朕亡一镜矣。"（《旧唐书·魏征传》）唐太宗的这番话可谓是对墨子"镜于人"思想的发扬光大。

英译文：

Therefore, Master Mozi said："We know an old saying, 'The gentlemen do not see their reflections in water but in men. When we use water as the mirror, we can only see our faces；when we use men as the mirror, we can learn about good luck and bad luck.'"

——《大中华文库〈墨子〉》P153

译评：

本节译文仍来自《大中华文库》中汪榕培教授和王宏教授合作翻译的译本（以下简称汪译）。总体而言，汪译忠实于原文，译文简洁流畅，不失为好的译文。

然而，另外两个译本也是各有千秋。以"君子不镜于水而镜于人"为例，在汪译和艾译中，译者都采用了直译的方法，将其分别翻译成："The gentlemen do not see their reflections in water but in men."和"The noble man doesn't seek his reflection in water but in the people."两者译文十分接近，翻译得也是中规中矩，较好地传达出原文的意义。相比之下，诺译似乎更胜一筹，"The superior man does not use water as a mirror but uses instead other people as a mirror."译者将"镜于水"和"镜于人"翻译成"use water as a mirror"和"use people as a mirror"，而且还添加了一处注释①，以便读者更好地了解本句的出处。由此可见，诺译不仅更加忠实，而且更符合逻辑。

11.4.5 以江河溪流喻君主广揽人才、兼听并蓄

原文：

> 良弓难张，然可以及高入深；良马难乘，然可以任重致远；良才难令，然可以致君见尊。是故江河不恶小谷之满己也，故能大；圣人者事无辞也，故能为天下器。是故江河之水，非一源之水也。千镒之裘，非一狐之白也。夫恶有同方取不取同而已者乎？盖非兼王之道也！是故天地不昭昭，大水不潦潦，大火不燎燎，王德不尧尧者，乃千人之长也。其直如矢，其平如砥，不足以覆万物。是故溪陕者速涸，逝浅者速竭，墝埆者其地不育。王者淳泽，不出宫中，则不能流国矣。

> ——《墨子·亲士》

今译文：

> 良弓不容易张开，但可以射得高没得深；良马不容易乘坐，但可以载得重行

---

① 诺译的注释如下：Another version of the proverb is found at *Shangshu*, "Jiugao 酒诰", 14.210："古人有言曰人无于水监当于民监." The text was borrowed by the compilers of this Old Script chapter. Mozi's elaboration on the meaning of the proverb was similarly borrowed into the Pseudo-Kong commentary on the chapter. It is on the basis of the division of text and comment in the *Shangshu* that I punctuate the text of the Mozi as I do, ending the proverb here.

得远；好的人才不容易驾驭，但可以使国君受人尊重。所以，长江黄河不嫌小溪灌注它里面，才能让水量增大。圣人勇于任事，又能接受他人的意见，所以能成为治理天下的英才。所以长江黄河里的水，不是从同一水源流下的；价值千金的狐白裘，不是从一只狐狸腋下集成的。哪里有与自己相同的意见才采纳，与自己不同的意见就不采纳的道理呢？这就不是兼爱天下的君主的原则了。所以，天地并不是永恒光明，水势也不全是浩大，大火也不总是旺盛，王德也不全是高尚。管理千人的长官，像箭一样直，像磨刀石一样平，那就不能覆盖万物了。因此狭小的溪流很快就干涸，很浅的小川很容易枯竭，坚硬贫瘠的土地不能生长五谷。君王淳厚的恩泽，如果只限于宫中，就不能流布到全国去了。

阐释：

"亲士"是墨子的重要政治主张之一。墨子认为，要治国安邦，君主必须亲近贤士，使用贤才。为了阐明这一道理，墨子分别以江河溪流为喻，来说明君主要广纳贤才、兼听并蓄，方能治理好国家。首先，墨子以"江河不恶小谷之满已也，故能大"为喻，指出君主只有像江河纳百川、不捐小流和虚怀若谷那样，才能广泛延揽天下人才。其次，墨子又以"江河之水，非一源之水也"为喻，指出君主只有像江河有无数的源头那样，善于听取和采纳不同的意见，才能兼收并蓄，兼听则明，使君臣上下同心同德，实现天下大治。最后，墨子以"溪陕者速涸，逝浅者速竭"为喻，指出如果君主气量狭小，不能包容万物、广布恩泽，就会像狭小的溪流容易干涸，像浅浅的河道容易枯竭，最终成为孤家寡人，导致众叛亲离、迅速败亡。

历史上这方面的事例可谓举不胜举，大家熟悉的项羽和刘邦，就是一对正反典型。项羽"力拔山兮气盖世"，有万夫不当之勇，但心胸狭窄，连一个忠心耿耿的老臣范增都猜忌不用，最后兵败垓下、自刎乌江也就不足为怪了。而刘邦呢，自己虽然本事不大，但却虚怀若谷，礼贤下士，萧何、张良、韩信等英杰都愿意为他效力，最后打败强大的项羽，一统天下，建立汉朝。

最后值得一提的是，墨子的上述思想中还蕴含着丰富的哲学思想，"江河不恶小谷之满已也，故能大""江河之水，非一源之水也""溪陕者速涸，逝浅者速竭"，以江河汇聚千川万源而成泱泱巨流为喻，形象而生动地说明了事物发展过程本质上是通过量变的积累实现质变。

英译文：

Good bows are hard to draw, but they can reach greater heights and pierce more deeply. Good horses are hard to ride but they can carry heavier loads and make longer journeys. Talented people are hard to command but they can make the lord all the more respected. The big rivers have mighty currents, as they never despise the streams for their tributaries. Sages become pillars of the state as they never hesitate to undertake difficult tasks and never refuse to accept other people's opinions. The water in a river does not come from a single source; a priceless white fur coat is not made of the fur under the armpits of a single fox. Hence to abandon those who hold different opinions and employ those who always chime in with him is simply not the proper way for a great lord. As the sky is not always that bright, the great bodies of water not always that clear and the great fire not always that blazing, so the ruler of thousands of people is not always that righteous. If a ruler is straight as an arrow and smooth as a hone, he will not be able to accept different kinds of talented people. Narrow streams quickly run dry, shallow rivers soon become exhausted, and the barren land never bears fruits. If a ruler only shows his love in the palace, then it cannot be felt all over the country.

——《大中华文库〈墨子〉》P7

译评：

本节译文仍来自《大中华文库》中汪榕培教授和王宏教授合作翻译的译本(以下简称汪译)。总体而言，汪译忠实于原文，译文简洁流畅，不失为好的译文。现仅举三例来证明：(1)"良弓难张，然可以及高入深。"本句的意思是说，良弓不容易被拉开，但可以射得高、穿得深。在汪译中，本句被翻译为"Good bows are hard to draw, but they can reach greater heights and pierce more deeply."译文忠实于原文，尤其是对"及高入深"的翻译，可谓是十分细致。在本句的翻译上，另外两个译本也较为忠实，例如，"A good bow is hard to draw but it can reach the heights and penetrate the depths."(艾译)"Though a good bow is hard to draw, arrows shot from it soar to great heights and pierce deeply."（诺译）（2）"良才难令，然可以致君见尊。"本句中的"致君见尊"意为"使国君受人尊重"，汪译将其译为"make the lord all the more respected"，较好地传达了原文的意义。同样，诺译也较为忠实，"make his lord greatly respected"。但是，在艾译中却被译为"they can serve the ruler and be respected"，这显然是对原文的误解和误译。（3）"圣人者事无辞也，故能为天下器。"本句中的"器"本义为"材料"，引申为"良才、人才"。因此，"能为天下器"意思就是"能成为治理天下的英才"。在汪译中，本句被翻译成"Sages become pillars of the state"，这是较为贴切的，译出了原文的内涵。但是，在诺译和艾译中，"器"被直译为"instrument"和"utensil"，很明显，这是对原文的误解和误译：

"He is able to become an instrument for the world."（诺译）

"Therefore, he can be a utensil of the world."（艾译）

但是，汪译中仍然存在着值得商榷的地方。例如，"大水不潦潦"，其中的"潦潦"根据《说文解字》的解释，意思是"水人的样子"，例如"禹之时，十年九潦"（《庄子·秋水》），意思是说"大禹所处的那个年代，十年中有九年洪水泛滥"。然而，在汪译中，"大水不潦潦"被翻译成"the great bodies of water not always that clear"，其中的"潦潦"却被理解为"清澈"（clear）。很显然，这是对原文的误解和误译。在诺译中，也出现了同样的误解和误译，"great bodies of water are not sparklingly clear"。只有在艾译中，本句才被正确地理解和传达出来，"great waters are not always turbulent"。

第 12 章 《孙子兵法》中的水文化思想及其英译

12.1 孙武及其《孙子兵法》简介

孙武(约公元前 545—约前 470 年),字长卿,春秋末期齐国乐安人,著名的军事家和政治家,被尊称为"兵圣(兵家至圣)"或"孙子(孙武子)",被誉为"百世兵家之师""东方兵学的鼻祖"。孙武大约活动于公元前 6 世纪末至公元前 5 世纪初,由齐至吴,经吴国重臣伍子胥举荐,向吴王阖闾进呈所著兵法十三篇,受到重用为将。公元前 508 年,吴国采用孙子"伐交"的战略,策动桐国,使其叛楚。然后,又使舒鸠氏欺骗楚人说:"楚若以师临吴,吴畏楚之威势,可代楚伐桐。"十月,吴军乘楚人不备击败楚师于豫章;接着又攻克巢,活捉楚守巢大夫公子繁。公元前 506 年,吴军采取孙子"因粮于敌"的策略,吃了楚人的食物而继续追赶。最后在孙武、伍子胥的直接指挥下,经过五次大战,只用了十几天工夫,就攻入了楚都郢。公元前 505 年,发生了秦救楚之战,秦军击败吴军。夫概又在国内自立为王,吴军于是回国,平定了夫概的叛乱。阖闾去世后,由夫差继位,他立志要报仇雪恨。孙武、伍子胥等大臣继续辅佐夫差,努力积蓄钱粮,充实府库,制造武器,扩充军队,经过三年,吴的国力得到恢复。公元前 494 年,越王勾践进攻吴国。吴军由伍子胥、孙武策划,在夜间布置了许多"诈兵",分为两翼,点上火把,向越军袭击,越军很快大败。接连吃了几次败仗后,勾践只得向吴屈辱求和。孙武五十多岁的时候,至交好友伍子胥被杀,孙武不再为吴国的对外战争谋划出力,转而隐居乡间,修订其兵法著作。伍子胥被杀后不久,孙武可能也因忧国忧民和郁郁不得志而谢世了。从退隐到寿终,孙武一直没有离开吴国，死后则葬于吴都郊外。

孙武撰著的《孙子兵法》又称《吴孙子兵法》①《孙子》《孙武兵法》，是现存最早的兵书，历来备受推崇，被誉为"兵学圣典"，置于《武经七书》之首，在中国乃至世界军事史、军事学术史和哲学思想史上都占有极为重要的地位，并在政治、经济、军事、文化、哲学等领域被广泛运用。该书迄今最早的传世本为 1972 年山东银雀山出土的汉墓竹书《孙子兵法》，惜为残简，不能窥其全貌，经汉简专家整理小组整理，于 1975 年由文物出版社出版。现存最早的刻本为南宋孝宗、光宗年间的《十一家注孙子》本；又有《武经七书》本《孙子》，1935 年中华学艺社影印。

《孙子兵法》现存共计十三篇，7000 余字，每篇皆以"孙子曰"开头，按专题论说，有中心，有层次，逻辑严谨，内容主要涉及战略运筹、作战指挥、战场机变、军事地理、特殊战法等五个方面。该书蕴含丰富的军事思想，如我们常见的"知己知彼，百战不殆""上兵伐谋，其次伐交，其次伐兵，其下攻城""不战而屈人之兵，善之善者也""攻其无备，出其不意""兵贵胜，不贵久"等。虽为兵学经典，但是《孙子兵法》却特别强调慎战，开篇便提到，战争是国家的大事，它关系到军民的生死，国家的存亡，不能不慎重考察研究，"兵者，国之大事，死生之地，存亡之道，不可不察也"。《孙子兵法》还继承和发展了前人的军事理论，把政治作为决定战争胜败的首要因素，归纳出战争的原理原则，举凡战前之准备，策略之运用，作战之部署，敌情之研判等，无不详加说明，巨细靡遗，周严完备，具有朴素的唯物辩证思想。毛主席对《孙子兵法》推崇备至，孙武所主张的智、信、仁、勇、严则成为中国军人的"武德"。

《孙子兵法》语言简练，文风质朴，善用排比、铺陈、叙说，比喻生动具体，如写军队的行动："其疾如风，其徐如林，侵掠如火，不动如山，难知如阴，动如雷震"（《军争篇》），既贴切又形象，且音韵铿锵，气势不凡，故刘勰称"孙武兵经，辞如珠玉"（《文心雕龙·程器》）。

---

① 历史上，孙武和孙膑都有兵法传世。由于孙武的一生主要活动在吴国，于是历史学家便称孙武的兵法为《吴孙子》，而称孙膑的兵法为《齐孙子》。可是，在中国东汉王朝之后，由于战乱，《齐孙子》失传了。从此以后，人们所说的《孙子兵法》都是专指《吴孙子》了。

12.2 《孙子兵法》中的水文化思想概述

与其他诸子的著作一样，《孙子兵法》中也蕴含着丰富的水文化思想，甚至有人说，《孙子兵法》的核心思想总结起来就一个"水"字，"兵形象水""兵无常势，水无常形"。为何如此呢？因为水，顺其自然、顺势而为，以无形激有形，滋养万物使各得其所，已然得道，谓之神①。孙武正是看到了水的形态、特性、功用与力量，受到了水的启迪，因此以水来论述他的军事思想。根据统计，在《孙子兵法》十三篇中，涉及水的篇章有5篇，分别为《军形篇》《兵势篇》《虚实篇》《行军篇》和《火攻篇》，全书中"水"字共计出现了17次，其他与水有关的字出现较少，"溪"字出现了2次，"江"和"海"字各出现了1次。《孙子兵法》中的水文化思想主要体现在与"水""溪""江""海"等有关的论述中。概括起来，《孙子兵法》中的水文化思想主要体现在以下五个方面：（1）以水之形喻兵之形。孙武发现水形和兵形有着许多共同之处，"夫兵形象水"；用兵应该像水"避高趋下"一样避开敌人的坚实之处而攻击其虚弱的地方，"水之形，避高而趋下，兵之形，避实而击虚"。（2）以水势喻兵势。孙武以现实中常见的"激水漂石"（即：汹涌奔腾的水流借助其强大的水势能够将石头漂起来）现象作喻，指出指挥作战的将帅也要像奔腾的水流一样，善于创造险峻的态势，如居高临下、突然袭击等，从而获取胜利。（3）以水喻军队之实力。孙武认为，战争的胜负很大程度上取决于双方军事实力的对比，他指出当己方对敌方达到"以铢称镒"那样占据绝对优势时，才能有"胜者犹如决积水于千仞之溪"的结果。（4）以江河之不竭喻奇正变化之无穷。孙武以天地和江河作比喻，指出：一个高明的统帅，应随机应变，视战场情况的变化而变换奇正战法，犹如天地一样，春夏秋冬，四季更替，变化无穷；犹如江河滔滔，不舍昼夜，永不枯竭。（5）以"可与之赴深溪"喻带兵之道。孙武指出，只有将帅待兵如子（爱护士卒有如怀中的婴儿，视兵士有如爱

---

① 水从高处顺势而下，下方倘若遇到阻挡，且避开，迂回流淌。水永远是顺势而为，因此它饱含力量。水懂得汇聚在一起，且借势来发挥起能量，可摧枯拉朽，可引船载舟。水以无形宰有形，且你永不知其走向，或借势向深渊，或借势飞向云端。水无处不在，无处不容，包含你我，你中有我，我中有你，变幻莫测，不可谓不神。

子），士兵才能为之赴汤蹈火，与之同生共死，"视卒如婴儿，故可与之赴深溪；视卒如爱子，故可与之俱死"。

12.3 《孙子兵法》在西方世界的英译史

作为世界上现存最古老的军事理论著作，《孙子兵法》引起了世界各国的广泛关注、翻译和研究。就"子书"外译而言，《孙子兵法》是目前被翻译成外语语种数量最多的诸子典籍（裘禾敏，2015）[①]；同时，它也是国外翻译语种较多、发行量较大的中国古典名著之一，成为外国人认识中国、学习中国文化的窗口和对外交流的一张名片。根据苏桂亮（2014[②]/2017[③]）的不完全统计，迄今为止《孙子兵法》已有英、法、日、俄、西班牙、德等 40 余种文字译本问世，其中英译本数量是所有外译本中最多的，有近 400 种（部）以及大量的电子版。在此，笔者无意去梳理《孙子兵法》的整个外译史，仅就其英译史做简要地概述，分为国外英译和国内英译两部分。

第一部分，《孙子兵法》在国外的英译。在西方世界，最早的《孙子兵法》英译本来自英国炮兵上尉卡尔斯罗普（E. F. Calthrop）。该译本是卡尔斯罗普于 1905 年根据日文版翻译过来，虽然该译本存在着严重误译现象（例如，该译本书名是按日语假名发音、按罗马字母书写成 Sonshi，还将吴王阖闾与孙武变成了大和民族的帝王将相），但是卡尔斯罗普的英译本却开启了《孙子兵法》在西方世界的英译大门。可能当时意识到这些问题，卡尔斯罗普于 1908 年根据汉语底本重译出版了《孙子兵法》英译本，取名为《兵书：远东兵学经典》（*The Book of War, The Military Classics of the Far East*），该英译本大致顺着原著十三篇的顺序与内涵阐释，基本上抹去了因转译而带有的浓重"日本味"。

1910 年，英国汉学家翟林奈（Lionel Giles）翻译出版了《孙子兵法》英译本，该译本以清朝学者孙星衍的《十家孙子会注》为底本，据称"译文忠实于原作，行

---

① 裘禾敏. 国内《孙子兵法》英译研究综述[J]. 孙子研究，2015(6)：76-81.

② 苏桂亮，李文超.《孙子兵法》百年英译研究——以图书出版为中心[J]. 中华文化与传播研究，2017(2)：187-205.

③ 苏桂亮.《孙子兵法》域外千年传播概说[J]. 滨州学院学报，2014，30(5)：92-101.

文流畅，且注释详尽"，是一部公认的英译佳作，其再版和重印数量居《孙子兵法》所有英译本之首。翟林奈译本对《孙子兵法》在西方世界的广泛传播起到了关键的作用。据苏桂亮①(2011)考证，翟译本问世后的30多年间，再没有出现新的英译本。直到20世纪40年代，由于战争原因，《孙子兵法》开始引起人们的重视，先后出现了两个新译本。其一是马切尔·考克斯(Machell Cox, E.)译，由锡兰(今斯里兰卡)皇家空军于1943年出版的书名为《孙子的战争原理》(*The Principles of War Sun Tzu*)；其二是悉尼大学萨德勒(Sadler, A. L.)译，书名为《中国三种经典军事著作》(*The Military Classics of China*)，1944年在悉尼(Sydney)出版。

1963年，美国海军退役准将格里菲斯(Samuel B. Griffith)翻译出版了《孙子兵法》英译本，书名为《孙子：战争的艺术》(*Sun Tzu: the Art of War*)。该译本所依据的同样是中国清代学者孙星衍的校本，作者认为孙校本是"200年来中国的标准版本"。格里菲斯译本当年即被列入联合国教科文组织的中国代表作翻译丛书，近30年来多次重印、再版并转译成多国的文字，在美国和西方各国广为流行。虽然格里菲斯译本再版、重印次数和利用情况远不及翟林奈译本，但仍不失为英译本中的佳作，在英语世界影响巨大。

据苏桂亮(2011)考证，到了20世纪70年代，国外《孙子兵法》英译本出现短缺。进入20世纪80年代，这种现象得以改观。首先打破局面的是美籍英国著名作家詹姆斯·克拉维尔(James Clavell)，他以翟林奈译本为依据，经过精心改写和编辑的《孙子兵法》新译本于1981年由霍德默比乌斯出版社(Hodder Mobius)出版。

1988年，美国哈佛大学学者托马斯·克利里(Thomas Cleary)重译了《孙子兵法》(*The Art of War: Sun Tzu*)，由纽约道布尔德出版社出版，并列入美国"桑巴拉龙版丛书"(Shambhala Dragon Editions)之"道家著作类"。三年后，译者对原书作了较大修改，再出修订本。到2009年，该译本已重印16版，2008年又出版了CD光盘。同年，美国纽约双日出版社(Doubleday)出版了R. L. 翁(R. L. Wing)所译《战略艺术：孙子兵法新译》(*The Art of Strategy: A New Translation of Sun Tzu's*

---

① 苏桂亮.《孙子兵法》英文译著版本考察[J]. 滨州学院学报，2011，27(5)：149-156.

Classic, *The Art of War*)一书。

1993 年，有三部重要译本问世：一部是夏威夷大学教授、汉学家罗杰·埃姆斯（Roger T. Ames，中文名安乐哲）翻译，由纽约巴兰坦出版社出版，书名为《孙子兵法：首部含有新发现的银雀山汉墓竹简的英译本的新译本》(*Sun Tzu: The Art of Warfare*: *The First English Translation Incorporating the Recently Discovered Yin-ch'ueh-shan Texts*)。该书将银雀山汉墓竹简校勘的十三篇原文译成英文，同时简要介绍了汉简出土情况，并辑录《孙子兵法》佚文，内容丰富，是西方较早运用汉简校注译文的版本。另一部是美国西部视点出版公司出版的拉尔夫·索耶（Ralph D. Sawyer）所译的《武经七书》(*The Seven Military Classics of Ancient China*)，其中包含了《孙子兵法》的英译文。该英译本是第一次全面完整地将中国兵学译介给西方读者，这不仅填补了东西方军事文化交流方面的空白，而且标志着"兵学西渐"进入了新的历史阶段，其学术意义令人瞩目。第三部是由纽约威廉莫罗公司（William Morrow）出版，J. H. 黄（J. H. Huang）翻译的《孙子兵法新译》(*The Art of War*: *The New Translation*)，该书直到 2008 年仍再版发行。

1994 年，美国出了两部《孙子兵法》英译本。一部为拉尔夫·索耶（Ralph D. Sawyer）从《武经七书》中析出重编的《孙子兵法》单行本；另一部由布莱恩·博儒（Brian Bruya）翻译台湾蔡志忠著的《孙子兵法：兵学的先知》，由纽约锚图出版社（Anchor Books）出版。1995 年美国又出了一部《孙子兵法》，是美国 M &. T Books 出版公司出版的，由布鲁斯·韦伯斯特（Bruce F. Webster）翻译的《孙子兵法再译本》(*The Art of War*: *Sun Tzu's Classic Work Reinterpreted*)。

根据苏桂亮（2011）的初略统计，从 1996 年开始，《孙子兵法》英译本出版逐年多起来，每年以两位数字递增。其中，有的是之前英译本的再版、重印，有的是在之前译本基础上修订而成，但更多的是阐述《孙子兵法》与经济、社会生活（如企业管理、领导艺术、市场营销、金融投资、人生处世等）相结合的应用类新著。在这些新出版的英译本中，有的是延续编辑翟林奈译本和格里菲斯译本的做法，译文各具特点，而更多的是对《孙子兵法》的重新诠释，新意颇多。例如，2002 年约翰·闵福德（Minford John）的《孙子兵法》(*The Art of War Sun Tzu*)新译本，是在翟林奈译本基础上修订而成，由美国企鹅图书公司（Penguin Books）出版，2009 年出再版本。

第二部分，《孙子兵法》在国内的英译。相比国外的广泛英译和传播，《孙子兵法》在国内的英译比较少。根据宋杰①（2016）的统计，迄今为止国内共计出现了7个《孙子兵法》英译本。郑麐是中国翻译《孙子兵法》的第一人，他的英译本书名为《孙子兵法——约写成于公元前510年的军事指南》（*The Art of War*：*Military Manual Written cir.* 510 *B. C.*），于1945年在重庆出版，为"英译先秦群经诸子丛书"之一种，翌年由上海世界书局再版，此后陆续有重印。此书是首部由国人翻译的《孙子兵法》英译本，虽受当时条件所限质量欠佳，但对中西文化交流的贡献功不可没。1987年，曾就职于外交部的袁士槟教授以中国将军陶汉章所著的《孙子兵法概论》为底本，出版了英译本《孙子兵法——现代中国人的阐释》。1989年7月，外研社推出袁士槟翻译的《孙子兵法》，该译本为中英文对照。1993年5月，军事科学出版社出版发行了由潘嘉玢、刘瑞祥合译的《孙子兵法》。1999年，翻译大家林戊荪先生推出其英译本《孙子兵法·孙膑兵法》，该书由外文出版社出版，后来又被收录于《大中华文库》中。2003年8月，上海辞书出版社出版了由李庆山翻译的《经典图读·孙子兵法》。2007年12月，罗志野翻译的《孙子兵法》由中国对外翻译出版公司出版。

本章所引用的《孙子兵法》英译本主要来自翻译大家林戊荪先生的译本（以下简称林译），译评中也借鉴和对比了翟林奈译本（以下简称翟译）和格里菲斯译本（以下简称格译）。

12.4 《孙子兵法》中的水文化思想阐释、英译与译评

12.4.1 以水之形喻兵之形

原文：

> 夫兵形象水，水之形，避高而趋下，兵之形，避实而击虚。水因地而制流，兵因敌而制胜。故兵无常势，水无常形，能因敌变化而取胜者，谓之

---

① 宋杰.《孙子兵法》英译及其在英语世界中的传播[J]. 英语广场，2017(2)：27-28.

神。故五行无常胜，四时无常位，日有长短，月有死生。

——《孙子兵法·虚实篇》

今译文：

用兵的规律像水，水流动的规律是避开高处而向低处奔流，用兵的规律是避开敌人坚实之处而攻击其虚弱的地方。水因地势的高下而制约其流向，作战则根据敌情而决定取胜的方针。所以，作战没有固定不变的方式方法，就像水流没有固定的形态一样；能依据敌情变化而取胜的，就称得上用兵如神了。用兵的规律就像自然现象一样，"五行"相生相克，四季依次交替，白天有短有长，月亮有缺有圆，永远处于变化之中。

阐释：

孙子在深刻的观察和思考中，发现水形和兵形有着许多共同之处。用兵的规律就像水流动的规律（即：避高趋下），就是避开敌人的坚实之处而攻击其虚弱的地方。如何做到"避实就虚，因敌制胜"呢？孙子认为应该根据敌情的变化，灵活地运用各种战法打败敌人。这里，孙子再次以水作喻，他指出，地势的高下制约着水的流向，因此作战应该根据敌情而决定克敌制胜的方针。因此，用兵没有固定不变的方式方法，就像水流没有固定的形态一样，能够依据敌情变化而取胜的，就称得上用兵如神。总而言之，指挥作战时要根据敌情变化来采取灵活机动的战略战术，只有这样才能掌握战场的主动权。

英译文：

Now the law governing military operations is as that governing the flow of water, which always evades high points, choosing lower ones instead. To operate the army successfully, we must avoid the enemy's strong points (*shi* 实) and seek out his weak points (*xu* 虚)[1]. As the water changes its course in accordance with the contours of

---

① *Xu* and *shi* as military terminology used in ancient China are a pair of opposites. *Xu* denotes weakness, dispersion and numerical inferiority, while *shi* denotes strength, concentration and numerical superiority. In military, tactics, the combined use of *xu* and *shi* denotes the use of feint and other deceptive moves to confuse and overpower the enemy.

terrain, so a warrior changes his tactics in accordance with the enemy's changing situation. There is no fixed pattern in the use of tactics in war, just as there is no constant course in the flow of water. He who wins modifies his tactics in accordance with the changing enemy situation and this works miracles. None of the five elements of nature (*wuxing*① 五行) is ever predominant, and none of the four seasons lasts forever. Some days are longer and some shorter. The moon waxes and wanes.

——《大中华文库〈孙子兵法〉》P43-46

译评：

　　本节译文来自林戊荪的译本(以下简称林译)，译文忠实地传达出了原文的意义，译文语言简洁、流畅，较好地再现了原文的风格。尤其值得一提的是，本节中涉及三个具有丰富文化内涵的词，即："虚""实"和"五行"，林译采用了意译加音译和保留原文的方法，同时还以脚注的形式，将这三个文化负载词的内涵做了详细的解释，这样就能够使译语读者更好地理解。同样，翟译在处理这三个词的时候，采用的也是意译加注的方法，但是翟译在脚注中对三者的解释过于简单。例如，对"避实而击虚"的解释是"Like water, taking the line at least resistance."回译过来意思是"像流水一样，选择阻力最小的路线"。对"五行"的解释是"Water, fire, wood, metal, earth"，这样的解释过于简单，犹如隔靴搔痒，很难使译语读者真正理解"虚实结合"和"五行相生相克"的内涵。格林菲斯的译本则没有对上述三个文化负载词做任何解释。

12.4.2　以水势喻兵势

原文：

　　　　激水之疾，至于漂石者，势也；鸷鸟之疾，至于毁折者，节也。是故善

────────────

① *Wuxing*, a terminology first used by philosophers of the *yin-yang* school to characterize the universe. It contains five elements, bearing the characteristics of: wood, fire, earth, metal and water. Each is supposed to prevail over another only to be prevailed over.

战者，其势险，其节短。势如彍（guō）弩，节如发机。

——《孙子兵法·势篇》

今译文：

湍急的流水疾驰奔泻，甚至能漂动大石，这是因为它有强大的水势；鸷鸟速度飞快，以至于能迅速捕杀锁定的鸟兽，是因为它掌握了急促的节奏。因此，善于作战的指挥者，也一定是能够制造险峻势态的人，他进攻的节奏必然是极度短促的。善战者所造成的"势险"就如同拉满弓弩一样，随时可以发射，进攻的"节奏"就如同扣动弩机那样，突然就可以发生。

阐释：

本节中，孙子以激水漂石来比喻战争中的"势"。"势"是中国古代军事学上的重要范畴之一，也是《孙子兵法》中的重要概念。在《孙子兵法》全书中，共有16 次用到"势"字。其中，《虚实篇》1 次，《始计篇》和《地形篇》各 2 次，《兵势篇》11 次。何为"势"呢？当前军事理论界众说纷纭，大致有"力量""能量""态势""形势""位势""位能""势能""气势""优势"等解释。在战争中，"势"主要是指军事力量的优化集中、妥善运用和充分指挥，表现为战场上有利的态势和强大的冲击力。

孙子认为，善于作战的人，通常能创造有利于作战态势而获取胜利，而不是苛求士兵以苦战取胜，"故善战者，求之于势，不责于人，故能责任而任势"（《孙子兵法·势篇》）。而战场中的这种"势"很难用具体的语言来表达出来，因此，孙子以现实中常见的激水漂石现象作喻。汹涌奔腾的水流借助其强大的水势能够将石头漂起来，指挥作战的将帅也要像奔腾的水流一样，创造险峻的态势，如居高临下、突然袭击。总而言之，将帅在指挥作战时，一定要注重造势，以争取主动，形成有利的态势，从而打垮敌人。

英译文：

When torrential water moves boulders, it is because of its momentum. When falcons strike and destroy their prey, it is because of perfect timing. Thus, when launching an offensive, a good commander creates a good posture which provides him with an irresistible momentum and when he attacks, it is with lightning speed. The momentum is similar to that of a fully-drawn crossbow, the speed to that of the arrow leaving the bow.

——《大中华文库〈孙子兵法〉》P33

译评:

本节译文仍然来自林戊荪的译本(以下简称林译)。总体而言,林译忠实地传达出了原文的意义,语言通顺流畅,较好地再现了原文的风格。例如,本节中有两个关键词,即"势"和"节"。其中,"势"指的是战场上有利的态势和强大的冲击力,"节"指的是出击的时机和节奏。在林译中,这两个关键词被分别翻译成"momentum"和"timing",这是比较准确、合理的。又如,在风格上,本节的前两句采用了对偶的修辞手法,林译将其翻译为"When torrential water moves boulders, it is because of its momentum. When falcons strike and destroy their prey, it is because of perfect timing."不仅遵循了原文的修辞结构,还较好地传达出原文的风格。在这一点上,林译与格林菲斯的译本(以下简称格译)可谓是英雄所见略同,"When torrential water tosses boulders, it is because of its momentum; When the strike of a hawk breaks the body of its prey, it is because of timing."可以看出,两者所采用的句式完全一样,只是措辞上略有差别。

然而,林译也存在着值得商榷的地方。例如,本节的最后一句,"势如彍弩,节如发机"。在本句中,孙子将"势"比作拉满的弓弩,将"节"比作触发弩机,整句话的意思是:势就像弓弩拉满后的状态,节就像在较短距离内瞄准敌人触发弩机。在林译中,前半句被翻译为"The momentum is similar to that of a fully-drawn crossbow",这是较为准确的;但是后半句的翻译"the speed to that of the arrow leaving the bow",则明显有误。其一,主语由"节"(timing)无故换成了"速度"(speed),且整句的意思也出现了偏离,回译过来就是"速度就像箭离开弓弩一样(快)"。在格译中,本句被翻译为:"His potential is that of a fully drawn crossbow; his timing, the release of the trigger."在翟译中,本句被翻译为:"Energy may be linked to the bending of a crossbow; decision, to the releasing of the trigger."因此,笔

261

者建议本句改译为：The momentum is like a full-drawn crossbow and the timing is like the release of the trigger.

12.4.3　以水喻军队之实力

原文：

> 兵法：一曰度，二曰量，三曰数，四曰称，五曰胜。地生度，度生量，量生数，数生称，称生胜。故胜兵若以镒称铢，败兵若以铢称镒①。胜者之战民也，若决积水于千仞之溪者，形也。
>
> ——《孙子兵法·形篇》

今译文：

兵法上说：一是要估算自己国土的面积，二是要推算本国物产数量的多寡，三是要统计军队的规模，四是要对双方军事实力进行细致地比较，五是要得出胜负的判断。有了土地也就有了土地面积，有了土地面积也就能推算出物产数量的多少，知道了物产数量的多少就能决定可以供养多少兵员，有了兵员数目，就能比较双方的军事实力，了解了双方的军事实力，也就能得出胜负的判断了。所以，获胜的军队打失败的军队就如同用"镒"来称"铢"，具有绝对优势，而失败的军队打获胜的军队就如同用"铢"来称"镒"，没有任何优势。胜利者指挥军队打仗，就像从千仞高的山涧中往下放水，其势猛不可当，简直无坚不摧，这就是军事实力的外在表现。

阐释：

本节中，孙子将军事实力绝对优势一方的威慑力比作从千尺高的山涧上决开

---

① "镒"和"铢"是古代的两个重量单位。镒是比"两"大的单位，一镒等于 24 两；铢是比两小的单位，一两等于 24 铢，一镒就相当于 576 倍的铢。这句话的意思是说，通常取得胜利的军队，是因为具有如同以"镒"称"铢"那样的绝对优势；而失败的军队则如同以"铢"称"镒"那样处于绝对劣势。简而言之，就是要以多胜少，以优胜劣。当然，孙子所说的"以镒称铢"既是用夸张的手法强调集中优势兵力的重要性，同时，更深的含义在于强调综合态势的对比。而这种综合态势是经过一系列谋略运用，逐步营造而成的。

积水，其势力无法抵挡。孙子认为，战争的胜负固然取决于双方所处的态势，但是更重要的是还取决于双方军事实力的对比。即便是一方处于非常有利的形势，但如果实力悬殊，还是难以取得最后的胜利。因此，孙子提出了"形"的概念，即：军事实力。他认为，"度、量、数、称、胜"五个方面决定了军事实力的强弱，它们分别代表了地形、物资、兵力、战场、胜算，从这五方面进行分析判断，要求己方对敌方达到"以铢称镒"那样占据绝对优势，才能有"胜者犹如决积水于千仞之溪"的结果。在这里，孙子以在高高的山上掘开堤坝，积水奔腾而下，其势不可挡来比喻军队具有强大的军事实力。

英译文：

The five elements mentioned in *The Rules of War* are: 1) measurement of space, 2) estimation of quantity, 3) calculation of number, 4) comparison of strength, and 5) assessment of chances of victory. Measurement of space refers to the difference in the territories of the opposing parties; from that derives estimation of quantity, which refers to the difference in resources; from that, calculation of numbers, which refers to the difference in the size of their troops; from that, comparison of the relative strengths of their armies and finally, assessment of the material base for the chances of victory. Thus, a victorious army has full advantage over its enemy, just like pitting 500 grains against one grain; the opposite is true with an army doomed to defeat, like pitting one against 500. So great is the disparity of strength that a victorious army goes into battle with the force of an onrushing torrent which, when suddenly released, plunges into a chasm a thousand fathoms deep. This is what we mean by disposition.

——《大中华文库〈孙子兵法〉》P29

译评：

在本节中，孙子主要探讨了军队的实力问题。在如何衡量一个国家军事实力的问题上，孙子提出了"度""量""数""称""胜"等五大指标，并排列出了五大指标之间的层层递进关系，即所谓"地生度，度生量，量生数，数生称，称生胜"。相比翟译和格译，林译比较忠实地传达出了原文的意义。例如，有关军事实力的

263

五大指标，即"度""量""数""称""胜"，虽然只是简单的五个字，但是每个字都包含了丰富的意义。其中，"度"指度量土地面积，"量"指计量物产（如粮食）收成，"数"指计算兵员的数量，"称"意为对称、对比，指敌我力量比较，"胜"指获胜的概率。在翻译关于军事实力的五大指标时，林译采用了增译法，分别翻译成"measurement of space, estimation of quantity, calculation of number, comparison of strength, and assessment of chances of victory"，将其中包含的意义较好地传达了出来。

在翟译中，这五大指标分别被翻译成"Measurement, Estimation of quantity, Calculation, Balancing of chances, Victory"，除了"量"翻译得较为忠实外，其他的几个指标翻译地都过于简单，无法准确传达原文的意义，甚至还有误译的现象，如"称"被翻译成"Balancing of chances"，意为"概率的平衡"，着实误解了原文的意思。相比翟译，格译要更加忠实一些，"Now the elements of the art of war are first, measurement of space; second, estimation of quantities; third, calculations; fourth, comparisons; and fifth, chances of victory."其中，除"称"翻译得不够完整之外，其他四个均翻译得比较忠实。

12.4.4 以江河之不竭喻奇正变化之无穷

原文：

> 凡战者，以正合，以奇胜。故善出奇者，无穷如天地，不竭如江河。终而复始，日月是也。死而复生，四时是也。声不过五，五声之变，不可胜听也。色不过五，五色之变，不可胜观也。味不过五，五味之变，不可胜尝也。战势不过奇正，奇正之变，不可胜穷也。奇正相生，如循环之无端，孰能穷之？
>
> ——《孙子兵法·势篇》

今译文：

大凡用兵作战，总是用正兵迎敌，用奇兵取胜。所以善于出奇制胜的将军，其战法变化就像天地那样运行无穷，像江河那样奔流不竭。终而复始，如同日月的运转；死而复生，如同四季的更替。声音不过五种，而五种声音的配合变化，却听不胜听；颜色不过五种，而五种颜色的配合变化，却看不胜看；味道不过五种，而五种味道的配合变化，却尝不胜尝；战势不过"奇""正"两种，而"奇""正"的配合变化，却无穷无尽。

阐释：

    本节中，孙子探讨了奇、正的变化多端与相互转化，用"江河之不竭"来比喻奇正变化之无穷，"故善出奇者，无穷如天地，不竭如江河"，深刻揭示了战争中出奇制胜之战法的丰富无穷。

    孙子认为，用兵作战，灵活运用战略战术十分重要。他非常重视战术的"奇"与"正"，尤其偏爱"奇"的运用。"奇"与"正"的关系，最富于变化，为了形象地表达"奇""正"变化之关系，孙子以天地和江河作比喻，指出：一个高明的统帅，应随机应变，视战场情况的变化而变换奇正战法，犹如天地一样，春夏秋冬，四季更替，变化无穷；犹如江河滔滔，不舍昼夜，永不枯竭。活用奇正之术，变化奇正之法，是指挥员应变战场瞬息万变形势所必须把握的艺术。在敌我双方对峙的战场上，尽管奇正的变化"无穷如天地，不竭如江河"，但落脚点往往在一个"奇"字上。唯有善出"奇"者，才算领悟到了奇正变化的要旨。

英译文：

    Generally, in battle, use *zheng* to engage the enemy and use *qi* to score victory. The resourcefulness of those skilled in the use of *qi* is as inexhaustible as heaven and earth and as unending as the flow of rivers; it is like the sun and the moon which end their course only to return once more. There are no more than five tones in music, yet their combinations give rise to countless melodies. There are no more than five primary colours, yet in combination, they produce innumerable hues. There are no more than five flavours, yet their blends produce endless varieties. In military tactics, there are only two types of operation, *qi* and *zheng*, yet their variations are limitless. They constantly change from one to the other, like moving in a circle with neither a beginning nor an end. Who can exhaust their possibilities?

——《大中华文库〈孙子兵法〉》P31

译评：

本节中有两个关键词"正"和"奇"。所谓"正"，是指按照通常的战术原则，以正规的作战方法进行战斗；所谓"奇"，是指根据战场情况，运用计谋，攻其无备，出其不意，打敌措手不及。不是采取正规作战方法，而是采取奇妙的办法作战的，都可以称为奇兵。在林译、翟译和格译中，"正"和"奇"被分别采用了音译加注、意译、意译加注的方式翻译。现就这三种翻译做一简要的评述。

首先，在林译中，虽然本句中的"正"和"奇"被简单地音译成"*zheng*"和"*qi*"，但是在本句之前，即"正""奇"第一次出现时，译者就对二者做了详细的脚注，来解释其中的内涵，"*Qi* and *zheng*, as military terminology used in ancient China, are a pair of opposites. Generally, *qi* denotes the use of unusual and unexpected methods, of sudden, surprise attacks, of flanking movements in military operations; while *zheng* denotes the use of normal and regular methods, of frontal attacks and defensive moves in military operations." 林译这样处理不仅保留了译文的异域特色，同时也能让译语读者更好地了解"奇""正"的内涵，不失为一种好的译法。

其次，在翟译中，"正"和"奇"被简单地意译成"the direct method"（在接下来的句子中，又被翻译成 indirect tactics）和"the indirect method"。虽然这两个术语的大致意思被传达出来，但是总感觉缺失点什么。

第三，在格译中，"正"和"奇"被意译成"the normal force"和"the extraordinary force"，为了帮助译语读者更好地理解"正"和"奇"，译者以脚注的形式详细地解释了这两个术语的内涵：The concept expressed by *cheng*（正），"normal"（or "direct"）and *ch'i*（合），"extraordinary"（or "indirect"）is of basic importance. The normal（*cheng*）force fixes or distracts the enemy; the extraordinary（*ch'i*）forces act when and where their blows are not anticipated. Should the enemy perceive and respond to a *ch'i* maneuver in such a manner as to neutralize it, the maneuver would automatically become *cheng*. 格译这样处理不仅遵循了译文读者的习惯，同时也能让译文读者更好地了解"奇""正"的内涵，同样不失为一种好的译法。

综上所述，在"正"和"奇"的翻译上，林译和格译都采取了加注的方式，以便让译文读者更好地了解"奇""正"的内涵，值得推崇；而翟译采用意译的方式来翻译，虽简洁达意，但是似乎缺少了点什么。

12.4.5 以"可与之赴深溪"喻带兵之道

原文：

> 视卒如婴儿，故可与之赴深溪；视卒如爱子，故可与之俱死。厚而不能使，爱而不能令，乱而不能治，譬若骄子，不可用也。
>
> ——《孙子兵法·地形篇》

今译文：

对待士卒像对待婴儿，士卒就可以与他共赴幽深的河涧山谷；对待士卒像对待自己的儿子，士卒就可以跟他同生共死。如果对士卒厚待却不能使用，溺爱却不能指挥，违法而不能惩治，那就如同娇惯了的子女，是不可以用来同敌作战的。

阐释：

在本节中，孙子揭示了将帅的带兵之道：只有将帅待兵如子，士兵才能为之赴汤蹈火，与之同生共死。他以"可与之赴深溪"来比喻士卒可以同将帅赴汤蹈火，以"可与之俱死"来比喻士卒可以与将帅同生共死。

关于将帅如何带兵，孙子在《地形篇》中有一段经典的论述，即："视卒如婴儿，故可与之赴深溪；视卒如爱子，故可与之俱死。"意思是说，如果将帅对待士卒像对待婴儿一样细致，那么士卒就可以同将帅赴汤蹈火；如果将帅对待士卒像对待自己最疼爱的儿子一样关心，士卒就可以跟将帅同生共死。对此，顾福棠注："视卒如婴儿，以人之爱子待卒也。故可与之赴深溪，深溪虽险犹非必死之地也。视卒如爱子，以己之爱子待卒也，故可与之俱死。俱死者，言三军一心，同赴必死之地也。既同赴必死之地，战必胜，攻必取矣。"（顾福棠《孙子集解》）这里孙子论述将帅对士兵的态度有两层意思：一是将视卒如一般的婴儿那样照顾，则将与卒可一起"赴深溪"，亦即赴汤蹈火；二是将视卒如自己的爱子那样

267

关怀，则将与卒可一起"俱死"，亦即生死与共。由此可见，孙子的带兵之道就是爱护士卒，视士卒如"婴儿"和"爱子"，只要将帅爱护士卒，士卒必会回报将帅。但同时，孙子还指出将帅带兵又不能过分宽松和溺爱，以免陷入"厚而不能使，爱而不能令，乱而不能治"的窘境。

古今中外，将帅带兵如子的例子有很多。例如，战国初期的著名军事家、政治家吴起为士兵吸出毒疮。据《史记》记载，"卒有病疽者，起为吮之。人曰：'子卒也，而将军自吮其疽，何哭为何？'母曰：'非然也。往年吴公吮其父，其父战不旋踵，遂死于敌。吴公今又吮其子，妾不知其死所矣。是以哭之。'"（《史记·孙子吴起列传》）有一次，一名士兵身上长了毒疮，吴起毫不嫌弃，俯下身子亲自为其吮吸脓液。士兵的母亲听说后，伤心地大哭。旁人不解地问："你儿子只是个普通士兵，将军亲自给他吮吸毒疮，这是好事呀，为什么要哭呢？"那位母亲说："以前，吴将军曾为我丈夫吸过毒疮，所以我丈夫打起仗来使劲往前冲，最后战死沙场。现在，吴将军又为我儿子吸毒疮，不知道儿子以后会死在哪里，我怎么能不哭呢？"

西晋大将王濬的例子同样证明了这个道理。西晋时期，大将王濬任巴郡太守。因为巴郡靠近吴国边境，兵士要服很多苦役，故家中生男多不养育。王濬到任后，严格审查法令条文，放宽对百姓的徭役、税收，凡生育男子者都可减免徭役、租税，这样保全活下来的有数千人。其后晋朝伐吴，先前王濬在巴郡保全生育下来的男子，全部参加了军队。其父母嘱咐他们说："王府君生育了你们，你们打仗一定要勉力奋战，不要爱惜死啊！"（《晋书·王濬传》）由于王濬关心百姓的疾苦，爱惜人民的生命，他的军队战斗力极强，在受命进兵攻吴后，很快攻克武昌，并顺长江而下，直取吴都建业（今江苏南京市）。由此可见，将帅爱兵如子，士兵才能同将帅赴汤蹈火、同生共死。

英译文：

Because he cares for his soldiers as if they were infants, they will follow him through the greatest dangers. Because he loves his soldiers as if they were his own sons, they will stand by him even unto death. However, if the commander indulges his troops to the point he cannot use them, if he dotes on them to the point he cannot enforce his orders, if his troops are disorderly and he is unable to control them, they will be like spoiled children and useless.

——《大中华文库〈孙子兵法〉》P79

译评：

本节译文仍然来自林戊荪的译本（以下简称林译）。总体而言，林译忠实地传达出了原文的意义，语言通顺流畅。但是，仍有一处翻译值得商榷。"视卒如婴儿，故可与之赴深溪"中的"深溪"指的是很深的山谷，这里比喻危险；孙子以此来比喻士卒可以同将帅赴汤蹈火。在林译中，本句被意译为"Because he cares for his soldiers as if they were infants, they will follow him through the greatest dangers."虽然译文准确地传达了原文的内涵，但是原文中的"深溪"隐喻却无故失去了。笔者查阅了其他几个译本，发现它们无一例外都保留了这一隐喻。例如，Regard your soldiers as your children, and they will follow you into the deepest valleys.（翟译）Because such a general regards his men as infants they will march with him into the deepest valleys.（格译）When the general regards his troops as young children, they will advance into the deepest valleys with him.（索译（Ralph D. Sawyer））

因此，为了保留原文的隐喻，再现原文的风格，笔者建议本句改译为：Because he cares for his soldiers as if they were infants, they will follow him into the deepest valleys (the greatest dangers).

269

第13章 《孙膑兵法》中的水文化思想及其英译

13.1 孙膑及其《孙膑兵法》简介

孙膑，生卒年不详，字伯灵，出生于齐国阿（今山东阳谷东北）、鄄之间（今山东菏泽鄄城县），战国时期齐国军事家，是孙武的后代。孙膑曾与庞涓为同窗，庞涓后来出仕魏国，他认为自己的才能比不上孙膑，于是暗地派人将孙膑请到魏国加以监视。孙膑到魏国后，庞涓捏造罪名将孙膑处以膑刑和黥刑，砍去了孙膑的双足并在他脸上刺字，想使他埋没于世不为人知。孙膑求救于齐国使节，齐国使者觉得孙膑不同凡响，于是偷偷地用车将他载回齐国。齐将田忌善待之，七问兵法；齐威王亦九问兵法，任为军师，辅佐齐国大将田忌两次击败庞涓，取得了桂陵之战和马陵之战的胜利，奠定了齐国的霸业。孙膑晚年退隐鄄邑，设馆授徒，钻研兵法战策。

《孙膑兵法》（亦称《齐孙子》）是孙膑及其后学所著。据《汉书·艺文志》记载，《孙膑兵法》有89篇，图4卷。此后不知何故失传，自《隋书·经籍志》起，历代不见著录，大约在东汉末年便已失传。宋代以后，特别是明清以来，人们对有无《孙膑兵法》存在种种争论。直到1972年4月，在山东临沂银雀山发现两座西汉前期的古墓，从中挖掘整理出《孙膑兵法》，这部古兵法始重见天日，才结束了其书真伪有无的争论。但由于年代久远，竹简残缺不全，损坏严重。经竹简整理小组整理考证，文物出版社于1975年出版了简本《孙膑兵法》，共收竹简364枚，分上、下编，各十五篇。对于这批简文，学术界一般认为，上篇当属原著无疑，系在孙膑著述和言论的基础上经弟子辑录、整理而成；下篇内容虽与上篇内容相类，但也存在着编撰体例上的不同，是否为孙膑及其弟子所著尚无充分的证据。1985 年，文物出版社出版的《银雀山汉墓竹简（壹）》中，收入《孙膑兵法》的 16 篇，系原上编诸篇加上下篇中的《五教法》而成，其篇目依次为：《擒庞涓》《见威王》《威王问》《陈忌问垒》《篡卒》《月战》《八阵》《地葆》《势备》《兵情》《行篡》《杀士》《延气》《官一》《五教法》《强兵》。

《孙膑兵法》继承和发展了战国前期的战争实践经验。纵观全书，孙膑提出的"举兵绳之""以兵禁争夺"的战争观，"以寡击众""必攻不守"的作战方针，"赏罚严明""篡贤取良"的治军思想，这些不仅对战争中克敌制胜具有重要指导作用，而且对政治斗争、经济建设、商业交流也具有重要指导意义。

13.2 《孙膑兵法》中的水文化思想概述

虽然《孙膑兵法》中关于水的论述并不多，但是其中仍然蕴含着丰富的水文化思想。根据统计，在《孙膑兵法》中，涉及水的篇章主要有 5 篇，分别为《地葆篇》《十阵篇》《雄牝城篇》《五度九夺篇》《奇正篇》。全书中"水"字共计出现了 21 次，其他与水有关的字出现较少，其中"流"字出现了 7 次，"泽"字出现了 3 次。《孙子兵法》中的水文化思想主要体现在与"水""流""泽"等字有关的论述中。概括起来，《孙子兵法》中的水文化思想主要体现在以下四个方面：（1）生水与死水。在《地葆篇》中，孙膑论述了排兵布阵时要注意的地形，其中提到了一种利于作战的"生水"和两种不利于作战的"死水"，"东注之水，生水也；北注之水，死水〔也〕。不留（流），死水也。"在排兵布阵时，要避开"死水"之地。（2）水阵与水战之法。在《十阵篇》中，孙膑论述了"水阵"和"水战之法"，归纳了水战的方法和要旨。（3）以水胜火喻对敌制胜。在《奇正篇》中，孙膑论述了对敌的战略战术问题，指出善于用兵作战的将帅（"善战者"）要按照万事万物运动发展的规律去用兵作战，善于扬长避短、因势利导，这样才能像水灭火（"水胜火"）一样有效地对敌制胜，即"其错胜也，如以水胜火"。（4）以水喻带兵之道。在《奇正篇》中，孙膑还以水喻带兵之道，指出将帅指挥得当，赏罚分明，关心、体贴军民，便能做到像用流水冲石头去毁掉敌船（"漂石折舟"）那样用兵如神，军令贯彻就能像流水那样畅行无阻（"则令行如流"）；否则，就好比要河水倒流一样

（"是使水逆流也"）。

13.3 《孙膑兵法》在西方世界的英译史

作为中国古代军事思想的又一经典之作，《孙膑兵法》在西方世界的英译与传播远不如《孙子兵法》。其原因有二：首先，历史上《孙膑兵法》失传较早，现代再次被发现的时间比较晚，直到 1972 年山东临沂银雀山西汉古墓出土的残简才使得《孙膑兵法》重见天日，由此导致对《孙膑兵法》在国内的注解与研究都比较晚，更遑论在西方世界的译介与传播。其二，《孙膑兵法》在西方世界的知名度远不如《孙子兵法》，很多西方学者和读者并不知道它的存在。相比于《孙子兵法》在西方世界被广泛地译介和传播，《孙膑兵法》在西方世界就处于无人问津、鲜有人翻译的尴尬境地。即便如此，《孙膑兵法》还是引起了少数国内外学者和专家的关注，先后出现了三个英文全译本。

1994 年年底，《孙膑兵法》英译本首次出现。该译本与《孙子兵法》一起出版，名为《孙子兵法·孙膑兵法》，由著名翻译大家林戊荪先生翻译，中国人民出版社出版，随同一起出版的还有其德文版和法文版。根据郭正田（1995）[①]的介绍，《孙膑兵法》的英、法、德文译本都是第一次面世，而且是由中国军事学家、翻译家和国外专家共同研究商讨翻译出版的，其意义就更不同寻常。该英译本后于1999 年被收录于《大中华文库》中，由外文出版社和湖南人民出版社共同出版。2001 年又由外文出版社发行单行本。该译本还被多部丝绸版、黄金版等礼品书所采用，作为国家礼品赠送外国政要，是国内被使用得最多的英译本，也是英语教学和研究中引用最多的案例。

1996 年，由美国学者索耶尔（Ralph D. Sawyer）翻译出版了《孙家兵法：孙子/孙膑》（*The Complete Art of War：Sun Tzu / Sun Pin*），里面包含了《孙子兵法》（*Sun-tzu Art of War*）和《孙膑兵法》（*Sun Pin Military Methods*），由美国西部视点出版公司（Westview Press）出版。这是《孙膑兵法》在西方世界的首个英译本。1998年，美国哈佛大学学者托马斯·克利里（Thomas Cleary）对《孙膑兵法》进行了翻

---

① 郭正田. 谈《孙子兵法·孙膑兵法》的出版[J]. 对外大传播，1995(4)：51.

译，题名《失传的兵法：孙子(II)》，由哈珀出版社(Harper Press)出版。

本章所引用的《孙膑兵法》英译本主要来自入选了《大中华文库》的翻译大家林戊荪先生的译本(以下简称林译)，译评中也借鉴和对比了索耶尔的译本(以下简称索译)。

13.4 《孙膑兵法》中的水文化思想阐释、英译与译评

13.4.1 生水与死水

原文：

> 绝水、迎陵、逆流、居杀地、迎众树者，钧举也，五者皆不胜。南阵之山，生山也。东阵之山，死山也。东注之水，生水也。北注之水，死水。不流，死水也。
>
> ——《孙膑兵法·地葆》

今译文：

渡河涉水，向山陵进发，处在河流下游，在死地扎营驻守，靠近树林，在这五种情况下，都容易招致失败，用兵时要特别注意。适于南面布阵的山是生山。适于东面布阵的山是死山。向东流的水是生水，向北流的水是死水，不流动的水也是死水。

阐释：

古人曾说，做事要讲究天时、地利、人和，"农夫朴力而寡能，则上不失天时，下不失地利，中得人和而百事不废。"(《荀子·王霸篇》)荀子的意思是说，让农民质朴地尽力耕作，不要太疲于奔命，则不会错过农时，也不会失去肥沃的土壤。所有做事的人都这样专心的尽职尽责，那么所有的事情都不会荒废。而对于这三者的重要性，孟子曾经说过，"天时不如地利，地利不如人和。"(《孟子·公孙丑章句下》)意思是说，天时好不如地理优越，地理优越不

如人心团结。

同样，行军作战也要讲求天时、地利、人和。所谓的"天时"指适合作战的时令、气候，"地利"指有利于作战的地形，"人和"是指得人心、上下团结。地利是行军作战的三要素之一，而地利的核心内容就是善于选择各种有利的地形，避开各种不利地形。本篇便是孙膑专门论述战争中的地形问题的。孙膑在文中对各种地形在用兵作战中的利弊作了详细的论述，特别详细地指出了"死地""杀地"等种种不利地形，告诫统兵将领勿入"死地"①，勿陷"杀地"。其中，孙膑提到与水有关的不利地形有：渡河涉水（"绝水"）、处在河流下游（"逆流"）、向北流的水（"北注之水"）、不流动的水（"不流"），指出行军作战要避开这些"死水"，选择"生水"（如"东注之水"）。孙膑的上述论述和告诫对统兵将领确实非常有益，值得仔细思索。地形对于用兵作战的重要性可以说尽人皆知，但更重要的是如何巧妙利用。只有充分发挥地利优势，才能最终克敌制胜。

英译文：

Crossing a river, facing a hilly region, heading upstream, occupying an unfavourable terrain and facing a forest—these constitute the five situations which are unfavourable to military operations and which may lead to defeat. Therefore, both sides should try their best to avoid being placed in such situations. A mountain of the north of the formation is "life-giving", while one to the west is "deadly"; a river which flows eastward is "life giving" while one which flows northward is "deadly". Stagnant water is deadly too.

——《大中华文库〈孙膑兵法·地葆〉》P161

译评：

本节译文来自林戊荪先生的译本（以下简称林译）。总体而言，林译忠实地

---

① 虽然孙武告诫将帅行军作战时勿入"死地"，但是在实际指挥作战时也不能过于绝对化。实际上，战争时使军队陷入走投无路的境地，他们反而能够奋勇作战以求存。历史上就曾有过统兵将帅将军队置之死地而生（"陷之死地而后生，置之亡地而后存"）的经典战例，例如韩信背水一战大破赵军。

传达出了原文的意义，译文语言简洁、流畅，较好地再现了原文的风格。但是有一处翻译却存在着问题。原文中有一句，"南阵之山，生山也。东阵之山，死山也。"该句中的"南阵之山"和"东阵之山"在林译中被翻译成"A mountain of the north of the formation"和"while one to the west"与原文不符，似有误译之嫌。然而，在索译中，本句被翻译为"A mountain on which one deploys on the south side is a tenable mountain; a mountain on which one deploys on the eastern side is a fatal mountain."为何同样的原文，在两个译本中"南阵之山"和"东阵之山"却翻译得截然相反呢？为此，笔者仔细查证了相关资料，发现林译所参考的今译文来自吴如嵩和吴显林校释的，其译文是"位于阵地北面的山，是有利的生山，位于阵地西面的山，是不利的死山。"由此看来，林译倒是没有错。但是，笔者又参考了中华书局出版的《孙子兵法·孙膑兵法》(2006)和上海三联书店出版的《孙子兵法·孙膑兵法译注》(2013)，发现两个版本的解释都不一样。在中华书局版中，"南阵之山"和"东阵之山"分别被解释为"东西走向的山岭"和"南北走向的山岭"；而在三联书店版中，"南阵之山"和"东阵之山"分别被解释为"在山的南面布阵"和"在山的东面布阵"。

到底哪一种解释更加贴近原作呢？毕竟《孙膑兵法》成书距今已有两千余年，孙膑的真实意图我们不得而知。事实上，这也正是中国典籍翻译的一个难点：一是这些典籍距今历史久远，传下来的版本往往有不同；二是这些典籍在历史上虽然有过数不清的注解或注疏，但是这些解释很少有完全一致的。这些都给译者的翻译带来了不少难题。就本句的翻译而言，笔者不做定论，仅仅提出来，权且供读者自己来决断。

13.4.2　水阵与水战之法

原文：

> 水战之法，必众其徒而寡其车，令之为钩楷苁柤贰辑□绛皆具。进则必遂，退则不蹙，方蹙从流，以敌之人为招。水战之法，便舟以为旗，驰舟以为使，敌往则遂，敌来则蹙，推壤因慎而饬之，移而革之，阵而□之，规而

离之。故兵有误车有御徒，必察其众少①，击舟津，示民徒来。水战之
法也。

——《孙膑兵法·十阵》

今译文：

　　用水战的方法是，多用步兵而少用战车，要让部下准备好捞钩、缆绳等器具
和船只用具。前进时要前后相随，后退时不可拥挤，要适时收缩队形顺流而下，
以敌军为射杀目标。水战的要旨在于，用轻便船只作指挥船，用快船作联络船，
敌军后退时就追击，敌军进攻时就收缩队形迎战，要根据形势变化而谨慎指挥进
退应敌，敌军移动就加以钳制，敌军结阵就冲击敌军密集就分割。敌军中常有隐
蔽的战车和步兵，一定要察清有多少，在攻击敌军船只，控制渡口时，还要调动
步兵在陆路配合作战。这就是水战的作战方法。

阐释：

　　本段出自《孙膑兵法·十阵》，该篇主要论述临敌用兵的重要战术之一——
兵阵运用。在孙膑所处的战国时期，作战的主要工具还是战车，由步兵配合战车
作战，骑兵还是在赵武灵王推行"胡服骑射"之后，才兴起的一个新兵种，所以
"兵阵"在当时来说就特别重要。当时的统兵将领必须懂得各种兵阵的作用和排
列方法。善于运用各种兵阵去进攻或者防御。兵阵的种种知识自然就成了那时兵
法的主要内容，学会运用兵阵就成了合格的统兵将领的基本功了。可以说，那时
的将领如果不会排列和运用各种兵阵就不合格，不称职，正如现在不会指挥海陆
空诸兵种联合作战就不能当将军一样。正是由于兵阵知识在当时如此重要，所以
孙膑才如此详细地述说了十种兵阵的特点、排阵方法以及种种注意事项和运用诀

----

　　① "故兵有误车有御徒（另有：故兵有误，车有御徒），必察其众少"句的今译文有两种
不同的译文，一种是：对水战中的车辆和步兵的数量，必须查清楚；另外一种是：敌军中常
有隐蔽的战车和步兵，一定要察清有多少。"御徒"的意思是御马、挽车的人；"众少"的意思
是多少；而"误"字的意思决定了本句的理解，该字的意思有很多，包括"谬误、错误""耽误"
"妨害""迷惑""无意地、不慎"等。到底哪个意思更加适合语境呢？笔者认为，"误"做"迷
惑"解更契合语境。

窍，以作为将领们学习的基本教材和用兵手册。

在孙膑论述的这十种阵法中，水阵是其中最后一种。孙膑在此详细总结和归纳了水阵的战法和要旨。首先，孙膑指出水战的战法是：多用步兵而少用战车，准备好捞钩、缆绳等器具和船只用具，前进时要前后相随，后退时不可拥挤，要适时收缩队形顺流而下，以敌军为射杀目标。其次，他归纳出了水战的要旨是：用轻便的船只作为指挥船，用快船进行联络，敌退则追击，敌进则迎战，等等。

就对兵阵的详尽述说而言，在我国古代著名兵法家中，孙膑是超群出众的，是无人可比的。当然，随着作战手段的发展，兵阵的形式和作用也在演变，名称、种类更是千变万化，不可能总是像孙膑所说的十种阵形，只墨守那种成规也是不可能取胜的。不过孙膑所述说的排阵原理和运用诀窍，放在今天仍然是有效的，是宝贵的。在现代战争中，兵力配置的疏密适当，把士兵分编为若干战斗群，进退灵活，互相支援，互相保护，联络有效，指挥畅达，设置伪装迷惑敌军，选择和利用地形，各军兵种和武器的有效使用等，这一切与孙膑所说的布阵原理都是相通的，甚至是相同的。

英译文：

The way to launch a water attack is this: use many foot soldiers but few chariots. Have the troops ready with handhooks, rafts, boats, forks, light boats, oars, ships and other equipment for a water attack. When the fleet moves forward, the ships must advance in a coordinated and orderly fashion; when it retreats, they must not crowd each other. The ships move downstream in parallel formation, shooting at the enemy as they sail past. In a water attack, use a light boat as the flagship and a fast boat for liaison; pursue the enemy when he flees, engage him when he advances. Care must be taken both in advance and in retreat so that the ships maintain an orderly formation. Tie the enemy down when he tries to move. Attack him when he is in formation and refuses to budge. Break him up when his ships are concentrated. Keep a clear account of the number of shovels and wagons (tr.: needed for building dikes and channels to hold back the water during enemy inundation) at your command. Have the foot soldiers attack enemy ships from the shore and, in coordination, blockade all ferry points. This is the method used in water attacks.

——《大中华文库〈孙膑兵法·十阵〉》P213

译评：

本节译文来自林戊荪先生的译本（以下简称林译）。总体而言，林译忠实地传达出了原文的意义，译文语言简洁、流畅，较好地再现了原文的风格。但是仍有一处翻译存在较大的误解和误译。例如，"故兵有误车有御徒，必察其众少，击舟津，示民徒来。"本句的意思是"敌军中常有隐蔽的战车和步兵，一定要察清有多少，在攻击敌军船只，控制渡口时，还要调动步兵在陆路配合作战。"在林译中，前半句翻译成"Keep a clear account of the number of shovels and wagons at your command"，意思是"要弄清己方铲子和马车的数量"，显然是对原文的误解和误译。后半句的翻译也存在着误译，"Have the foot soldiers attack enemy ships from the shore and, in coordination, blockade all ferry points."其中，"Have the foot soldiers attack enemy ships from the shore"意思是"让步兵从岸上攻击敌船了"，这不仅误解了原文的意思，同时还有悖于战争的常识，怎么能让步兵承担水军的攻击之责呢？

相比林译，索译就存在更大的误解和误译了。在索译中，整句话被翻译成"Accordingly, the weapons include spades and the chariots have defensive infantry. You must investigate their numerical strength as many or few, strike their boats, seize the fords, and show the people that the infantry is coming."其中的"故兵有误车有御徒"被误解为"兵器有锹铲，战车有步兵"，因此其译文完全是一种误译；"必察其众少"也是简单地根据字面意义来直译的，"you must investigate their numerical strength as many or few"，译文并不准确。此外，"击舟津"中的"津"意为"渡口"，在索译中却被错误地翻译成了"ford"（浅滩）。

由此可见，在这一句的翻译中，林译和索译都存在不同程度上的误解和误译。笔者建议本句改译为：Make clear the number of the enemy's hidden wagons and infantry. When attacking enemy ships and seizing ferry points, have infantry attack the enemy on the land in a coordinated way.

13.4.3 以水胜火喻对敌制胜

原文：

> 故圣人以万物之胜胜万物，故其胜不屈。战者，以形相胜者也。形莫不可以胜，而莫知其所以胜之形。形胜之变，与天地相敝而不穷。形胜，以楚、越之竹书之而不足。形者，皆以其胜胜者也。以一形之胜胜万形，不可。所以制形壹也，所以胜不可壹也。故善战者，见敌之所长，则知其所短；见敌之所不足，则知其所有余。见胜如见日月。其错胜也，如以水胜火。

> ——《孙膑兵法·奇正》

今译文：

所以，圣人会运用万物的长处去制胜万物，而且能不断取胜。用兵作战的人，是靠阵形相互取胜的。阵形没有不能战胜的，只是有人不知道用以战胜的阵形而已。以阵形取胜的变化，就如同天和地相互遮蔽一样是永无穷尽的。以阵形取胜的办法，用尽楚、越两地的竹子也是写不完的。阵形是用其长处去取胜的。用一种阵形的长处去胜过万种阵形，这是不可能的。所以说，可以给阵形规定一定的式样，但是取胜的阵形却不可能是一成不变的。因此，善于用兵打仗的人，看到敌人的长处，就知道它的短处；看到敌人的弱处，就知道它的强处。预见胜利，就像看太阳和月亮那样清楚；克敌制胜，就像用水灭火那样稳操胜券。

阐释：

本节中，孙膑以"水胜火"喻对敌制胜。他指出善于用兵作战的将帅（"善战者"）要按照万事万物运动发展的规律去用兵作战，善于扬长避短、因势利导，这样才能像水灭火（"水胜火"）一样有效地对敌制胜，即"其错胜也，如以水胜火"。

本段出自《孙膑兵法·奇正》。该篇可谓是孙膑军事思想的总结。孙膑在本篇开头，便用"大地""四时"变化的道理作为比喻，准确而生动地说明了军事作为一门科学，也像宇宙的万事万物一样，有其运动变化的规律。并列出胜与败、生与死、能与不能等一系列战争中的矛盾，说明战争的进程就是矛盾转化的进程，所谓的用兵之道，就是研究、掌握矛盾转化的规律。杰出的军事家，也就是孙膑所说的"圣人"，就是善于掌握这种运动变化规律，善于因势利导，促使矛盾按自己预计的模式转化，达到他预期的目标。这也就是孙膑说的"圣人以万物之胜胜万物，故其胜不屈"，即：圣人运用万物的长处去制胜万物，而且能不断取胜。而善于领兵作战的将帅，即孙膑所说的"善战者"，就是按照万事万物运动发展的规律去用兵作战，善于扬长避短、因势利导，所以他们便能不断取胜。为了说明这样的将帅（"善战者"）获胜的可预见性和有效性，孙膑分别用了两个比喻：（1）"见胜如见日月"，这样的将帅预见胜利，就如同预见日月升降一样准确容易；（2）"其错胜也，如以水胜火"，这样的将帅取胜的措施，就如同用水灭火一样有效。

英译文：

Thus, the sages know how to use the characteristics of things to overpower them, and there are inexhaustible ways of overpowering things and controlling situations. War is a contest between dispositions seeking to prevail over one another. All distinguishable dispositions can be prevailed over. The question is whether you always know the right method to use to overpower a particular disposition. The changes in the mutual checks among things in the world are as everlasting as heaven and earth and truly inexhaustible. Examples of this are so numerous that you can exhaust all the bamboo in the states of *Chu* and *Yue* and still cannot record them all. (tr. : During the Warring States Period in Sun Bin's days, people used bamboo strips to write on.) Therefore, he who is adept at war can infer from the enemy's advantages his disadvantages. He can also tell where the enemy's strength lies from his weaknesses. He sees the way to victory as clearly as he sees the sun or the moon. He knows how to win as he knows how to quench fire with water.

——《大中华文库〈孙膑兵法·奇正〉》P283-185

译评：

本节译文来自林戊荪先生的译本(以下简称林译)。总体而言，林译忠实地传达出了原文的意义，译文语言简洁、流畅，较好地再现了原文的文化内涵。例如，"形胜，以楚、越之竹书之而不足。"其中，"以楚、越之竹书之"蕴含着丰富的文化内涵，中国古时候没有纸张，人们就将字写到竹简上，而古时候的楚地和越地(今天湖北、湖南和江浙一带)盛产竹子，故人们就将竹子砍伐用于制作竹简，故有成语"罄竹难书"。本句的意思是说，以阵形取胜的办法，用尽楚、越两地的竹子也是写不完的。在林译中，译者不仅忠实地传达出了原文的意义，"Examples of this are so numerous that you can exhaust all the bamboo in the states of *Chu* and *Yue* and still cannot record them all." 还以夹注的形式(tr.：During the Warring States Period in Sun Bin's days, people used bamboo strips to write on.)，较好地再现了原文的文化内涵。在索译中，本句被直译为"As for the forms of conquest, even the bamboo strips of the Ch'u and Yüeh would be insufficient for writing them down."虽然索译忠实地传达出了原文的意义，但就传达文化内涵而言，索译相比于林译则要逊色一些。

又如，"故善战者，见敌之所长，则知其所短；见敌之所不足，则知其所有余。"其中的"长"与"短"、"不足"与"有余"互为反义词，分别指敌人的"长处"和"短处"，"弱处"和"强处"。在林译中，上述两对反义词分别被翻译为"advantages"和"disadvantages"，"strength"和"weaknesses"，这是比较贴切的。而在索译中，后一对反义词被直译为"insufficiency"和"surplus"，看似忠实，实则不妥，未能准确传达出了原文的真实含义。综上所述，林译比索译更好地传达出了原文的意义和文化内涵。

13.4.4 以水喻带兵之道

原文：

赏未行，罚未用，而民听令者，其令，民之所能行也。赏高罚下，而民不听其令者，其令，民之所不能行也。使民虽不利，进死而下旋踵，孟贲之所难也，而责之民，是使水逆流也。故战势，胜者益之，败者代之，劳者息

之，饥者食之。故民见□人而未见死，蹈白刃而不旋踵。故行水得其理，漂
石折舟；用民得其性，则令行如流。

——《孙膑兵法·奇正》

今译文：

赏和罚都没有实行，而众军却肯听令，这是由于这些命令是众军能够执行
的。悬出高赏低罚，而众军却不听令，这是由于命令是众军无法执行的。要让众
军处在不利的形势下，仍然拼死前进而毫不后退，这是像孟贲那样的勇士也难以
做到的；如果因众军不能做到而责怪他们，那就犹如要让河水倒流一样了。所以
说，用兵作战的人，要按情势处理：军兵得胜，要让他们得到好处；军兵打了败
仗，领兵将领要承担责任，代兵受过；军兵疲劳时，要让他们休息；军兵饥饿
时，要让他们能吃上饭。这样就能使军兵遇上强敌也不怕死，踩上锋利的刀刃也
不会转身后退。所以说，懂得流水的规律后，能够让激流漂起石头，摧毁船只；
使用军兵时懂得他们的心理，贯彻军令就如同流水一样畅通无阻了。

阐释：

本节中，孙膑以水喻带兵之道。他指出因将领指挥不当而使士兵陷入绝境，
再过分责备士兵，就好像是使河水倒流一样；关心体贴士兵，了解士兵的性情，
就能发挥出"漂石折舟"的效果，军令就能如同流水一样畅通无阻。

在带兵问题上，孙膑集中深入论述了指挥和赏罚问题，深刻地说明赏罚不在
多少轻重，而在合理，更在于指挥得当。指挥不当，高赏低罚也不起作用，在极
不利的形势下，仍然让士兵冒死前进，就好比要河水倒流一样。指挥得当，尚未
实行赏罚也能起作用。他还特别强调了爱兵思想，要关心、体贴军兵。他提出将
领要勇于承担责任，甚至要代兵受过，这一点特别重要，只有这样，才能大得军
心，造就一支"遇上强敌也不怕死，踩上锋利的刀刃也不会转身后退"的劲旅。
这样的将领便能做到像"用流水冲石头去毁掉敌船"那样用兵如神，"军令贯彻就
能像流水那样畅行无阻"那样令行禁止。战争问题最根本的也就是带兵和对敌这
两条。带兵即是组织好自己的力量，使其成为锐利无比的矛；而对敌就是运用自
己的矛去刺破敌军的盾。用兵的战略战术，总是围绕这对矛盾做文章。

英译文：

When your orders are within the capabilities of the troops, they will obey them regardless of reward or punishment. When your orders are beyond their capabilities, they will disobey them despite handsome rewards or severe punishment. When you order the troops to risk their lives and advance under extremely unfavourable conditions, even brave men like Meng Ben won't be able to live up to such a demand, not to say ordinary soldiers. That would be like asking the water in the river to flow upstream. So the thing to do in war is to guide the soldiers according to their circumstances. Reinforce those who have scored victory; replace those who have suffered defeat; let the battle-fatigued rest and recuperate; and provide the hungry with food. The troops will then be ready to advance fearlessly and they will not turn back even if they have to walk on sharp blades. Just as water rushing downstream can move rocks and overturn boats, so once you have won the support of the troops, they will advance as ordered with the impact of an avalanche.

——《大中华文库〈孙膑兵法·奇正〉》P287

译评：

本节译文来自林戊荪先生的译本（以下简称林译）。总体而言，林译忠实地传达出了原文的意义，译文语言简洁、流畅，较好地再现了原文的风格。例如，"使民虽不利，进死而下旋踵，孟贲之所难也，而责之民，是使水逆流也。"本句中包含了一个"水"隐喻，孙膑用"使水逆流"来比喻因指挥不当而使士兵陷入绝境，再过分责备士兵，寓意为这样带兵是违背自然规律的，就好像使河水倒流一样。在林译中，本句被翻译为"That would be like asking the water in the river to flow upstream."译文不仅忠实准确，而且该"水"隐喻也被形象地传达出来了。

但是，林译中仍然有值得商榷的地方。"用民得其性，则令行如流。"本句的意思是说"使用军兵时懂得他们的心理，贯彻军令就如同流水一样畅通无阻了。"其中的"得其性"是指掌握士兵的心意或本性，而在林译中被翻译为"you have won the support of the troops"，有误译之嫌。同时，本句还包含一个"水"隐喻，孙膑

283

以"流水"比喻"军令畅通无阻"。而在林译中，该"水"隐喻却并未翻译出来，"they will advance as ordered with the impact of an avalanche"。相比之下，索译则更好地传达出了原文中的"水"隐喻，"When, in employing the people, one realizes their nature, then his commands will be implemented just like flowing water."

结　论

　　水文化是中华传统文化的重要组成部分，而水文化典籍是中华水文化的重要载体，不仅记录了中国古代先人们认识水、开发水、利用水、治理水、保护水和鉴赏水的历史与实践，同时还包含和寄托了古人们以水诉情、借水咏志、假水自诩的情怀。先秦诸子典籍产生于我国历史上一段学术思想极度自由、文化极度繁荣的时期——春秋战国时期，其中便蕴含了丰富的水文化思想，诸子典籍中的水文化思想是中华水文化的源泉和重要组成部分。因此，本书详细挖掘、梳理和阐释了春秋战国时期流传较广、影响较大的五家学派（即：儒家、道家、墨家、法家和兵家）的11部诸子典籍中所蕴含的水文化思想，并以《大中华文库》英译本为主，以其他西方传教士或汉学家的英译本为辅，探究上述典籍中的水文化思想英译和对外传播问题。

　　关于诸子典籍中的水文化思想问题，本书主要从两方面开展研究：**首先，搜索和整理诸子典籍原文中直接涉"水"字和涉水相关字的论述，因为诸子典籍中的水文化思想主要就体现在这两类论述中**。（1）诸子典籍中的水文化思想集中体现在其中直接涉及"水"字的论述中。通过在典籍原文中精确地搜索，我们发现"水"字都出现在这11部典籍中，只是出现的次数存在一定的差异（如表1）。其中，"水"字出现最多的是《管子》，有217次之多，这不仅与《管子》中有专门的篇章（如《水地》《度地》）论述水有关，而且也反映出《管子》中水文化思想的丰富程度。其他"水"字出现较多的典籍有《庄子》《韩非子》《荀子》和《孟子》，分别为77次、59次、51次和48次。而"水"字出现最少的是《老子》，全书共计五千余字，"水"字仅出现了3次，但就是在这寥寥数语中，老子"上善若水"的思想却成为中华水文化的精髓；仅次于其后的是《论语》，"水"字出现了4次，但是孔子的"知者乐水"却成为中华水文化的精辟论述。由此看来，先秦诸子典籍中的水文化思想主要体现在"水"字的相关论述中，而且典籍中包含"水"字相关论述的数量与其蕴含的水文化思想的丰富程度成正比，但是与其水文化思想的接受度或知名程度却不一定成正比。

表1　　　　　　　先秦诸子典籍中"水"字及其涉水相关字出现频次表

典籍涉水字	水	海	流	河	江	雨	泉	渊	冰	源	泽	溪	湖	露
《论语》	4	4	3											
《荀子》	51	37	62	9	11	14			3	10				
《孟子》	48	27		10	10									
《老子》	3	2	1		2									
《庄子》	77	54	31		22	11	8	37					7	
《列子》	46	18	21	17	3	10			17	2	2			
《管子》	217	62	92	19		59	62		2				2	
《韩非子》	59	28		28	11	14			9					6
《墨子》	65		22	11	9									
《孙子兵法》	17	1			1							2		
《孙膑兵法》	21		7								3			

（2）上述诸子典籍中的水文化思想还体现在其中与水相关字的论述中（如表1）。其中，出现范围较广和出现次数较多的字分别为"海""流""雨""江""河""湖""冰"等。在所有涉水相关字中，出现范围最广的是"海"字，在所选取的11部先秦诸子典籍中有9部都出现了"海"字，而且"海"字在这些典籍中出现的次数也颇多，有的甚至与"水"字出现次数相同（如《论语》），有些仅次于"水"字（如《庄子》《孟子》《韩非子》）。这与"大海"本身在中国传统文化中的文化意象有很大关系。例如，大海汇聚了陆地上的百川之水，无论是浩浩汤汤的江河，还是涓涓细流的小溪，都来者不拒，故能成其浩瀚，因此大海象征着包容和积累，《老子》中的"江海之所以能为百谷王者，以其善下之，故能为百谷王"，《荀子》中的"故不积跬步，无以至千里；不积小流，无以成江海"，《庄子》中的"天下之水，莫大于海。万川归之，不知何时止而不盈；尾闾泄之，不知何时已而不虚；

春秋不变，水旱不知"，《管子》中的"海不辞水，故能成其大；山不辞土石，故能成其高"，都是以大海来象征海纳百川的包容和坚持不懈的积累。又如，烟波浩渺的大海还是古人失意之后的寄托，在《论语》中，孔子表达出如果仁政之道不能推行于天下，就驾一小竹筏到海上隐居，"道不行，乘桴浮于海"，以此来寄托自己的失意之情。除此之外，出现范围较大和出现次数较多的涉水相关字还有"流""河""江"和"雨"。其中，在《荀子》中"流"字出现次数甚至超过了"水"字，达到了62次之多，荀子以"源"和"流"分别比喻君主和臣民及其君臣之间的关系，"君者，民之原也；原清则流清，原浊则流浊"；在《管子》中"流"字出现次数有92次之多，管子以治理水患之法（水"迂"则"流"，水"流"则"迂"）来比喻治理民众之法（"迂流"和"决塞"）。此外，"河""江"和"雨"字在上述11部典籍中出现的范围也比较大，出现次数也较多，限于篇幅，笔者在此不做展开分析。

　　其次，深入挖掘和详细阐释上述涉水论述中所蕴含的丰富水文化思想。在搜索和整理了诸子典籍中包含"水"字及其相关涉水字的论述之后，本书对上述涉水论述中所蕴含的丰富水文化思想进行了深入挖掘和详细阐释。通过研究，我们发现先秦诸子们在阐述其思想和主张的时候，往往以水来比喻，他们通过观察水的自然属性（包括水的静态、动态、流向、功用等特征），并以此来譬喻仁政、治国之道、君子之德、人性、君民关系、上善之道、无为之道、法治、兼爱、用兵规律等。通过这些隐喻，他们抽象演绎出某些规则原理，并将其作为指导人类行为的社会伦理规范和价值体系。可以说，经过先秦诸子们的抽象演绎和精辟阐述，自然之水俨然上升为"哲学之水"，成为了丰富多彩的中华水文化思想的源泉和重要组成部分。用西方著名汉学家艾兰（Sarah Allan）的话说，水成为"中国早期哲学思想的'本喻'（root metaphor）"，"水成了抽象概念底部的一个本喻，它构成了社会与伦理价值体系的基石"（艾兰，2002：34）。

　　关于先秦诸子典籍中水文化思想的英译问题，迄今为止国内还尚未有学者就此做过专门的研究。但是，由于水文化思想蕴含在先秦诸子典籍中，因此从某种程度上说，诸子典籍中的水文化思想英译也反映和体现在诸子典籍的英译中。本书主要从两个方面探究了诸子典籍中水文化思想的英译。**首先，梳理先秦诸子典籍在西方世界的译介与传播史。**（1）诸子典籍在西方英语世界的译介时间。相比其他中国文化典籍，大部分先秦诸子典籍很早就被译介到西方英语世界。例如，《论语》早在 16 世纪末就被来华的西方传教士翻译为拉丁文，其后被转译为英文、法文等。其他诸子典籍大多数是从 19 世纪开始被译介并传入西方英语世界，如《孟子》(1828 年)、《墨子》(1858 年)、《老子》(1868 年)、《庄子》(1881 年)、《荀子》(1893 年)等。而剩余的几部诸子典籍译介到西方英语世界的时间则相对较晚，如《孙子兵法》(1905 年)、《列子》(1912 年)、《韩非子》(1917 年)、《孙膑兵法》(1994 年)。这与上述几部(《孙子兵法》除外)典籍在西方世界的知晓度和认可度有很大关系，例如西方英语世界对道家的《老子》和《庄子》知晓度和认可度要更高，而对同为道家的《列子》则了解和关注不多；同时，也与典籍本身的失传与重现有关，例如《孙膑兵法》在历史上曾一度失传，直到 1972 年山东临沂银雀山西汉古墓出土的残简才使得其重见天日，即便是在国内对《孙膑兵法》的注解与研究都比较晚，更遑论在西方英语世界的译介与传播。

(2)诸子典籍在西方英语世界的传播情况。在西方传教士、汉学家、华裔学者和中国译者的译介下，诸子典籍在西方英语世界得到了广泛传播，这可以从部分诸子典籍的英译本数量看出。例如，据不完全统计，《孙子兵法》是截至目前被翻译成外语语种数量最多的诸子典籍，其中仅英译本数量就有超过 400 种，而且《孙子兵法》的思想在西方英语世界还被广泛地运用到战争、政治、经济与社会生活(如企业管理、领导艺术、市场营销、金融投资、人生处世等)等领域；《老子》和《论语》的英译本数量也都超过了 100 种。相比之下，其他诸子典籍在西方英语世界的传播范围则较小一些，如《孟子》和《墨子》英译本(包含节译、全译和重译本)都达到或超过了 16 种。

(3)诸子典籍的译者情况。在早期，诸子典籍译介涉及的译者主要是来华的西方传教士，其中翻译诸子典籍较多的有英国传教士理雅各(James Legge)、韦利(Arthur Waley)、翟理斯(Herbert Allen Giles)、翟林奈(Lionel Giles)等。在中后期，诸子典籍译介涉及的译者主要是来自英美国家的汉学家和华裔学者，例如英国汉学家葛瑞汉(Angus Charles Graham)，美国汉学家华兹生(Burton Watson)、诺布洛克(John Knoblock)、王安国(Jeffrey K. Riegel)、英格里希(Jane English)、安乐哲(Roger T. Ames)等，华裔学者有冯家福(Gia-Fu Feng)、刘殿爵(D. C. Lau)、廖文奎(W. K. Liao)、陈荣捷(Wing-tsit Chan)等。此外，还有国内的学者和翻译家也参与到诸子典籍的英译中来，如林语堂、许渊冲、林戊荪、赵甄陶、汪榕培、王宏、吴国珍、翟江月、梁晓鹏、辜正坤、赵彦春等。

（4）诸子典籍的英译文质量情况。在译文质量方面，早期西方传教士翻译的诸子典籍英译本既有许多优点，也存在着一些不足。在优点方面，传教士的译本语言流畅，符合西方读者的习惯，具有较强的可读性，已经获得了西方读者的广泛接受和认可，有些译本即便是拿到现在，其翻译质量也属于上乘，例如，《大中华文库》中就先后采用了韦利的《论语》英译本、诺布洛克的《荀子》英译本和韦利的《老子》英译本。与此同时，由于中英语言和文化的巨大差异，以及译者对原文的理解不同，传教士的译文在忠实度上存在一定的不足，有些译文甚至出现了明显地误译。例如，韦利的《论语》英译本中，"知者乐，仁者寿"被译为"The wise are happy；but the Good，secure."其中的"寿"（意为长寿）被误译为"secure"（意为安全）。类似的误译在早期传教士的译本中存在较多。相比之下，后期的西方汉学家、华裔学者、国内学者和译者的译本在忠实于原文方面要做得更好一些。尤其是国内的学者和译者，他们精通汉语和中国传统文化，对诸子典籍原文的理解比较准确，因此译文比较忠实。但是，在西方英语世界的接受度方面，西方传教士和汉学家的译本却更受西方读者欢迎。

其次，本书还对诸子典籍中水文化论述的英译文进行了详细译评和对比分析。 本书选取的英译文全部来自《大中华文库》中的诸子典籍英译本，同时也参考了国内外知名度较高的译者的译本或传播较广的其他英译本。通过译评和对比分析，笔者发现《大中华文库》所选取的诸子典籍英译本总体翻译质量较高，尤其是由中国译者（如汪榕培、林戊荪、赵甄陶、翟江月等）翻译的译本。国内译者一般采用直译为主，旨在更好地传达诸子典籍的原文信息和文化，因此其译文在内容上实现了最大程度地忠实于原文，译文语言也较为流畅，仅有少数译文存在值得商榷的地方。例如，在《墨子》中的"古者禹治天下"一句，其中的文化负载词"天下"在诸译和艾译中都被译为"the world"，而在汪译中被译为"the area of today's central plain of China"，这是较为准确的。而西方传教士和汉学家多采用意译的方式，旨在向西方读者传递中国传统思想和文化，因此语言风格更接近英语读者的习惯，同时译文内容也能保持较高程度的忠实。例如，美国译者伊娃·王（Eva Wong）在翻译《列子》的过程中，主要采用了意译的翻译策略，将《列子》中的很多寓言故事形象生动地呈现出来，更好地贴近了英语读者的阅读习惯。总而言之，在诸子典籍的英译过程中，西方译者和国内译者的译文往往各有千秋，可以相互借鉴，而更多时候他们的译文可以实现优势互补。

综上所述，本书不仅详细挖掘、梳理和阐释了先秦诸子典籍中的水文化思想，同时还选取《大中华文库》中的英译本，并结合其他译者的英译本，对诸子典籍中水文化论述的英译文进行了译评。希望本书的研究能为先秦诸子典籍中的水文化思想挖掘、阐释、英译与对外传播做出些许贡献，为中国水文化"走出去"和对外"讲好中国水文化故事"贡献出微薄的力量；同时，也希望能为国内学者进一步挖掘和阐释中国文化典籍中的水文化思想提供借鉴和参考。

参 考 文 献

[1] Ames, Roger T. & Rosemont, Henry Jr. *The Analects of Confucius: A Philosophical Translation*[M]. New York: Ballantine Books, 1998.

[2] Bloom, Irene. *Mencius*[M]. New York: Columbia University Press, 2009.

[3] Feng, Gia-fu & English, Jane. *The Tao Te Ching by Lao Tzu*[M]. New York: Vintage Books (Random House), 1989.

[4] Feng, Gia-fu & English, Jane. *Chuang Tsu, Inner Chapters*[M]. New York: Vintage Books, 1974.

[5] Feng, Youlan. *Chuang-Tzŭ: A New Selected Translation with An Exposition of the Philosophy of Kuo Hsiang*[M]. New York: Paragon Book Reprint, 1964.

[6] Giles, Herbert Allen. *Chuang Tzu, Mystic, Moralist, and Social Reformer*[M]. London: Bernard Quaritch, 1889.

[7] Giles, Lionel. *Taoist Teachings from the Book of Lieh Tzŭ*[M]. London: Wisdom of the East, 1912.

[8] Giles, Lionel. *Sun Tzŭ on the Art of War*[M]. London: Luzac & Co., 1910.

[9] Graham, A. C. *The Book of Lieh-tzŭ: A Classic of the Tao*[M]. New York: Columbia University Press, 1990.

[10] Griffith, Samuel B. *Sun Tzu: The Art of War*[M]. New York and Oxford: Oxford University Press, 1971.

[11] Hutton, E. L. *Xunzi: The Complete Text*[M]. Princeton and Oxford: Princeton University Press, 2014.

[12] Hinton, David. *Mencius*[M]. Berkeley: Counterpoint, 2015.

[13] Johnston, Ian. *The Mozi: A Complete Translation*[M]. Hong Kong: The Chinese

University Press, 2010.

[14]Knoblock, J. & Riegel, J. K. *Mozi: A Study and Translation of the Ethical and Political Writings*[M]. Berkeley: Institute of East Asian Studies, University of California, 2013.

[15]Lau, D. C. *Mencius*[M]. London: Penguin Books, 1970.

[16]Lau, D. C. *The Analects: The Sayings of Confucius*[M]. London: Penguin Books, 1979.

[17]Legge, James. *The Chinese Classics Vol. I The Life and Teachings of Confucius (Analects, Great Learning, Doctrine of the Mean)*[M]. London: N. Trübner & CO., 1869.

[18]Legge, James. *The works of Mencius*[M]. New York: Dover Publications, Inc. 1970.

[19]Nivison, David S. On Translating*Mencius*[J]. *Philosophy East and West*, 1980, 30(1): 93-122.

[20]Palmer, Martin. *The Book of Chuang Tzu*[M]. London: Penguin Books, 1996.

[21]Rickett, W. A. *Guanzi: Political, Economic, and Philosophical Essays from Early China: A Study and Translation*[M]. Princeton, New Jersey: Princeton University Press, 1998.

[22]Watson, Burton. *Han Feizi: Basic Writings*[M]. New York: Columbia University Press, 1963/2003.

[23]Watson, Burton. *Chuang Tzu: Basic Writings*[M]. New York: Columbia University Press, 1964.

[24]Watson, Burton. *Xunzi: Basic Writings*[M]. New York: Columbia University Press, 2003.

[25]Wong, Eva. *Lieh-tzu: A Taoist Guide to Practical Living*[M]. Boston & London: Shambhala Publications Inc., 2013.

[26]Sawyer, Ralph D. *The Complete Art of War: Sun Tzu/Sun Pin*[M]. Boulder, Colorado: Westview Press, 1996.

[27]艾伦. 水之道与德之端[M]. 张海晏, 译. 上海: 上海人民出版社, 2002.

[28]陈国华，轩治峰.《老子》的版本与英译[J]. 外语教学与研究，2002(6)：464-470，480.

[29]陈枫.葛瑞汉的《列子》英译本研究[D]. 西南交通大学，2014.

[30]戴俊霞.《墨子》的海外流传及其英译[J]. 安徽工业大学学报(社会科学版)，2013，30(1)：56-58.

[31]董琴.浅论先秦诸子教育理论中的人性论——对儒家、道家、法家的人性观点分析[J]. 法制与社会，2009(10)：304-305.

[32]方勇.墨子[M]. 北京：中华书局，2011.

[33]冯广宏.何谓水文化[J]. 中国水利，1994(3)：50-51.

[34]冯禹.欧美国家有关《管子》研究的主要论著[J]. 管子学刊，1988(2)：93-95，11.

[35]傅佩荣.人性向善：傅佩荣谈孟子[M]. 上海：东方出版社，2012.

[36]傅佩荣.傅佩荣解读庄子[M]. 北京：线装书局，2006.

[37]郭正田.谈《孙子兵法·孙膑兵法》的出版[J]. 对外大传播，1995(4)：51.

[38]顾冬建.《管子》的英译及其在英语世界的传播[J]. 校园英语，2016(11)：222-223.

[39]杭东.中华水文化漫谈[J]. 水利天地，2012(11)：25-26.

[40]何飞.《荀子》在英语世界的译介研究[J]. 安徽工业大学学报(社会科学版)，2013，30(4)：75-77.

[41]何颖.《庄子》在英语世界的传播[J]. 吉林省教育学院学报，2011，27(8)：43-46.

[42]黄中习.《庄子》英译的历史特点及当代发展[J]. 内蒙古农业大学学报(社会科学版)，2010，12(5)：373-374.

[43]黄佶.dragon还是loong："龙"的翻译与国家形象传播[J]. 秘书，2018(2)：4-12.

[44]靳怀堾.漫谈水文化内涵[J]. 中国水利，2016(11)：60-64.

[45]靳怀堾.图说诸子论水[M]. 北京：中国水利水电出版社，2015.

[46]季红琴.《孟子》及其英译[J]. 外语学刊，2011(1)：113-116.

[47]雷沛华，杨春丽.从《庄子》英译海外评价看中国典籍的对外传播[J]. 枣庄

学院学报，2022，39（4）：62-67.

[48]黎翔凤．管子校注［M］．北京：中华书局，2004.

[49]李炳南．论语讲要：述而不作信而好古［M］．武汉：长江文艺出版社，2011.

[50]李学勤．十三经注疏·孟子注疏［M］．北京：北京大学出版社，1999.

[51]李宗新．水文化文稿［M］．呼和浩特：远方出版社，2002.

[52]李宗新．简述水文化的界定［J］．北京水利，2002（3）：44-45.

[53]李宗新，靳怀堾，尉天骄．中华水文化概论［M］．郑州：黄河水利出版社，2008.

[54]李宗新．应该开展对水文化的研究［J］．治淮，1989（4）：37.

[55]李宗新．漫谈文化与水文化［J］．河南水利与南水北调，2012a（1）：29-30.

[56]李宗新．略论水文化的基本架构［J］．河南水利与南水北调，2012b（3）：25-27.

[57]李宗新．再谈什么是水文化（中）［EB/OL］．（2018-05-21）［2023-10-05］．http：// slj. weifang. gov. cn/wswh/ 201805/ t20180521_2784469. htm.

[58]李伟荣，梁慧娜，吴素馨.《论语》在西方的前世今生［J］．燕山大学学报（哲学社会科学版），2015，16（2）：1-9.

[59]李建国今译，梁晓鹏英译．大中华文库：列子（汉英对照）［M］．北京：中华书局，2005.

[60]李宗政.《管子》外译研究概述［J］．管子学刊，2014（2）：111-115.

[61]刘性峰．译介中国科技典籍，传播传统科技文化［J］．山东外语教学，2019（5）：3.

[62]刘碧林．百年《庄子》英译的四个阶段［N］．中华读书报，2021-09-29：14.

[63]刘松．从儒家异端到世界经典——《墨子》在英语世界的经典化研究［D］．湖南大学，2022.

[64]廖文奎（Liao, W. K.）英译，张觉今译．大中华文库：韩非子（汉英对照）［M］．北京：商务印书馆，2015.

[65]楼宇烈．荀子新注［M］．北京：中华书局，2018.

[66]栾栋．水性与盐色——从中西文化原色管窥简论华人的文化品位［J］．唐都学刊，2003（1）：110-114.

[67]彭鸿程.近百年韩非研究综述[J].古籍整理研究学刊,2012(2):94-98.

[68]彭利元,龚志豪.《荀子》英译自传播价值取向探析[J].湖南工业大学学报(社会科学版),2023,28(1):109-116.

[69]裴禾敏.国内《孙子兵法》英译研究综述[J].孙子研究,2015(6):76-81.

[70]苏桂亮,李文超.《孙子兵法》百年英译研究——以图书出版为中心[J].中华文化与传播研究,2017(2):187-205.

[71]苏桂亮.《孙子兵法》域外千年传播概说[J].滨州学院学报,2014,30(5):92-101.

[72]苏桂亮.《孙子兵法》英文译著版本考察[J].滨州学院学报,2011,27(5):149-156.

[73]谭家健,孙中原.墨子今注今译[M].北京:商务印书馆,2009.

[74]王岳川.王岳川美国讲演录[M].北京:北京大学出版社,2011.

[75]汪榕培,王宏.中国典籍英译[M].上海:上海外语教育出版社,2009.

[76]汪榕培英译,秦旭卿,孙雍长今译.大中华文库:庄子(汉英对照)[M].北京:外文出版社,2005.

[77]王红超.英国汉学家庄延龄的《荀子》译介研究[J].邯郸学院学报,2023,33(1):5-11.

[78]王宏.《道德经》及其英译[J].东方翻译,2012(1):55-61.

[79]王宏.《庄子》英译考辨[J].东方翻译,2012(3):50-55.

[80]王宏印.中国文化典籍英译[M].北京:外语教学与研究出版社,2009.

[81]韦利,杨伯峻.大中华文库:论语(汉英对照)[M].长沙:湖南人民出版社,2008.

[82]韦利.大中华文库:老子(汉英对照)[M].长沙:湖南人民出版社,2003.

[83]吴宗越.漫谈水文化[J].水利天地,1989(5):11.

[84]吴国珍今译、英译及英注.《论语》最新英文全译全注本[M].福州:福建教育出版社,2012.

[85]吴如嵩,吴显林校释,林戊荪英译.孙子兵法·孙膑兵法:汉英对照[M].北京:外文出版社,1999.

[86]许渊冲译.许译中国经典诗文集:论语(汉英对照)[M].北京:五洲传播出

版社，2011.

[87] 熊达成．浅谈中国水文化的内涵[J]．文史杂志，1992(2)：34-35.

[88] 辛红娟，高圣兵．追寻老子的踪迹——《道德经》英语译本的历时描述[J]．南京农业大学学报(社会科学版)，2008(1)：79-84.

[89] 杨育芬．儒家经典的海外传播：《论语》外译简史(上)[N]．中华读书报，2022-09-28：6.

[90] 杨育芬．儒家经典的海外传播：《论语》外译简史(下)[N]．中华读书报，2022-10-12：6.

[91] 杨颖育．百年《孟子》英译研究综述[J]．西华师范大学学报(哲学社会科学版)，2010(5)：86-90.

[92] 杨牧之．国家"软实力"与世界文化的交流——《大中华文库》编辑出版启示[J]．中国编辑，2007(2).

[93] 余金航．《韩非子》华兹生和廖文奎英译本对比研究[D]．北京外国语大学，2021.

[94] 约翰·诺布洛克英，荀况，诺布洛克，等．荀子：英汉对照[M]．北京：外文出版社，1999.

[95] 张奇，郭毅．《大中华文库》(汉英对照)的选题特征研究[J]．中国出版史研究，2020(1)：27-34.

[96] 赵甄陶，张文庭，周定之．大中华文库：孟子(汉英对照)[M]．长沙：湖南人民出版社，2003.

[97] 周才珠，齐瑞瑞(今译)，汪榕培，王宏(英译)．大中华文库：墨子(汉英对照)[M]．长沙：湖南人民出版社，2006.

[98] 中华书局编．四书集注-论语[M]．北京：中华书局，1957.

[99] 翟江月今译、英译．大中华文库：管子(汉英对照)[M]．桂林：广西师范大学出版社，2005.

[100] 左其亭．水文化研究几个关键问题的讨论[J]．中国水利，2014(9)：56-59.

后　记

　　经过近两年的研究和撰写，本书终于到付梓的时候了。现在可以暂时放下长期以来压在心头的一块石头了，总算没有辜负自己这两年来的努力与付出、学院领导与同事们的信任与期待、家人们的理解与支持。回想起本书的选题、构思、撰写、修改、定稿和联系出版，其间的意气风发与踌躇满志、辛苦不易与煎熬彷徨，至今依然历历在目。

　　本书的选题源于与同事梁良博士的几次交流探讨和时任外国语学院刘桂兰院长的启发与支持。2020 年 7 月，我顺利从上海大学博士毕业，博士期间我的研究方向主要是西方修辞学理论、修辞批评与话语分析。然而，面对现实的教学科研条件和学院学科的发展需求，有一段时间我感觉到十分迷茫。是继续从事西方修辞学理论与实践的研究？还是转向翻译领域的研究？此时，刚刚毕业于菲律宾圣保罗大学的同事梁博士来到学院工作，其间多次与他交流，探讨关于水文化典籍翻译的选题。学院时任刘院长也多次点拨我，建议我充分考虑中国文化"走出去"和对外"讲好中国故事"的国家对外传播战略、学院外语学科与翻译硕士学位点建设需求，将研究方向转到水文化典籍英译方向上来，我深受启发。于是，从2021 年开始我便着手准备，收集并阅读了大量有关水文化的书籍和研究论文，深感中华水文化的博大精深。作为外语界的学者，做好中国典籍中的水文化思想挖掘、阐释、英译与对外传播研究便成为我的研究课题。为此，我以"基于《大中华文库》的水文化典籍英译与对外传播研究"为题，申报了 2022 年度的江西省社科规划一般项目，并最终获得立项资助，这也更加坚定了我的研究方向。

　　本书的最初构思要比现在呈现在读者面前的成品要宏大得多，笔者原本想以"水"为主线，以《大中华文库》为基础，挖掘和整理中国典籍中所蕴含的丰富水文化思想及其英译。然而，理想很丰满，现实却很骨感。众所周知，典籍是中华水文化的重要载体，而作为一个有着上下五千年悠久历史的国家，中国典籍可谓是汗牛充栋，不仅有传统的经、史、子、集，还有诗歌、小说、科技等典籍，仅《大中华文库》就遴选了110本中国古代的典籍，涵盖了思想、历史、文学、科技和军事五大类典籍，要全部挖掘和整理其中关于水文化的论述，阐释其中蕴含的丰富水文化思想，探究上述典籍中的水文化英译和对外传播问题，这无疑是一项庞大且艰巨的任务，同时也是笔者力所不及的。有鉴于此，笔者将研究的范围缩小在先秦诸子典籍中的水文化思想及其英译上，主要有两方面的考量：其一，先秦诸子典籍中蕴含着丰富的水文化思想，它们既是中华水文化的重要来源，也是中华文化的重要组成部分。其二，先秦诸子典籍在西方英语世界有着广泛的译介与传播，除《大中华文库》英译本之外，还存在大量的西方传教士或汉学家的英译本，有些典籍的英译本甚至多达上百种。例如，根据专家统计，《老子》(《道德经》)存世的英译本有200多种，《孙子兵法》存世的英译本有400多种，这些译本都为本研究提供了丰富的素材。

好的构思和设想最终还需要付诸笔端，本书的撰写和修改前后历时两年多，期间的辛苦与不易只有自己知道。由于平时要忙于自己承担的教学工作和学院安排的其他工作，以及各种家庭琐事，书稿的撰写只能集中在每年的寒暑假。每次寒暑假来临，当其他同事都已经放假陪伴家人的时候，自己却只能频繁地往返于家里和学校办公室，以当年撰写博士论文的精力来撰写书稿。好在功夫不负有心人，截至2023年10月底，终于完成了书稿的撰写、修改和定稿。虽然笔者付出了巨大的努力，但是由于时间仓促和笔者的能力所限，书中难免也会存在错误或疏漏，敬请各位读者批评指正。

本书是笔者主持的江西省社科规划2022年度一般项目(22YY17)"基于《大中华文库》的水文化典籍英译与对外传播研究"和江西省高校人文社科规划2023年度一般项目"先秦诸子典籍中的水文化思想及其英译与传播研究"的最终研究成果；同时，也是江西省社科规划2019年度一般项目(19YY19)"传播学视域下的中华水文化汉英翻译研究"和江西省高校人文社科2022年度青年项目(YY22215)"数字人文视域下的水利典籍翻译研究"的阶段性研究成果。

在此，我要特别感谢我家人的理解和支持，尤其是母亲和妻子，她们在寒暑假能全职带好小孩，让我能够全身心地投入写作。同时，也要感谢南昌工程学院外国语学院时任和现任院领导的亲切鼓励和大力支持。同样，本书的撰写也离不开梁良博士的辛苦付出。梁博士不仅为本书的选题和构思贡献了智慧，提供了《大中华文库》的全套资料，还为第二章的撰写提供了部分素材，同时还为联系出版社提供了帮助，在此也一并感谢。

最后，感谢本书的责任编辑对书稿的认真校阅和精心编排，同时也感谢南昌工程学院"外国语言文学"校级一流学科和江西省社科规划 2022 年度一般项目（22YY17）的出版资助。

宋平锋

2023 年 10 月于江西南昌